U0918297

中国社会科学院创新工程学术出版资助项目

遗产保护新理念

户晓辉　著

中国社会科学出版社

图书在版编目（CIP）数据

遗产保护新理念/户晓辉著. —北京：中国社会科学出版社，2023.5

ISBN 978-7-5227-1817-0

Ⅰ.①遗…　Ⅱ.①户…　Ⅲ.①文化遗产—保护—研究—世界
Ⅳ.①K917

中国国家版本馆 CIP 数据核字（2023）第 070872 号

出 版 人　赵剑英
责任编辑　郭晓鸿
特约编辑　杜若佳
责任校对　杨　林
责任印制　戴　宽

出　　版　中国社会科学出版社
社　　址　北京鼓楼西大街甲 158 号
邮　　编　100720
网　　址　http://www.csspw.cn
发 行 部　010-84083685
门 市 部　010-84029450
经　　销　新华书店及其他书店

印　　刷　北京明恒达印务有限公司
装　　订　廊坊市广阳区广增装订厂
版　　次　2023 年 5 月第 1 版
印　　次　2023 年 5 月第 1 次印刷

开　　本　710×1000　1/16
印　　张　14.25
插　　页　2
字　　数　243 千字
定　　价　69.00 元

凡购买中国社会科学出版社图书，如有质量问题请与本社营销中心联系调换
电话：010-84083683

题　记

文明有两个方面，即外在的事物和内在的精神。外在的文明易取，内在的文明难求。谋求一国的文明，应该先攻其难而后取其易，随着攻取难者的程度，仔细估量其深浅，然后适当地采取易者以适应其深浅的程度。假如把次序颠倒过来，在未得到难者之前先取其易，不但不起作用，往往反而有害。

人心有了改变，政令法律也有了改革，文明的基础才能建立起来，至于那些衣食住等有形物质，必将随自然的趋势，不招而至，不求而得。所以说，汲取欧洲文明，必须先其难者而后其易者，首先变革人心，其次改革政令，最后达到有形的物质。按照这个顺序做，虽然有困难，但是没有真正的障碍，可以顺利达到目的。倘若次序颠倒，看来似乎容易，实际上此路不通，恰如立于墙壁之前寸步难移，不是踌躇不前，就是想前进一步，反而后退一尺。

——福泽谕吉①

① ［日］福泽谕吉：《文明论概略》，北京编译社译，商务印书馆 1982 年版，第 12、14 页。

题　解

遗产保护新理念，一指遗产保护的新理念，二指遗产保护着新理念，即遗产保护的间接对象和终极目的是新理念。所谓新理念，就是以维护每个人的自由和权利为主旨的现代文明理念。

目 录

引 言

遗产时代

在当今中国，正像在其他国家一样，“遗产”“非遗”如雨后春笋般布满大街小巷，从学界和媒体进入官方话语和日常用语，甚至被界定为文化外交领域中的“软实力”（soft power）[①]，让我们感到既熟悉又陌生，既耳熟能详又好像不明就里。被列入遗产名录并且被保存、被展示为遗产的文化景观和日常物品呈指数级增长，与此同时，“遗产”的定义迅速扩大，由此导致社会被持续而普遍地遗产化。新遗产的不断涌现使我们面临一种“积累危机”，改变了我们的集体记忆生产[②]，同时也让我们感到，中国已经进入遗产时代。

当然，作为学者，一方面，我们不能仅仅停留在普通人的感觉之上，而是必须超越感觉，做一点寻根究底的工作；另一方面，学者做的事情与遗产官员做的事情虽然可以保持一致，都需要在专业上认真领会、遵循联合国教科文组织（UNESCO）的精神和理念，但毕竟会有所不同，而且需要把我们自己放在一个不同的层面上。[③] 也就是说，学者需要在观念启蒙方面做更多的努力。

---

① 参见 Natsuko Akagawa and Laurajane Smith，“The practices and politics of safeguarding”，in Natsuko Akagawa and Laurajane Smith（eds.），*Safeguarding Intangible Heritage*：*Practices and Politcs*，London and New York：Routledge，2019，p. 3；正如周星所指出：“‘非物质文化遗产’这一用语，不同于以往国内学术界和媒体惯常使用的其他诸如传统文化、民间文化、民俗文化、民族文化等任何用来描述文化的用语。它拗口、别扭而又有新鲜感，其‘舶来’的属性和过程意味深长。”（周星：《非物质文化遗产保护运动和中国民俗学——“公共民俗学”在中国的可能性与危险性》，《思想战线》2012 年第 6 期）

② 参见 Rodney Harrison，*Heritage*：*Critical Approaches*，London and New York：Routledge，2013，p. 166。

③ 参见 Dorothy Noyes，“From Cultural Forms to Policy Objects：Comparison in Scholarship and Policy”，in Michael Dylan Foster and Lisa Gilman（eds.），*UNESCO on the Ground*：*Local Perspectives on Intangible Cultural Heritage*，Bloomington：Indiana University Press，2015，p. 162。

即便“遗产”这个词在汉语中早已有之，它的含义和出现频率也是今非昔比，尤其“非物质文化遗产”这个欧化的拗口名词，在短短数年间传遍中国各个地域、行业和民族，被称为“21 世纪初以来最壮观的文化奇观”①。我们需要看到、更需要理解这些词语所负载的新含义、新理念和新价值。

这些年来，我们不时地看到有人用秦砖汉瓦砌猪圈、盖茅厕的报道，正如贾尔卡在《双城记》中所写：

> 在外地人看来十分宝贵的秦砖汉瓦，也许就在这座城市的郊区某家农户的猪圈垒了墙，这里家家户户皆少不了几件古老的家具坛罐，被随意的放在储藏室或和蜂窝煤一起放在楼道。②

可见，所谓遗产并不等于年代久远的“秦砖汉瓦”，相反，“秦砖汉瓦”是不是遗产或者是否具有遗产价值，取决于人们是否视之为遗产并且给它赋予多少遗产价值，也就是取决于人们的遗产观念和价值理念。不仅如此，在中国古代，历史建筑常常非但得不到爱护和保护，反而常常作为过去统治的象征物而遭到人为破坏和故意损毁。尤其在改朝换代时，前朝的建筑和城市常常会遭到毁灭性破坏，而且这种行为还被美其名曰“革故鼎新”。③ 这就进一步表明，遗产并不完全取决于物件，而是取决于遗产话语和遗产理念对物件做出的价值赋义和价值增值。在把物件视为遗产加以保护的过程中，价值不仅得到阐释和修改，而且可能创造出新的价值。④实际上，遗产并非老物件本身，而是有关老物件及其价值的新话语。因此，遗产在近代晚期的一个重大转变部分地就是为了回应人们日益清晰的一种认识，即遗产价值是归因的，而不是内在的。⑤ 遗产不是一种客观事

---

① 向云驹：《论非物质文化遗产的非物质性——关于非物质文化遗产的若干哲学问题之一》，《文化遗产》2009 年第 3 期。

② 参见：双城记_ 贾尔卡_ 新浪博客，http：//blog. sina. com. cn/s/blog_ 497d6a50010006yo. html，2022 年 2 月 10 日。

③ 参见阮仪三《世界及中国历史文化遗产保护的历程》，《同济大学学报》（人文 · 社会科学版）1998 年第 1 期；蒋万来《传承与秩序——我国非物质文化遗产保护的法律机制》，知识产权出版社 2016 年版，第 93—94 页。

④ 参见［美］玛尔塔 · 德拉托瑞《遗产保护的价值问题》，张亮译，南方科技大学社会科学高等研究院主编《遗产》第二辑，南京大学出版社 2020 年版，第 13 页。

⑤ 参见 Rodney Harrison，*Heritage*：*Critical Approaches*，London and New York：Routledge，2013，p. 197。

实，而是一种社会建构。①

从更加宏大的历史背景来看，所谓“遗产”既是现代性的一个产物，又是现代性的一个产生者。②“文化遗产”这个词在19世纪后期被创造出来，直到20世纪70年代才得到普遍使用，直到20世纪90年代才开始流行。③“遗产”“文化遗产”与现代性的伴生关系纠缠得越来越紧，诚如解彩霞所指出：“遗产，正是在现代性语境下，在资本主义、工业主义、制度主义、民族—国家等现代性特征的共同作用下被发掘、整理、想象、解构、建构，从而与个体记忆（认同）、家族记忆（认同）、集体记忆（认同）、族群记忆（认同）的血肉联系逐渐被剥离，成为一种规模宏大的‘遗产事实’，这事实不仅以数量庞大的各种遗产名目来表明它是客观存在的自在体，而且变成重新塑造新的国家记忆和人类记忆的自为体。遗产，已经脱离了最初的想象，脱离了遗产产生和发展、传承的语境，顺着现代性之路走向‘一个封闭的自足的’发展之路。”④ 也有学者认为，遗产既是现代性的产物，也是晚期现代性的产物。⑤ 但无论如何，现代性标志的是一个新时代的开始。德语的“新时代”是Neuzeit，它既指从1500年的欧洲文艺复兴运动开始的近代，以区别于古代和中世纪，也指现代。“现代”之所以被称为新时代，正因为它开启了“现代性”这种崭新的东西：

> 现代意味着“新”，意味着时间之流中一个前所未有的事件、一个最初的开端、某种前所未有的东西、世界中的一种新颖的存在方式，最终甚至不是一种存在的形式（a form of being），而是一种生成的形式（a form of becoming）。把自己理解成新的，也就是把自己理解成自我发源的、彻底自由的和有创造性的，而不仅仅由传统所决

---

① ［英］德瑞克·吉尔曼：《文化遗产的观念》，唐璐璐、向勇译，东北财经大学出版社2018年版，第69页。

② 参见Rodney Harrison, *Heritage: Critical Approaches*, London and New York: Routledge, 2013, p. 39；关于“heritage”（遗产）一词的词源和简史，参见该书第43、68页。

③ Valdimar T. Hafstein, “Cultural Heritage”, in Regina F. Bendix and Galit Hasan-Rokem (eds.), *A Companion to Folklore*, West Sussex: Wiley-Blackwell, 2012, p. 501.

④ 解彩霞：《遗产何以可能？——一种现代性的反思》，《文化遗产》2013年第1期。

⑤ 参见Rodney Harrison, *Heritage: Critical Approaches*, London and New York: Routledge, 2013, p. 231。

> 定，或由命运或天意所主宰。要成为现代的，就要自我解放和自我创造，从而不仅要存在于历史或传统之中，而且要创造历史。因此，现代不仅意味着通过时间来规定人的存在，而且意味着通过人的存在来规定时间，把时间理解成自由的人与自然界相互作用的产物。因此，现代的核心是某种强大的东西，某种普罗米修斯式的东西。①

这种“强大的”“普罗米修斯式的”“现代的核心”就是人从古代的命运、天意和神意那里重新赢回并且重新理解和解放出来的自由。自由成为每个人“自我发源的”、具有“自我创造”能力和自我规定能力的本原存在方式以及生而具有的先天权利。也就是说，欧洲文艺复兴和启蒙运动像一束光，以前所未有和开天辟地的方式照亮并唤醒了人类对自由的觉识，所以启蒙在德语中叫 Aufklärung，在英语中叫 enlightenment，二者在字面上都与“光亮”或“照亮”有关。② 借用德国哲学家康德（Immanuel Kant，1724—1804）的比喻，启蒙就“类似于从小孩子的地位转变到成人的地位。经过启蒙的现代就是人类的成年”③。所以，从根本上来看，所谓现代就是人类在整体上通过对自由的觉识而达至理智上的成年状态，让自由成为人类一切道德、法律和社会制度的正当性基础，让维护每个人的自由与权利成为人类一切道德、法律和社会制度应当普遍追求的理性目的。先不说各种历史的和地理的偶然机缘④，也不说人类的知识是否需要积累到一定程度或者人类是否需要吃足够的堑才能长出这一智，仅仅从根本方法上来看，这种对自由的开天辟地的发现和破天荒的觉识并非来自人类的感性认识和经验归纳，而是来自一种方法论上的大觉识和大觉悟，即

① ［美］米歇尔·艾伦·吉莱斯皮：《现代性的神学起源》，张卜天译，湖南科学技术出版社 2011 年版，第 7 页。

② 参见徐贲《人文的互联网：数码时代的读写与知识》，北京大学出版社 2019 年版，第 356 页。

③ 加雷特·格林：《现代文化的成熟：哈曼和康德对启蒙的根本隐喻的对立看法》，载［美］詹姆斯·施密特编《启蒙运动与现代性——18 世纪与 20 世纪的对话》，徐向东、卢华萍译，上海人民出版社 2005 年版，第 300 页。

④ 比如，对自由的发现可能与奥古斯丁对基督教原罪起源说的理性反思有很大关系，参见［古罗马］奥古斯丁《论自由意志：奥古斯丁对话录二篇》，成官泯译，上海人民出版社 2010 年版；张荣《“决断”还是“任意”（抑或其他）？——从中世纪的 liberum arbitrium 看康德 Willkür 概念的汉译》，《江苏社会科学》2007 年第 3 期；黄裕生《宗教与哲学的相遇：奥古斯丁与托马斯·阿奎那的基督教哲学研究》，江苏人民出版社 2008 年版。

人们终于意识到，自由需要先验的和超验的飞跃，需要借助于逻辑上的先验演绎和理性推论。因为仅仅依据经验观察和经验知识的有限积累，最多只能看到一时一地的人是自由的或不自由的，却很难得出结论说每个人都是自由的。简言之，自由之所以不是来自经验归纳而是来自先验演绎和理性反思，恰恰因为自由根本不是经验上的自由感，而是先验自由。只要承认人是有限的理性存在者，那就不能不先验地设定人在理性上是自由的。也就是说，只要是人，就不能不具有自主的、自决的和自治的行为抉择能力，这种能力虽然受到各种各样外在因素的影响或干扰，却不受这些外在因素的决定，因而是一种先验的自由能力。假如没有这种自主的、自决的和自治的行为抉择能力，那么，人就不是自由的、有限的理性存在者。这样一来，人的所作所为和所思所想就只有感性上的因果关系，就不能具有道德性和伦理性，而这显然不符合人类行为已经普遍具有道德性和伦理性的客观事实。换言之，我们可以通过理性反思和逻辑推论得知，既然人类行为普遍具有道德性和伦理性是一个客观事实，那么，这个事实必然而且必须以人的自由为基础和前提条件。假如人在理性上是不自由的，也就意味着人不能自主地选择并决定自己的行为，那么，我们也就不能对人的行为进行道德评判和法律追责，而这样一来显然也不符合人类已经普遍具有道德和法律的事实，尽管不同群体和文化族群的道德和法律在内容上可能不尽相同。既然只能设定人具有自主、自决和自治的行为抉择能力，那就等于说，每个人都是自由的，但这种自由并非经验的自由，而是先验的自由。正因如此，自由才不是为所欲为，而是需要自主、自决和自治，也就是需要每个人都明白：这种自主、自决和自治的行为抉择能力是自己作为人而先天具有的或者生而具有的权利，失去这样的权利就不再是有限的理性存在者，也就不再是人。既然任何地方、任何社会都不是由一个人组成的，所以，每个人的自由或先天权利就需要相互承认和相互保障，也就是说，每个人的自由或先天权利都需要以他人的自由或先天权利为界限，即每个人的自由或先天权利都不能被侵犯、不能损害他人的自由或先天权利。这就必然要求每个人的自由遵循不自相矛盾而且必须遵循可普遍化的交互原则。换言之，自由以及以自由为基础的道德原则和法治原则不能仅仅是主观的，而且必须是客观的，即不能仅仅适合于、适用于个人（特殊性），而且必须适合于、适用于每一个人（普遍性）。这也就意味着，自由需要成为我们的一种绝对“信仰”和必然要求。在这方面，康德、黑格尔（Georg Wilhelm Friedrich Hegel，1770—1831）、费希特（Johann Gottlieb Fichte，1762—1814）、谢林（Friedrich Wilhelm Joseph Schelling，1775—1854）等德国古典哲学家已经为人类自由的深刻觉识和系统论证做出不可磨灭的贡献，当然也在理论上开启了新时代的大门并且为现代性做出哲学奠基。可以说，现代的根本标志和崭新开端就在于对人的自由有了前所未有的主动觉识和必然要求，对自由的觉醒、觉悟、觉识和必然要求才真正使现代成为一个开天辟地和名副其实的新时代。因此，无论现代性多么复杂多变，其核心理念与根本价值都是对自由的崭新发现和自我肯定[①]。自由是人类在现代对自身开启的一种崭新的人观和价值观，自由的个体是人的一阶身份和人的本相，并且是人的二阶身份即人民和公民的基础。[②] 人民、公民、人权和法定权利等概念的提出和价值诉求，不仅以每个人的自由为基础，而且也是为了更好地体现、实现并保障个体的自由与权利。

尽管对自由和权利的主动觉识、自我肯定、系统论证和必然要求首先发生在欧洲，但自由的核心理念和根本价值却适用于全人类，并且是需要各个国家和各个文化中的学者去首先加以理解、普及和实践的新理念。在笔者看来，学者的使命主要并不在于传播、传授知识，而在于使自己和他人成为自由人，这是一项极其艰难又极其迫切的启蒙工作。从漫长的历史传统来看，“在古代中国的编户齐民中，自由和独立的事实是不存在的，可能连这两个概念也没有”[③]，而且“中国政治向来就不许让人民具有何等基本权利观念，所以，任何基本权利被剥夺、被蹂躏，他们很少在法的范围内去考虑是非，至多只在伦理的范围去分别善恶；事实上，即使是在伦理认识内，他们也并不能把善恶辨得明白，因为读书有权利做官，做官

① 参见户晓辉《现代性与民间文学》，社会科学文献出版社 2004 年版，第 26 页；“现代这一观念，或如后来所谓的现代性，是自培根和笛卡尔时代以来欧洲思想所特有的自我理解的一部分。这种观念与此前的用法截然不同，因为它所依据的是自由和进步的革命观念”，“现代性的一个主要特征就是把自己设想成全新的、前所未有的。这是因为它对人的能力以及在时间中的展开作了一种特别现代的理解”（［美］米歇尔·艾伦·吉莱斯皮：《现代性的神学起源》，张卜天译，湖南科学技术出版社 2011 年版，第 11、27 页）；“启蒙运动因此成为现代自由观念和理性知识的一个源头，由此而来的是现代的平等、宽容、反教条以及对政治的世俗认知。启蒙还是一个全人类可以认同的价值观开端，由此生发了所有形式的普遍主义——从承认人类本质性的统一、反对奴役和种族主义的邪恶，到无国界医生（Medecins Sans Frontieres）那种跨民族、跨国界的人道关怀”（徐贲：《人文的互联网：数码时代的读写与知识》，北京大学出版社 2019 年版，第 16 页）。

② 参见黄裕生《权利的形而上学》，商务印书馆 2019 年版，第 236—237 页。

③ 王毓铨：《王毓铨史论集》，中华书局 2005 年版，第 688 页。

有权利发财，做官、发财都由命定这一类想法，是不许他们有彻底的道德评判的。……在专制官僚政治下，统治阶级的优越感和一般贫苦大众的低贱感，是分别由一大些社会条件在把它们支持着、强化着。……而长期的'从古如斯'的政治场面，使统治者、被统治者不期然而然的把既成社会事象（不论它是如何不平，如何不合理，如何为稍有现代政治意识与人类同情心的人所不忍闻、不忍见）视为当然，并看得非常自然"[①]。更有甚者，"关起门来称王称霸，不愿接受现代文明的共同成果，这才是中国的致命伤"[②]。正因如此，对自由理念与权利意识的启蒙在中国才显得尤其艰难而必须。关于什么是启蒙，德国哲学家康德的论述把启蒙的深意揭示得最为深刻，也最为简明扼要。康德指出，启蒙就是使人走出由他自己招致的未成年状态的出路（der Ausgang des Menschen aus seiner selbst verschuldeten Unmündigkeit）。所谓未成年状态，也可理解为不成熟状态，就是一种无能（das Unvermögen），特指在没有他人引导时就没有运用知性（Verstand）的能力，但这种无能和未成年状态之所以是自己招致的或咎由自取的（Selbstverschuldet），恰恰因为其根源不在于缺乏知性，而在于缺乏决心和勇气在不经他人引导时独立地运用自己的知性。[③] 在康德那里，知性（Verstand）属于人的高级认识能力，即提供思维的范畴、规则、判断和反思的能力[④]，是人的理智水平和判断力的标志，也是能够与意志搭配使用的自由能力之一。所以，许多时候我们由于对外在强力等因素的考虑而不能发挥自己的知性能力和自由能力，这归根到底还是由于自己的懒惰和怯懦，也就是说，这终归是由自己造成的或者是咎由自取的。在知性上成年或成熟就是能够意识到自己的自由并且敢于、善于公开地、自由地运用自己的知性。但是，任何一个人要从不自由、不成熟的状态中走出来都是非常艰难而危险的事情，因为不自由、不成熟的状态是人们习惯成自然的舒服状态，也是多数人安于其中的惯性状态。一方面，懒惰和怯懦是人的自然天性，因此巨婴状态往往比成年状态更加令人感到舒适和习惯；尤其由于我们作为人有义务发挥并且使用自己的自由，因而自由与义务差

---

① 王亚南：《中国官僚政治研究》，商务印书馆 2010 年版，第 36 页。

② 袁伟时：《迟到的文明》，线装书局 2014 年版，第 298 页。

③ 参见康德《回答这个问题：什么是启蒙?》（Beantwortung der Frage. Was ist Aufklärung?）这篇名文。

④ 参见 Rudolf Eisler，*Kant-Lexikon. Nachschlagewerk zu Kants sämtlichen Schriften/Briefen und handschriftlichen Nachlass*，Hildescheim：Georg Olms Verlagsbuchhandlung，1961，S. 579 – 582。

不多是同一枚硬币的两面，但是，人们又常常因为害怕承担义务而逃避自由，“换句话说，就是要摆脱自由的重负”①；另一方面，总有一些监护人（Vormünder）一直想把那些生理上的成年人当作知性上未成年的儿童，不仅不允许他们在知性上走出未成年状态或不成熟状态，而且让他们在情感和感觉上安于并且喜欢上这种状态。既然启蒙是走出未成年状态或不成熟状态的出路（der Ausgang），那么，启蒙就是艰难而危险却没有终点的漫长历程。以维护每个人的自由和权利为主旨的现代文明新理念恰恰就是启蒙最重要与最核心的主题，这项艰巨的任务应该首先由学者来承担和完成。正如黄裕生所指出：“一个国家或民族，是否真正开始进入现代性时代，其根本标志就在于，它的知识分子，它的学者，是否达到了对自由的自觉，是否达到对自由之为一切权利和制度之基础的认识。有这种自觉与认识，建立现代性制度的要求，才会成为共同体内在不可阻挡的必然要求，而不只是外在地模仿现代性制度，如日本。如果一个国家的学者还没有达到对自由和权利的自觉，这个国家就不可能真正进入现代性社会。因为，作为一个民族国家的文化灵魂的承担者，学者没有达到对自由与权利的自觉，也就意味着自由原则还没有成为这个民族国家的文化精神的自觉原则，因而更不可能成为这个国家的制度原则。因此，没有对自由的自觉，没有因这种自觉而达到对个人权利的认识，一个在经济、军事上再强大的国家也不能说是现代性国家，而且面对现代性国家，它终究要解体，如苏联。”② 首先，对于生活在迟迟未能成功完成内在文明国度之中的学者而言，“达到对自由与权利的自觉”并且推动国家“真正进入现代性社会”是最重要的学术使命和实践任务，因为“后发展国家社会转型，必须具备两个必不可少的条件：一是社会中上层有改变现状、改进自己处境的强烈要求。二是知识阶层普遍懂得和愿意接受现代文明”③；其次，对于任何一个普通人而言，无论身处何时何地，“达到对自由与权利的自觉”都是做人、成人最迫切的人道主义律令。如果没有对自由理念的普遍觉识与必然要求，我们最多只能拥有外在文明和物质文明，而难以具备内在文明和精神文明。这样一来，即便再有钱、再有技术，

---

① ［美］艾里希·弗洛姆：《逃避自由》，刘林海译，上海译文出版社 2015 年版，第 100 页；译文据英语原文“in other words, to get rid of the burden of freedom”（Erich Fromm, *Escape from Freedom*, New York: Avon Books, 1969, p. 173）有所改动。

② 黄裕生：《站在未来的立场上》，生活·读书·新知三联书店 2014 年版，第 257 页。

③ 袁伟时：《迟到的文明》，线装书局 2014 年版，第 262—263 页。

我们也仍然是精神上的野蛮人而不是文明人。我们的社会也就不可能成为现代性社会，而是会停留在野蛮社会的自然状态。因此，每个中国人最迫切的人道主义律令以及中国人文科学与社会科学最重要的使命，“其实很简单，就是要使中国所有的知识阶层认识到中国是一个落后国家，现在不但经济落后，思想文化各方面也是落后国家，大家都来告别野蛮，告别落后，推动中国文明崛起”①。

可以说，“遗产”和“文化遗产”这些现代性概念不仅与现代的自由理念相关，而且在联合国教科文组织那里与自由理念结合得更加紧密，甚至成为播撒自由理念和文明火种的光明使者，由此也使这些概念在现代性语境中获得了新拓展和新生命。也就是说，“遗产”也好，“非物质文化遗产”也好，并非老调重弹，而是旧瓶新酒②，它们反映出现代人对自身在时间中的自由存在方式的新理解和新把握。在被命名和被评价的过程中，遗产与非物质文化遗产不仅获得增值和附加值，而且连同它们被命名和被评价的过程本身都负载和传达的是完全不同于传统价值观的现代精神和文明理念，体现的是现代人类文明的发展以及跨世纪的文化新概念和国际性的人类文化新举措③，呼唤的是以现代价值观为价值共识和价值公识的统一坐标系来看待并评价遗产或非物质文化遗产以及一切文化实践与制度实践。

因此，在中国，正如在其他地方一样，“遗产”和“非物质文化遗产”这样的概念都是随着政府的缔约承诺和履约实践才流行起来的术语。

1972 年 11 月 16 日，联合国教科文组织大会第 17 届会议在巴黎通过了《保护世界文化和自然遗产公约》④（*Convention concerning the Protection of the World Cultural and Natural Heritage*，以下简称《世界遗产公约》）。中国在 1985 年 12 月成为该公约的缔约国。迄今，中国的世界遗产总数、自然遗产和自然与文化双遗产的数量、遗产类型的类别在世界上均名列前茅。⑤

---

① 袁伟时：《迟到的文明》，线装书局 2014 年版，第 277—278 页。

② 参见户晓辉《〈保护非物质文化遗产公约〉能给中国带来什么新东西——兼谈非物质文化遗产区域性整体保护的理念》，《文化遗产》2014 年第 1 期。

③ 参见乌丙安《非物质文化遗产的界定和认定的若干理论与实践问题》，《河南教育学院学报》（哲学社会科学版）2007 年第 1 期。

④ 按英文的意思，应译为《关于保护世界文化遗产和自然遗产的公约》，现遵从通行的汉语译法。

⑤ 参见张柔然《“文化—自然之旅”——世界遗产保护与管理的新思潮》，《中国文化遗产》2020 年第 4 期。

2003 年，联合国教科文组织颁布了《保护非物质文化遗产公约》(*Convention for the Safeguarding of the Intangible Cultural Heritage*，以下简称《非遗公约》)。2004 年 12 月，中国加入该公约。自此之后，非遗保护在中国如火如荼地开展起来。2020 年，教育部在普通高等学校本科新增了非物质文化遗产保护专业。

2005 年 10 月 20 日，第 33 届联合国教科文组织大会通过《保护和促进文化表现形式多样性公约》(*Convention on the Protection and Promotion of the Diversity of Cultural Expressions*，以下简称《文化多样性公约》)，中国投了赞成票。该公约于 2007 年 3 月 18 日生效。全国人大常委会在 2006 年 12 月 29 日批准《文化多样性公约》。中国在 2007 年 1 月 30 日向联合国教科文组织递交了《中华人民共和国〈文化多样性公约〉批准书》。

从联合国教科文组织方面来看，这三个文化公约构成国际社会保护世界文化多样性的三大纲领性文件，体现出从具体到抽象、从微观到宏观的认识路线和保护层次的不同阶段[①]；从中国方面来看，缔约和履约的实践为中国加入世界的全球化格局并且融入国际主流社会提供了绝佳的通道和平台，也为中国社会用一贯的文化运动形式悄无声息地输入国际先进的价值观提供了良好契机。[②] 所谓融入世界或者融入国际主流社会，主要指的并非外在文明（物质和技术）的赶超先进和同步发展，而是内在文明（现代价值观）的普遍洗礼和与时俱进。对各个缔约国而言，遗产保护都是通过新话语引入新理念的一种新实践。正如高丙中敏锐地指出的那样：

> 非遗保护不是个别人一时心血来潮的冲动，它成为社会运动，成为政府和公民有计划、有协商的共同事业，就意味着背后有深意，有价值追求。这背后的价值追求需要事实来检验，需要研究来阐发。
>
> 我们固然可以说，这是一个歪打正着闯入中国社会而带来的一场文化上的革命性变化，其实更准确地说，这是我们一直在追求打破现

① 参见韩缨《经济全球化与文化多样性的冲突和共存——对联合国教科文组织 2005 年〈文化多样性公约〉的解读》，《中国青年政治学院学报》2009 年第 6 期。

② 参见户晓辉《〈保护非物质文化遗产公约〉能给中国带来什么新东西——兼谈非物质文化遗产区域性整体保护的理念》，《文化遗产》2014 年第 1 期。

代困局而不得其法，终于在各种碰巧中找到了一个解决问题的捷径。它确实能够轻松地解决一些老大难问题。①

对非遗保护来说是如此，对遗产保护来说，也同样是如此。不过，在笔者看来，虽然文化遗产相对于其他方面来说的确可以充当“打破现代困局”和“解决问题的途径”，但是，对中国这样一个积习难改、积重难返的后发现代化国家而言，即便是通过文化遗产带来“一场文化上的革命性变化”并且“解决一些老大难问题”，也并不会有多轻松，反倒一定会充满艰难困苦和重重阻力。因为我们的传统观念和文化习性与联合国教科文组织所倡导和推行的遗产保护新理念有不少异质的、甚至格格不入的地方，只不过这种国际化行动和全球化实践又一次成为我们千载难逢的历史机遇。能否珍惜和抓住这个机会的关键就在于我们能否领会遗产保护的新精神和新理念，能否把这些葆有现代价值观的新精神和新理念引入中国，首先贯彻到遗产保护的社会实践中去，由此带来新的移风易俗，改变那些不合理的、不符合现代价值观的文化传统和生活习惯，尽力避免在具体的保护实践和操作环节中把联合国教科文组织三个文化公约的新精神和新理念同化掉、忽视掉或过滤掉②，不要让新瓶再次装上旧酒。

为此，本书重点阐述的是联合国教科文组织的遗产保护新理念及其与中国实践民俗学理念的内在关联和价值同构。“遗产保护新理念”既意味着遗产保护的新理念，也意味着遗产保护着新理念，即：遗产保护的直接对象和最初目的是物质遗产或非物质文化遗产，但遗产保护的间接对象和终极目的是新理念，也就是为了推行并且落实这些新理念。所谓理念，就是人对事物的理性认识以及上升到理性高度的观念。无论是否愿意承认，人都是理念的动物。在科学认识方面，理念是最重要的东西③；在社会实践方面，“人类重大的斗争都是理念之争（Ideenkämpfe）”④。遗产保护恰恰是以我们对遗产的理性认识或理念为引导而开展起来的国际化实践行

---

① 高丙中：《日常生活的未来民俗学论纲》，《民俗研究》2017 年第 1 期。

② 户晓辉：《〈保护非物质文化遗产公约〉能给中国带来什么新东西——兼谈非物质文化遗产区域性整体保护的理念》，《文化遗产》2014 年第 1 期。

③ 参见 Rudolf Stammler, *Die Lehre von dem richtigen Rechte*, Halle (Saale): Buchhandlung des Waisenhauses, 1926, S. 135。

④ Günther Küchenhoff, *Rechtsbesinnung. Eine Rechtsphilosophie*, Göttingen: Verlag Otto Schwartz & Co., 1973, S. 190.

动。对遗产保护而言，理念是根本，也是灵魂，而具体的操作步骤就是为了体现并且实现这些根本和灵魂。如果失去了根本和灵魂，遗产保护也就失去了根本意义和人文价值。所谓新理念，就是以维护每个人的自由和权利为主旨的现代文明理念，也就相当于本书“题记”中引用日本近代启蒙思想家福泽谕吉（1835—1901）所谓文明的内在精神或内在的文明，“外在的文明易取，内在的文明难求”[①]。现代文明的新理念往往是习惯于宗法观念的我们不大关心而且感到非常陌生、非常异质的东西，也正因为它们常常与我们的传统观念和自然倾向相异、相左甚至相互抵触，所以才是我们最容易忽视、最不易理解的东西，甚至可能是我们有意无意地加以抵触和拒不付诸实践的东西。然而，这些新理念却是我们从传统社会进入现代社会所难以回避和无法绕开的核心精神，是我们最需要启蒙却最难启蒙、最需要实施却最难实施的内在文明。这种内在文明或文明的内在精神是我们进入现代社会的必由之路，是我们作为现代人所无法绕开的必修课，因为只有经过现代文明内在精神的主动熏陶和深刻启蒙，我们才能成为现代人，学科才能成为现代学科。现代社会最根本的性质和特征就在于现代文明的内在精神成为全社会已经普及和牢固树立起来而且无须争辩的共识，成为体现在社会制度和个人行为准则中的最高价值和最高目的。[②]要成为现代人，我们首先要从臣民艰难地变成公民。“全世界不同的国家、不同地区和民族都要转化成为现代社会，核心就是要将人解放出来，成为有自由思想、独立精神的现代公民，假如没有这样一个人的解放，就不可能有现代社会。现代社会的核心和基础就是现代公民，现代公民有许多权利要保障，不然经济就发展不起来，文化发展不起来，人的精神状态得不到充分改善，创造性要充分发挥就没有可能。所以要变。这个在全世界基本一样，大同小异。也就是说，一个国家要发展，都必须让公民成为独立自主的现代公民。”[③] 然而，从漫长的历史来看，一方面，“古代中国是个封建生产关系支配着的社会。在那样的社会里，封建的人身依附关系在各阶级间、各阶层间具有支配的地位。在那里，人是属于别人的人。在古代中国没有自由的事实，也没自由的思想，更没有独立的权利，人身依附关

① ［日］福泽谕吉：《文明论概略》，北京编译社译，商务印书馆 1982 年版，第 12 页。

② 参见户晓辉《民俗学如何成为一门现代学科——赫尔曼·鲍辛格给实践民俗学带来的理论启迪》，《民俗研究》2022 年第 3 期。

③ 袁伟时：《迟到的文明》，线装书局 2014 年版，第 39 页。

系统治着所有的人。……古代中国的编户民（主要是农民）不仅没有自由的生活，他们思想里也没有自由这一概念”[①]；另一方面，在重功利而轻自由、重经验而轻先验、重感悟而轻逻辑的文化传统与思维方式的长期熏陶和严重束缚之下，人们已经习惯成自然，已经积重难返、积习难改，甚至往往对现代文明新理念置若罔闻，“政治上的实利主义与历史惰性，锢蔽了他们，使他们不能相信在固有的社会政治形态以外，还有什么理想”[②]，这种消极的麻木不仁态度直接造成一种现实局面：多数人不想理解、不能理解什么才是真正的现代文明理念，因而在认知和实践上长期与真正的现代文明理念隔膜甚至隔绝，以至于简单地、直观地把现代文明仅仅理解为物质技术上的便利便捷和与时俱进，也就是仅仅用易取的“外在的文明”误会、忽视、延迟甚至替换难求的“内在的文明”，由此在有关人性提升与社会进步的现代文明理念方面一直停留在野蛮状态而又习焉不察、浑然不觉。更有甚者，由于现代文明理念恰恰与丛林法则相对立并且在很大程度上是为了约束、纠正和减少丛林法则，所以更容易遭到那些恰恰由于缺乏现代文明理念甚至违背现代文明理念才得权、得势、得利的人们的反对和压制。作为普通人，我们不仅很难理解匈牙利诗人裴多菲（Petöfi Sándor，1823—1849）在1847年写下的诗句——“生命诚可贵，爱情价更高；若为自由故，二者皆可抛”[③]——所表达的价值观，而且常常会由于意志的软弱或者优先考虑自己对面包、安全、自保、求生等各种各样的实用需求而放弃对自由的思考和追求。当我们今天可以为了温饱问题而牺牲自由而明天又可以为了无数个其他理由而使自由屈居第二位（更不要说第三、第四甚至末位了）的时候，我们的生活中又如何可能有自由的栖身之处呢？对自由的不解、漠视和遗忘导致了法国人道主义者波埃西（Etienne de La Boetie，1530—1563）早就指出的一种常见而普遍的现实困境：“有一样东西，我不知为什么，人们甚至没有勇气去追求，这就是自由。自由是多么伟大和美妙的财富。一旦失去，一切灾难接踵而至；而没有自由，一切其他财富也都会因奴役而变质，完全丧失它们的价值和品味。”[④] 同样，如

① 王毓铨：《王毓铨史论集》，中华书局2005年版，第702—703页。

② 王亚南：《中国官僚政治研究》，商务印书馆2010年版，第37页。

③ 鲁迅：《为了忘却的记念》，《鲁迅全集》第四卷，人民文学出版社1982年版，第487页。

④ ［法］艾蒂安·德·拉·波埃西：《论自愿为奴》，潘培庆译，上海译文出版社2014年版，第11页。

果没有自由，作为财富的遗产或文化遗产也会“变质，完全丧失它们的价值和品味”。但是，由于常常“没有勇气去追求”，所以，我们多数人都难以明白我们在“生存上所受的威胁是由于在社会政治上没有取得‘平等’、‘自由’的结果”①，而主要不是由于物质、技术和经济上的匮乏，更不是因为所谓的自然灾害。这种思想上的胆怯、偷懒和得过且过益发使得以每个人的自由和权利为主旨的现代文明理念离我们十分遥远、甚至渐行渐远，并且一再与我们擦肩而过，正如英国古典自由主义思想家约翰·穆勒（John Stuart Mill，1806—1873，也译为约翰·斯图亚特·密尔）所言：“人类之重视权力，盖远远过于珍爱自由。”② 正因如此，我们作为学者才尤其需要在现代文明理念上进行自我启蒙和相互启蒙，不是把主要精力放在单纯扩大知识范围、填补知识空白上，而是放在开启以现代文明理念为主旨的文化启蒙的可能性与现实性上，并把文化启蒙当作我们的有限人生里最艰难而又最重要的使命和任务。“所谓文化启蒙，就是开创、培养一种启蒙文化，其核心在于使人们生活于其中的文化走向对人的自由以及基于自由的绝对尊严、绝对权利和绝对责任的自觉与认识，成为维护人的自由与权利的自觉精神，从而成为维护人本身及其信仰的纯洁性与神圣性的自觉力量。唯有处于自由状态，人才会有真正纯洁的、神圣的信仰，因为唯有自由，人们的信仰才会是出于真诚与虔敬，而不是出于对面包的需要，不是出于对权威的迷信，也不是出于对利剑的恐惧。所以，可以简单说，启蒙文化的根本标志就是对人的自由存在达到这样的自觉，即足以使对人的绝对权利、绝对尊严的绝对责任的承认与维护，成为一种自主的、不可避免的坚定要求。任何一种人们生活于其中的文化或传统，如果尚未转化为一种启蒙文化，尚未达到对人的自由本质的深切自觉与系统认识，那么，在这种文化传统中，捍卫人权与维护人权就不会成为自觉的政治要求，更不会成为自觉的政治实践。换言之，在前启蒙的任何一种文化传统中，对保障与维护人权的政治要求，只能是一种‘被要求’。但是，任何一种文化传统都只有通过文化启蒙，才能转化为一种启蒙文化。而如果说文化启蒙的核心就在于对人的本相身份、即自由存在的绝对性的自觉，那么，任何一种传统文

① 王亚南：《中国官僚政治研究》，商务印书馆 2010 年版，第 134 页。

② ［英］约翰·穆勒：《论自由》，孟凡礼译，广西师范大学出版社 2011 年版，第 126 页。

化的启蒙—转化，都只有通过文化的真诚对话和思想的自由式交流，才是可完成的。”① 也正因如此，我们才格外需要以实事求是的态度虚心学习现代文明理念，而不能以时而妄自尊大、时而妄自菲薄的弱者心态和巨婴心态拒绝它们，更不能一直采取得过且过的懒惰态度，在历史上经历了那么长时间、那么多次的野蛮摧残之后仍然不知道现代文明理念为何物，因为人类进展到现代社会已经形成了全世界普世的、统一的现代价值观，这种价值观也就是现代文明理念，其核心就是人的自由、人的尊严和人的权利。② 因此，“文明概念使各民族之间的差异缩减到一定的程度；这个概念强调一切人共同的东西，或者——对文明概念的承载者的感觉而言——应该是一切人共同的东西”③。可以说，现代文明理念的重要作用恰恰在于能够“首先变革人心，然后改革政令，最后达到有形的物质”④，从而为中国的社会转型和现代文明建设做一点最艰难而又最需要的工作，因为“某一个国家的传统封建关系愈强固，它的自由经济发展愈困难”⑤，对自由与权利的理解障碍就越多、阻力就越大。正因如此，本书的重点在于理念层面，而不在于具体的操作环节和策略层面。尽管这些操作环节和策略层面也很重要，却是需要在另外的研究中加以展开论述的问题。

我们应该看到，无论世界文化遗产的保护还是非物质文化遗产的保护，都不是中国和其他国家自发的地方性、区域性的局部行动，而是由联合国教科文组织发起的一项全球性的国际实践。因此，在描述、呈现不同国家和地区的保护路径之前，我们需要首先厘清遗产保护的实践理念，而这种实践理念则来自联合国教科文组织三个文化公约本身的精神实质，而不是来自不同国家和各个地区的保护路径。相反，作为履约的承诺，不同国家和地区的保护路径应该以联合国教科文组织三个文化公约本身的精神

---

① 黄裕生：《站在未来的立场上》，生活·读书·新知三联书店 2014 年版，第 222 页。

② 参见袁伟时《迟到的文明》，线装书局 2014 年版，第 242、225 页。

③ ［德］诺贝特·埃利亚斯：《文明的进程：文明的社会发生和心理发生的研究》，王佩莉、袁志英译，上海译文出版社 2013 年版，第 3 页，译文据德语原文有所改动：Der Zivilisationsbegriff läßt die nationalen Differenzen zwischen den Völkern bis zu einem gewissen Grade zurücktreten; er akzentuiert, was allen Menschen gemeinsam ist, oder — für das Gefühl seiner Träger — sein sollte（Norbert Elias, *Über den Prozeß der Zivilization. Soziogenetische und psychogenetische Untersuchungen*, *Erster Band*, *Wandlungen des Verhaltens in den weltlichen Oberschichten des Abendlandes*, Frankfurt am Main: Suhrkamp Taschenbuch Verlag, 1997, S. 91 – 92）。

④ ［日］福泽谕吉：《文明论概略》，北京编译社译，商务印书馆 1982 年版，第 14 页。

⑤ 王亚南：《中国官僚政治研究》，商务印书馆 2010 年版，第 23 页。

实质和实践理念为根本目的或指导原则，至少不应该与这种精神实质和实践理念相违背。

当然，联合国教科文组织对“遗产”“文化遗产”“非物质文化遗产”这些概念的理解和阐述也经历了一个不断变化的过程，而这恰恰也是这些概念的现代性内涵不断得到开掘和深化的过程，同时是遗产保护新理念逐渐得到明晰和拓展的过程。可以说，遗产保护新理念的廓清及其通过缔约国保护实践的落地生根是全球现代化的重要途径，也是各个缔约国借以让自身进入现代国家的难得契机。

如上所述，无论物质遗产还是非物质文化遗产，都是人为选择和赋予价值的过程和结果。如果过去的历史或历史的过去在某一社会语境和历史情境中不被认识、不被认为有用或有价值，它也就不会成为遗产。[①] 更确切地说，遗产不是简单的物件，而是无形的和非物质的对话关系。什么是遗产？谁的遗产？遗产为了谁？诸如此类的问题都表明：遗产并不试图描述世界，而是改变了世界。遗产的主要用途是调动人员和资源，改革话语，改变实践。[②] 由此看来，遗产是变革性的。它改变了我们与自己的实践的关系，也改变了我们感知自己和周围事物的方式。[③] 更重要的是，遗产涉及的主要不是我们与过去的关系，而是我们与现在和未来的关系，因为遗产并非是简单地保存过去遗物的被动过程，而是主动选择能够反映现在的物件、地点的一系列积极实践，与我们希望带入未来的一套特定价值观密切相关。[④] 遗产不仅是被赋予价值的东西，还是一种“增值的”（value added）产业。[⑤] 正如珍妮特·布莱克所指出，把文化的哪些要素当作值得作为未来的继承物来加以保存是一种积极的选择，通过这种识别方式，我们认识到文化遗产作为文化象征的重要性及其价值方面。正因为这

① 参见解彩霞《遗产何以可能？——一种现代性的反思》，《文化遗产》2013 年第 1 期。

② 参见 Valdimar T. Hafstein，“Cultural Heritage”，in Regina F. Bendix and Galit Hasan-Rokem (eds.)，*A Companion to Folklore*，West Sussex：Wiley-Blackwell，2012，p. 502；Valdimar Tr. Hafstein，*Making Intangible Heritage：EL Condor Pasa and Other Stories from UNESCO*，Bloomington：Indiana University Press，2018，p. 20。

③ Valdimar T. Hafstein，“Cultural Heritage”，in Regina F. Bendix and Galit Hasan-Rokem (eds.)，*A Companion to Folklore*，West Sussex：Wiley-Blackwell，2012，p. 511.

④ 参见 Rodney Harrison，*Heritage：Critical Approaches*，London and New York：Routledge，2013，p. 4。

⑤ 参见 Barbara Kirshenblatt-Gimblett，“Theorizing Heritage”，*Ethnomusicology*，Vol. 39，No. 3 (Autumn，1995)，p. 369。

种选择和决定通常由国家权力机构在国家层面做出，由成员国组成的政府间组织在国际层面做出，所以文化遗产才具有强大的政治维度并且必然会产生相互竞争和有争议的不同主张。不仅关于文化遗产的选择和决定往往具有重要的政治后果，而且更根本的一点在于，文化遗产的识别本身就是一种政治行为。[①] 遗产保护实践能够改变我们的一部分思想观念和文化习惯，至少可能带来潜移默化的移风易俗效果。

正因如此，联合国教科文组织才以公约的形式展开全球性的国际保护行动，这本身就表明，遗产保护已经不是简单的、朴素的感性认知行为，而是一项具有高度专业性、复杂性、技术性以及具有明确伦理目的的理性实践。联合国教科文组织的现代遗产体系是一整套与历史、文化、政治、道德、法律等相关的全新话语，绝非新瓶装旧酒式的名词更换。[②]

既然世界遗产保护运动和非物质文化遗产保护运动是联合国教科文组织为实现政治目标而发起的文化实践行动[③]，我们就有必要从政治哲学的角度来理解遗产保护的新理念及其价值关联。当然，本书采取的政治哲学立场主要关注的并非联合国教科文组织三个文化公约在国际和国内层面已经实现出来的实然和已然，而是它们的规范性即可然和应然。因为从本质上说，政治哲学或政治学就是公共生活的伦理学。[④] 按亚里士多德的看法，“人在本性上就是一种政治动物”[⑤]。在古希腊语中，politikòn zōon 不仅意味着过政治生活的动物，也指去做公民的动物、要过公共生活的动物。[⑥] 在亚里士多德那里，polis 指的与其说是现实中已经存在的城邦，不如说是

---

① 参见 Janet Blake，“On Defining the Cultural Heritage”，*International and Comparative Law Quarterly*，Vol. 49，Issue 1，January 2000，p. 68。

② 参见李春霞《公约》，《民族艺术》2013 年第 6 期。

③ 参见史晨暄《世界遗产四十年：文化遗产“突出普遍价值”评价标准的演变》，科学出版社 2015 年版，第 51 页。

④ 参见［英］阿克顿《自由与权力——阿克顿勋爵论说文集》，侯健、范亚峰译，商务印书馆 2001 年版，第 405 页。

⑤ Aristotle，*Politics*，with an English Translation by H. Rackham，Cambridge，MA：Harvard University Press，1959，pp. 8 – 9.

⑥ 亚里士多德这句话的德语译文就有这样的译法：Der Mensch von Natur das auf die Polis verwiesene Lebewesen ist（Joachim Ritter，*Metaphysik und Politik. Studien zu Aristoteles und Hegel*，Frankfurt am Main：Suhrkamp Verlag，1977，S. 126），意思是：人本然地是趋向于（被引向）城邦（政治生活）的动物；吴寿彭提供的选择译法也是：“人类自然是趋向于城邦生活的动物”或“人类自然地应该是趋向于城市生活的动物。”（参见［古希腊］亚里士多德《政治学》，吴寿彭译，商务印书馆 1996 年版，第 7、130 页）

一种应然的政治共同体或理想国。[①] 同样，“政治动物”这种规定也意味着一种目的论结构，即成为“政治动物”，因为过政治生活是人的目的。在亚里士多德看来，与其他共同体不同的是，城邦的唯一目的就是为了人类能够过上好生活。对于人这样的政治动物而言，过最好的生活就意味着过政治生活，其中不仅包括与他人一起思考善、正义和利益关系[②]，更重要的是生活在具有善和正义的政治文明之中，而进入现代社会之后，现代文明理念恰恰是这种政治文明的核心。因此，真正的“政治”是以每个人的自由为先验基础和理性目的的社会治理行为与人际交往行为。换言之，本书所谓“政治”指的不是权术、潜规则或丛林法则意义上的政治，而是通过理性的言说和互动促成公民之间的自由和平等的公共活动，也就是应该由自由的理念或实践法则加以规范和引导的政治。[③] 恰恰因为现实中存在各种层次的权力斗争和利益争夺，才需要政治哲学为这些斗争和争夺制定公平、公正、公开的游戏规则。这也是联合国教科文组织三个文化公约的核心目的和深层理念，也只有在这样的层面上，我们才能更好地理解联合国教科文组织三个文化公约的价值关联和保护理念。

只有认真贯彻并落实遗产保护新理念，我们才算真正进入了遗产时代和文明社会。

---

① 正因如此，欧根·罗尔费斯把亚里士多德的这句话译为 der Mensch von Natur ein staatliches Wesen ist（人在本性上就是一种国家动物）或 der Mensch ein von Natur auf die staatliche Gemeinschaft angelegtes Wesen ist（人是一种本性上就存心想要国家共同体的动物/人是一种本来目的就在于国家共同体的动物），分别参见 Aristoteles, *Politik*, übersetzt und mit erklärenden Anmerkungen versehen von Eugen Rolfes, Hamburg: Felix Meiner Verlag, 1981, S. 4, S. 88。

② 参见 Kevin M. Cherry, *Plato, Aristotle, and the Purpose of Politics*, New York: Cambridge University Press, 2012, p. 2。

③ 参见户晓辉《非遗时代民俗学的实践回归》，《民俗研究》2015 年第 1 期。

第一章

在世界遗产背后

我们已经说过，遗产保护是联合国教科文组织在世界范围内开展的一项全球化实践行动。

在电影《惊天告密》（*The Whistleblower*，又译为《告密者》）中，联合国人权理事会代表里丝说："联合国是在集中营的灰烬中建立的。"第二次世界大战发生的人道主义暴行和种族灭绝行为使促进并维护普遍人权的理念成为建立联合国的主要动机。[①] 1945 年成立的联合国恰恰是遵循英国空想社会主义者托马斯·莫尔（Thomas More，1478—1535）的《乌托邦》（*Utopia*，1516）和德国哲学家康德《论永久和平：一个哲学的规划》（*Zum ewigen Frieden. Ein philosophischer Entwurf*，1795，英译为 Perpetual Peace：A Philosophical Sketch）的理念建立起来的政府间组织。[②] 这也可以从一个侧面反映出，对人类的实践而言，理念不仅具有指导意义，而且能够开辟出崭新的现实。正如在 1953—1961 年间担任联合国秘书长的瑞典政治家达格·哈马舍尔德（Dag Hammarskjöld，1905—1961）所说，创建联合国这样的组织不是为了把我们带到天堂，而是为了把我们从地狱中拯救出来。[③] 联合国的宗旨是维护国际和平与安全，发展以尊重各国人民平等权利和自决原则为基础的友好关系，通过国际合作解决国际经济、社会、文化和人道主义性质的问题，促进对全人类的人权和基本自由的尊重。要实现这些

---

① 参见 Rodney Harrison，*Heritage*：*Critical Approaches*，London and New York：Routledge，2013，p. 157；Lynn Meskell，*A Future in Ruins*：*UNESCO*，*World Heritage*，*and the Dream of Peace*，New York：Oxford University Press，2018。

② 参见李春霞《公约》，《民族艺术》2013 年第 6 期。

③ 参见 Lynn Meskell，*A Future in Ruins*：*UNESCO*，*World Heritage*，*and the Dream of Peace*，New York：Oxford University Press，2018，Preface，p. xvi。

依据人的先验自由推论出来因而适用于全人类的理念，文化以及文化遗产是最便捷的抓手和最重要的途径。

在联合国创建之初就成立起来的教科文组织是联合国能够与国家组织有联系的分支机构[①]，该组织自一创建就“见证了遗产保护运动的复兴”[②]。

第一节 人类共同遗产与突出的普遍价值

尽管“遗产”以及遗产保护的观念早就存在，但经过两次世界大战之后，国际上有关“遗产”的理念却发生了根本变化[③]，其中一个最重要的变化集中表现为：在第二次世界大战之后，联合国的成立标志着人类作为休戚相关的命运共同体意识和基于自由的普遍价值观得到组织化体现，与此同时，文化遗产所遭受的大规模破坏也促使联合国教科文组织对人权和文化产生了新认识，世界遗产的观念逐渐明晰并且越来越成为一种国际共识。不过，正如林恩·梅斯克尔所指出，虽然废墟的重建被纳入议事日程，但这不仅是为了修复伟大的建筑、博物馆和艺术，而且是为了对过去本身加以规制，以便使过去成为新世界秩序的一部分。[④] 世界权力格局的改变和社会分化的加剧，由全球化和现代化所引发的民族主义、地方主义思潮在各地的风起云涌，都对世界和平产生着潜在的威胁。联合国教科文组织意识到，一方面，虽然世界文化的多样性和差异性意识越来越明显，但文化又是使当今社会的多样性在一种新的水平上取得统一性的关键要素[⑤]；另一方面，文化之间的对话恰恰是为了求同存异，让人们看到每一种文化都有普遍价值，而对这种普遍价值的承认不仅是文化之间进行对话

---

① 参见 Anthony Seeger, “Understanding UNESCO: A Complex Organization with Many Parts and Many Actors”, in Michael Dylan Foster and Lisa Gilman (eds.), *UNESCO on the Ground: Local Perspectives on Intangible Cultural Heritage*, Bloomington: Indiana University Press, 2015, pp. 134 - 135。

② Lucas Lixinski, “Between orthodoxy and heterodoxy: the troubled relationships between heritage studies and heritage law”, *International Journal of Heritage Studies*, Vol. 21, No. 3, 2015, p. 204.

③ 关于《世界遗产公约》的前史，参见 Rodney Harrison, *Heritage: Critical Approaches*, London and New York: Routledge, 2013, pp. 56 - 61。

④ 参见 Lynn Meskell, *A Future in Ruins: UNESCO, World Heritage, and the Dream of Peace*, New York: Oxford University Press, 2018, Preface, p. xvii。

⑤ 参见［美］欧文·拉兹洛编著《联合国教科文组织国际专家研究报告：多种文化的星球》，戴侃、辛未译，社会科学文献出版社 2004 年版，第 7 页。

的基础，更是人们相互尊重和欣赏并且进一步发展创造性的共同依据。[1]于是，通过文化和文化遗产来维护多样性中的统一性和人类基本自由就成为联合国教科文组织坚守并推广的普遍价值观，而且其《组织法》“序言”中明确表明，“战争起源于人之思想，故务需于人之思想中筑起保卫和平之屏障”。[2] 1996 年，这句话以十种语言被镌刻在联合国教科文组织巴黎总部前的石墙上。[3] 该《组织法》“序言”中说，“和平若全然以政府间之政治、经济措施为基础则不能确保世界人民对其一致、持久又真诚之支持。为使其免遭失败，和平尚必须奠基于人类理性与道德上之团结”。这就进一步表明，文化理想和文明理念才是塑造人的思想的决定性因素。正如联合国教科文组织前任总干事松浦晃一郎所指出：

> 不管它采取何种层次的行动——世界性的、区域性的、国家性的或地方性的——联合国教科文组织必须遵循联合国所有机构共同适用的普遍原则：“不论种族、性别、语言或地区上的差异，尊重公平、人权及所有人的基本自由。”[4]

1972 年出台的《世界遗产公约》不仅促成“世界遗产”概念的形成[5]，还是联合国教科文组织以文化遗产为抓手开展普遍价值观探寻的一次全球化标志性事件。这个具有开创性的国际法律文书在文化遗产保护领域发展出一套国际法的一般原则和习惯规范（customary norms），也使联合国教科文组织成为在真正的国际层面促进考古遗产保护和文化遗产保护的第一个组织。[6] 我们可以注意到，在《世界遗产公约》诞生之前，国际

① 参见［美］欧文·拉兹洛编著《联合国教科文组织国际专家研究报告：多种文化的星球》，戴侃、辛未译，社会科学文献出版社 2004 年版，第 8 页。

② 这句名言出自美国诗人阿齐博尔德·麦克利什（Archibald MacLeish，1892—1982），参见 Valdimar Tr. Hafstein, *Making Intangible Heritage: EL Condor Pasa and Other Stories from UNESCO*, Bloomington: Indiana University Press, 2018, p. 22。

③ 参见 Claire Cave and Elene Negussie, *World Heritage Conservation: The World Heritage Convention, linking Culture and nature for sustainable development*, London and New York: Routledge, 2017, p. 16。

④ 松浦晃一郎：《明天的联合国教科文组织》，赵慧译，《全球教育展望》2001 年第 1 期。

⑤ ［英］德瑞克·吉尔曼：《文化遗产的观念》，唐璐璐、向勇译，东北财经大学出版社 2018 年版，第 43 页。

⑥ 参见 Lynn Meskell, *A Future in Ruins: UNESCO, World Heritage, and the Dream of Peace*, New York: Oxford University Press, 2018, Preface, p. xviii; p. 15。

社会对文化遗产和自然遗产的保护都是分开进行的[①]，而该公约的新意恰恰在于把人们几乎一直认为是互不相干的自然保护和文化保护联系起来。[②]从此之后，文化遗产和自然遗产不仅得到通盘考虑，而且一起接受国际眼光和“突出的普遍价值”的共同检验，这也就使传统上与文化遗产和环境保护及其各自的专业领域有关的学科和部门联系得更加紧密。[③] 所谓保护世界文化遗产，并非文化民族主义的产物，而是超越文化民族主义、承认文化多样性的一项国际行动。世界遗产之所以没有使用惯用的“国际”一词而是采用“世界”一词来表述，就是为了超越文化民族主义或地方主义。[④] 不仅如此，为了用文化遗产促进国际主义、节制民族主义，联合国教科文组织在“普遍遗产”的基础上又发展出“共同遗产”的概念，提出成员国对国际社会的责任等观念，进而推行文化遗产的普遍价值和普遍的保护原则。[⑤] 因此，联合国教科文组织对“世界遗产”的提法进一步将文化遗产定性为“人类共同遗产”，并将这种共同遗产与更广泛的不可再生资源放在一起。[⑥] 从根本上说，为了利用文化的力量化解冲突、建立和平，联合国教科文组织逐渐将“文化”扩展为一种对政治、经济、社会生活的各方面都起作用的概念。[⑦]

《世界遗产公约》在“前言”中开宗明义地表明了宗旨：即“通过采用公约形式的新规定，以便为集体保护具有突出的普遍价值的文化遗产和自然遗产建立一个依据现代科学方法组织的永久性的有效制度”。根据该公约前六条，在充分尊重主权国权利的前提下，要将从历史、艺术、科学、审美、人类学等角度看来具有“突出的普遍价值”的文化遗产和自然遗产“作为

① 参见戈亚男《世界遗产保护的国际法律制度研究》，硕士学位论文，外交学院，2008 年，第 10 页。

② 参见程小林、景峰《〈世界遗产公约〉的制订与实施》，《城市发展研究》1996 年第 1 期。

③ 参见 Claire Cave and Elene Negussie, *World Heritage Conservation: The World Heritage Convention, linking Culture and nature for sustainable development*, London and New York: Routledge, 2017, p. 2。

④ 参见［日］西村幸夫《“世界”遗产——超越文化民族主义》，张松译，《同济大学学报》（社会科学版）2003 年第 3 期。

⑤ 参见史晨暄《世界遗产四十年：文化遗产“突出普遍价值”评价标准的演变》，科学出版社 2015 年版，第 15 页。

⑥ 参见 Janet Blake, “On Defining the Cultural Heritage”, *International and Comparative Law Quarterly*, Vol. 49, Issue 1, January 2000, p. 69。

⑦ 参见史晨暄《世界遗产四十年：文化遗产“突出普遍价值”评价标准的演变》，科学出版社 2015 年版，第 58—59 页；高丙中《从文化的代表性意涵理解世界文化遗产》，《清华大学学报》（哲学社会科学版）2017 年第 5 期。

全人类世界遗产的一部分加以保存”，并且“承认这类遗产是世界遗产的一部分，因此，整个国际社会有责任进行合作，予以保护”。该公约在1975年开始生效，1977年开始实施[①]，从此在国际领域发挥了相当大的作用，不仅快速吸引众多成员国的广泛关注，而且成为联合国最成功的公约之一。[②]它至少具有三个非同寻常的全球意义。首先，目前所有国家都已经加入该公约；其次，联合国教科文组织的行政工具统一了全世界遗产选择和开发的标准；最后，该公约标志着遗产保存的国际政策以及文化积累的分级世界体系的出现。因此，这种国际协议是全球文化政策历史上的一个重要转折点。[③]

但是，由于该公约在出台前有20多年的起草期和磨合期，也由于时代局限和对各种利益的兼顾，所以，它的条约对一些内容或者没有规定，或者语焉不详。随着实践的发展，该公约暴露出来的问题也日益明显。[④]从核心理念上来看，该公约特别强调并且多次使用“突出的普遍价值”（Outstanding Universal Value）这个核心概念，但在正文中并没有对这个概念提出明确说明，这就给理解上的分歧以及后来的不断阐释预留了较大的空间。正因如此，联合国教科文组织自1977年开始发布不断修订的《实施保护世界遗产公约操作指南》（*Operational Guidelines for the implementation of the World Heritage Convention*，以下简称《操作指南》），至2021年已发布近30版。[⑤] 在数十年的时间里，该操作指南的不断修订和变化恰恰反映出联合国教科文组织对《世界遗产公约》核心概念的理解史[⑥]，这些

---

① 参见 Lynn Meskell, *A Future in Ruins*: *UNESCO*, *World Heritage*, *and the Dream of Peace*, New York: Oxford University Press, 2018, p. 71。

② 参见［日］爱川纪子（Aikawa-Faure Notiko）《联合国教科文组织非物质文化遗产保护条约——从通过到第一次政府间委员会召开》，白羲译，《民间文化论坛》2011年第6期。

③ 参见 Alexandra Kowalski, “When Cultural Capitalization Became Global Practice: The 1972 World Heritage Convention”, in Nina Bandelj and Frederick F. Wherry（eds.）, *The Cultural Wealth of Nations*, Stanford, CA: Stanford University Press, 2011, p. 73。

④ 参见马明飞《〈保护世界文化和自然遗产公约〉适用的困境与出路——以自然遗产保护为视角》，《法学评论》2011年第3期。

⑤ 参见网址：UNESCO World Heritage Centre-The Operational Guidelines for the Implementation of the World Heritage Convention https://whc.unesco.org/en/guidelines/，2022年2月12日。

⑥ 关于“突出的普遍价值”这个概念的发生史，参见 Sophia Labadi, *UNESCO*, *Cultural Heritage*, *and Outstanding Universal Value*: *Value-based Analysis of the World Heritage and Intangible Cultural Heritage Conventions*, Plymouth: AltaMira Press, 2013, pp. 25 - 58；关于“突出的普遍价值”概念的讨论及其历史，参见英文电子书 What is OUV? Defining the Outstanding Universal Value of Cultural World Heritage Properties，网址是 http://openarchive.icomos.org/id/eprint/435/1/Monuments_and_Sites_16_What_is_OUV.pdf，2022年2月14日。

变化尤其体现在对"突出的普遍价值"概念及其评价标准的不断丰富和完善方面，因为在"突出"与"普遍"之间存在相对与绝对、特殊与一般、民族主义与国际主义等多种力量的斡旋，这就需要对"突出的普遍价值"概念做不断的阐释和发展。①"突出"意味着与一般文化遗产相比属于最好的或"最好的代表"，"普遍"意味着这些突出的价值可以在世界范围内得到承认，因而"全人类"都有责任保护这种遗产。②所谓"全人类"，也并非一个简单的集合概念，毋宁说，"全人类的概念以一种先验价值体系的存在为先决条件，即国际社会可以作为一个整体来分享这种价值体系"③。世界遗产对全人类都至关重要的"突出的普遍价值"恰恰是从先验价值体系出发认证和评价的共同遗产价值，但令人遗憾的是，《世界遗产公约》及其《操作指南》对这一点的认识并不明确。在一定意义上说，正因为对普遍价值与特殊价值之间的理论关系及其性质认识不到位，所以才导致《操作指南》的不断修正，尽管这种修正也是不断深化理解和提升认识的过程。

第二节　《操作指南》的核心概念及其修订

虽然《世界遗产公约》本身没有修改，但对其观念的不断调整却以明确的方式落实到《操作指南》之中，这个《操作指南》的英文版条文，从1977年版的16页28段，扩大到2021年版的83页290段。关于《操作指南》的详细修订情况，史晨暄在博士学位论文中已经做出比较详细的梳理和研究。④笔者在此关注的重点不是这些修订细节以及申报、评选世界遗产的全部标准、技术流程和操作方法，而是《操作指南》对核心概念的修订所体现出来的新理念及其内在张力。这里主要以2019年中文版《操

① 参见史晨暄《世界遗产四十年：文化遗产"突出普遍价值"评价标准的演变》，科学出版社2015年版，第8页。

② Michael Petzet, "Introduction", in *What is OUV? Defining the Outstanding Universal Value of Cultural World Heritage Properties*, p. 8, http://openarchive.icomos.org/id/eprint/435/1/Monuments_and_Sites_16_What_is_OUV.pdf, 2022年2月14日。

③［日］荻野昌弘：《文化政治与世界遗产》，王永健译，唐璐璐校，《民族艺术》2020年第6期。

④ 史晨暄：《世界遗产四十年：文化遗产"突出普遍价值"评价标准的演变》，科学出版社2015年版。

作指南》为例[①]，我们可以看出几个方面的变化。

（1）共同遗产的观念。《操作指南》第四条明确表明，“无论对各国还是对全人类而言，文化和自然遗产都是不可估价且无法替代的财产。这些最珍贵的财富，一旦遭受任何破坏或消失，都是对世界各族人民遗产的一次浩劫。一些遗产具有独一无二的特性，可以认为其具有‘突出的普遍价值’，需加以特殊的保护，以消除日益威胁遗产安全的各种危险”；第七条：“《公约》旨在确认、保护、保存、展示具有突出的普遍价值的文化｛遗产｝和自然遗产，并将其代代相传”；第七十八条：“只有同时具有完整性和/或真实性的特征，且有恰当的保护和管理机制确保遗产得到保护，遗产才能被视为具有突出的普遍价值”。因此，在从独特的民族珍宝转变为全人类的共同遗产这个过程中，世界遗产的内涵会发生改变。一旦它得到全体缔约国的承认，就象征着它具有一种人类普遍认可的“突出的普遍价值”。世界遗产项目的逐渐增多，也意味着突出的普遍价值的范围在不断扩大，人类的普遍价值观范围也就随之增大。[②] 经过这样的价值赋义和价值累积过程，原先所谓家族遗产、宗族遗产和国家遗产就变成人类共有的世界遗产，这不仅是遗产主体的重大变化，也是现代遗产内涵最重要的变化。[③] 从表面上看，《世界遗产公约》只是通过申报制度来造成一种遴选的等级，但实际上，世界遗产提升了不同文化主体对共同价值观的体认和重视，一方面可以成为消除隔阂、缩短距离、增进理解的桥梁，另一方面也可以成为不同文化主体进行相互学习和彼此借鉴的一面镜子。[④]

（2）由国际视野产生突出的普遍价值。《操作指南》第五十二条：“该《公约》不是旨在保护所有具有重大意义或价值的遗产，而只是保护那些从国际观点看具有最突出价值的遗产。不应该认为某项具有国家和/或区域重要性的遗产会自动列入《世界遗产名录》”。这就表明，“突出的

① 参见中国古迹遗址保护协会翻译的 2019 年中文版《操作指南》，网址：http：//www.icomoschina. org. cn/uploads/download/20200514100333_ download. pdf，2022 年 2 月 14 日。

② 参见史晨暄《世界遗产四十年：文化遗产“突出普遍价值”评价标准的演变》，科学出版社 2015 年版，第 57—58 页。

③ 参见宋峰、祝佳杰、李雁飞《世界遗产“完整性”原则的再思考——基于〈实施世界遗产公约的操作指南〉中 4 个概念的辨析》，《中国园林》2009 年第 5 期。

④ 参见宋峰、祝佳杰、李雁飞《世界遗产“完整性”原则的再思考——基于〈实施世界遗产公约的操作指南〉中 4 个概念的辨析》，《中国园林》2009 年第 5 期。

普遍价值”首先不是来自民族国家层面和地区层面，而是来自国际层面的认定和分配。不仅如此，“突出的普遍价值”还包含并统摄了真实性与完整性、文化标准与自然标准以及保护与管理措施，或者说是这三个部分的总和。[①] 只有在这个意义上，我们才能说，世界遗产的价值不是固有的，而是由个人或群体赋予的，因而是可以被建立和改变的。[②] 更重要的是，联合国教科文组织要按照它的理想和理念主动干预并改变现有的遗产秩序，建立一种全人类的世界遗产意象和新秩序。[③]由此来看，《世界遗产公约》恰恰不是作为一种权力工具进行设计的。文化专家、环境问题专家和科学家把它设想为一种实际的再分配手段，以保护那些被剥夺了足够基础设施的国家的利益对象。[④] 它体现的是一种全球分配正义的价值观。世界遗产名录的目的不仅仅是所谓的成功申报，而且是树立世界遗产的基本理念（和谐），在完整性原则的指导下科学全面地认知遗产价值，在尊重共有遗产的基础上，促进不同文化之间的相互尊重。[⑤]

（3）关于“普遍”的说明。1977、1978 年版的《操作指南》第六条专门解释了“突出的普遍价值”中“普遍”一词的含义并且指出，有些财富可能并非被各地所有人都认为具有重大意义和重要性。不同文化或不同时期的看法可能都不尽相同。就文化财富而言，“普遍”指的是在其文化中具有高度代表性的财富。[⑥] 松浦晃一郎把“普遍性”理解为国际社会各个成员共同创建一个超越政治与经济并且以道德理念或价值观为基石的

---

① 参见 Claire Cave and Elene Negussie, *World Heritage Conservation: The World Heritage Convention, linking Culture and nature for sustainable development*, London and New York: Routledge, 2017, p. 61。

② 参见史晨暄《世界遗产四十年：文化遗产“突出普遍价值”评价标准的演变》，科学出版社 2015 年版，第 24 页。

③ 参见史晨暄《世界遗产四十年：文化遗产“突出普遍价值”评价标准的演变》，科学出版社 2015 年版，第 55—56 页。

④ 参见 Alexandra Kowalski, “When Cultural Capitalization Became Global Practice: The 1972 World Heritage Convention”, in Nina Bandelj and Frederick F. Wherry (eds.), *The Cultural Wealth of Nations*, Stanford, CA: Stanford University Press, 2011, p. 84。

⑤ 参见宋峰、祝佳杰、李雁飞《世界遗产“完整性”原则的再思考——基于〈实施世界遗产公约的操作指南〉中 4 个概念的辨析》，《中国园林》2009 年第 5 期。

⑥ 英文是“The definition of ‘universal’ in the phrase ‘outstanding universal value’ requires comment. Some properties may not be recognized by all people, everywhere, to be of great importance and significance. Opinions may vary from one culture or period to another. As far as cultural property is concerned, the term ‘universal’ must be interpreted as referring to a property which is highly representative of the culture of which it forms part”。

制度，即“人性化的全球化”。[1] 可见，联合国教科文组织通过《世界遗产公约》为全球化注入了人性化因素，并把它引向“人性化的全球化”方向。因为启蒙运动提出的“普遍人性”是联合国教科文组织建立全人类基于道德和理性的团结的思想源泉。“突出的普遍价值”中的“普遍”就是为了通过世界遗产项目建立人类普遍的价值观，让不同民族、不同国家的人们能够遵从共同的基本行为规范，从而实现保卫世界和平的目标。[2]

（4）关于“突出的普遍价值”概念。《世界遗产公约》第一条所谓的“文化遗产”包括三类：从历史、艺术或科学角度来看具有突出普遍价值的文物，从历史、艺术或科学角度来看具有突出普遍价值的建筑群，从历史、审美、人种学或人类学角度来看具有突出普遍价值的遗址；第二条所谓的“自然遗产”也包括三类：从审美或科学角度来看具有突出普遍价值的自然面貌，从科学或保护角度来看具有突出普遍价值的动植物生境区，从科学、保护或自然美角度来看具有突出普遍价值的自然区域。但究竟什么是“突出的普遍价值”，该公约并没有做出明确界定。由此就造成《世界遗产公约》中提到的两个非政府组织——国际古迹遗址理事会（ICOMOS）和世界自然保护联盟（IUCN）——长期对这个概念的不同理解和使用。[3] 正如史晨暄指出的那样，“突出的普遍价值概念”可能与联合国教科文组织的其他政策相互抵触：强调“突出”有可能导致在文化间比较高低的态度，而联合国教科文组织同时倡导一切文化平等；对“普遍”的强调有可能导致文化同质化倾向，而联合国教科文组织同时鼓励文化多样性；对“突出的普遍价值”的强调有可能导致世界遗产趋于精英文化，而联合国教科文组织同时要求保护少数人、世居民族和处于不利地位的人们的文化。为了调和这些矛盾，就需要不断修正“突出的普遍价值”标准。[4]

1994 年版《操作指南》将“与具有突出普遍意义的事件、观念和信

---

① 参见松浦晃一郎《经济全球化能创造新文明的价值观吗?》，《世界教育信息》2002 年第 3 期。

② 参见史晨暄《世界遗产四十年：文化遗产“突出普遍价值”评价标准的演变》，科学出版社 2015 年版，第 25 页。

③ Henry Cleere, “The concept of ‘outstanding universal value’ in the World Heritage Convention”, *Conservation and Management of Archaeological Sites*, Vol. 1, Issue 4, 1996, p. 227.

④ 参见史晨暄《世界遗产四十年：文化遗产“突出普遍价值”评价标准的演变》，科学出版社 2015 年版，第 58 页。

仰存在直接或实质的联系”改为“与具有突出普遍意义的事件、活的传统、观念、信仰、艺术和文学作品存在直接或实质的联系”，增加了“活的传统”、“艺术”和“文学”三个非物质要素，与这几个要素相关的遗产大多来自亚非拉地区，这是此前世界遗产“突出的普遍价值”所忽视的内容。[①] 1998年在阿姆斯特丹举行的自然文化遗产国际战略专家会议对“突出的普遍价值”给出的定义是：对在所有人类文化中常见的或提出的普遍特质的突出反映。这在自然遗产上表现为生态地理的多样性，在不同的文化、社会、政治、经济以及物质环境中，这样的反映以不同形式表现出来，其结果就是文化多样性。[②] 2005年，联合国教科文组织在卡赞召开特别专家会议讨论“突出的普遍价值”时强调指出，突出的普遍价值与所有其他价值一样，是通过人类的欣赏由人赋予的。[③] 2005、2008、2011、2012、2015年版的《操作指南》第四十九条定义：“突出的普遍价值意味着文化的和/或自然的意义如此独特，以至于超越了国界，对全人类现在和未来的数代人均具有共同的重要性。”[④] 2019年版《操作指南》第四十九条：“突出的普遍价值指罕见的、超越了国家界限的、对全人类的现在和未来均具有普遍的重要意义的文化和/或自然价值。因此，该项遗产的永久性保护对整个国际社会都具有至高的重要性。”可见，《操作指南》对这个核心概念的解释是有变化的。不仅如此，还有学者认为，就世界遗产而言，“突出的”可以理解为某种遗产最好的或最具代表性的案例。

但就自然遗产而言，其“突出的普遍价值”界定标准呈现出三种变化趋势：第一，自然遗产的外延和内涵得到延伸。《世界遗产公约》将自然遗产局限于具有科学、历史、美学等价值的区域，过于狭窄。后来的《操作指南》强调“自然与人类的共同结晶”和“人类与自然环境之间的互动的多样性”，这就使一些人类与自然共同创造的人文景观也纳入公约的适用范围中来；第二，强调自然遗产与文化遗产的整体性保护。世界遗产

---

① 参见李恬静、熊忻恺、宋峰《世界遗产“突出普遍价值”的第六条评价标准之变迁》，《中国园林》2015年第5期。

② 参见王圆编译《世界遗产：定义突出的普遍价值》，《杭州文博》2011年第1期。

③ 参见徐知兰《UNESCO文化多样性理念对世界遗产体系的影响》，博士学位论文，清华大学建筑学院，2012年，第184页。

④ 英文是“Outstanding Universal Value means cultural and/or natural significance which is so exceptional as to transcend national boundaries and to be of common importance for present and future generations of all humanity”。

管理委员会提出，某个文化遗产或自然遗产项目只有整体具有突出的重要性时，才被理解为具有突出的普遍价值；第三，在对突出的普遍价值的认定标准方面，更突出多样性。[①] 因此，世界遗产成为一种文化的象征，促进各个缔约国重新认识自己的文化遗产，同时也推动着文化遗产保护的国际协作和观念更新，结合了保护与发展的双重目标。[②] “世界遗产”概念不仅表明遗产是一种社会建构，而且其本质也是由人类价值观、由国家和国际层面上统一的标准和选择程序塑造出来的。[③]

从政治哲学的角度来看，世界遗产试图以“突出的普遍价值”概念建立公民身份和一种基于全人类的团结、共同进步和共同责任的政体。[④] 这种不曾存在的政体类似于后来被称为通过人权为全球正义提供框架的世界主义国家（cosmopolitan states）[⑤] 或全球公民社会。难怪国外有学者认为，《世界遗产公约》表明，“遗产”也是符号资本化和符号积累的实践律令（a practical imperative of symbolic capitalization and accumulation）。[⑥] 现代民族国家履行《世界遗产公约》，实际上也是在政治上和法律上加入全球现代化进程的最佳途径，同样也是引入联合国倡导的普遍价值观并且打造世界新文明的良好时机，因为这至少是在某种程度上加入了世界主义国家或全球公民社会。世界遗产的标准是对突出的普遍价值的直接阐释，《操作指南》对该标准的修订不仅会促进人们不断反思全人类普遍认可的价值观，而且有助于形成并实现普遍价值观。[⑦] 因此，从本质上来理解，整个

① 参见马明飞《〈保护世界文化和自然遗产公约〉适用的困境与出路——以自然遗产保护为视角》，《法学评论》2011 年第 3 期。

② 参见史晨暄《世界遗产四十年：文化遗产“突出普遍价值”评价标准的演变》，科学出版社 2015 年版，第 2 页。

③ 参见 Claire Cave and Elene Negussie, *World Heritage Conservation*: *The World Heritage Convention, linking Culture and nature for sustainable development*, London and New York: Routledge, 2017, p. 47。

④ 参见史晨暄《世界遗产四十年：文化遗产“突出普遍价值”评价标准的演变》，科学出版社 2015 年版，第 52 页。

⑤ Kate Nash, *The Cultural Politics of Human Rights*: *Comparing the US and UK*, New York: Cambridge University Press, 2009, p. 14.

⑥ 参见 Nina Bandelj and Frederick F. Wherry, “Introduction: An Inquiry into the Cultural Wealth of Nations”, in Nina Bandelj and Frederick F. Wherry (eds.), *The Cultural Wealth of Nations*, Stanford, CA: Stanford University Press, 2011, p. 14。

⑦ 参见史晨暄《世界遗产四十年：文化遗产“突出普遍价值”评价标准的演变》，科学出版社 2015 年版，第 61 页。

世界遗产保护运动的目的，不在于找到突出的普遍价值的标准，而在于这个支持全球保护文化、开展国际协作与对话、建立人类团结、建设和平的价值寻求过程。[①] 虽然建立世界遗产体系在很大程度上取决于政治或地缘政治利益的偶然转变及其对话趋同，虽然没有全球地缘政治形势的变化，这些利益可能无法实现[②]，《世界遗产公约》的目的也就难以落到实处，但是，该公约恰恰不是作为权力工具来制定的，而是一种务实的再分配手段[③]，它作为联合国教科文组织制定的国际遗产政策，对各个国家、地区和城市遗产政策的发展都产生了显著影响。[④]

第三节 从正统遗产到非正统遗产

换言之，《世界遗产公约》既是全球化的推动者，又是全球化进程的产物本身受到修正的方式。虽然该公约及其《操作指南》对“遗产”的广义定义受到一些批评和质疑，但对全世界遗产的概念化、管理和解释方式都产生了重要影响。[⑤] 这至少表明，《世界遗产公约》的权威是由地方行为者和国家官员共同创造的。[⑥]

实际上，《世界遗产公约》的履约过程也恰恰是世界遗产的观念和实践发生重大转变的过程。尤其是2010年以来，在世界范围内都经历了日渐明显的转变，即从传统的遗产观念到异端的遗产观念、从自上而下的遗产过程到自下而上的新保护途径、从服从专家规则并且过度依赖客观的艺术/历史价值到遗产的民主化以及试图更好地了解普通人眼中的遗产价值

---

① 参见史晨暄《世界遗产四十年：文化遗产“突出普遍价值”评价标准的演变》，科学出版社2015年版，第63页。

② 参见 Alexandra Kowalski，“When Cultural Capitalization Became Global Practice：The 1972 World Heritage Convention”，in Nina Bandelj and Frederick F. Wherry（eds.），*The Cultural Wealth of Nations*，Stanford，CA：Stanford University Press，2011，p. 83。

③ 参见 Alexandra Kowalski，“When Cultural Capitalization Became Global Practice：The 1972 World Heritage Convention”，in Nina Bandelj and Frederick F. Wherry（eds.），*The Cultural Wealth of Nations*，Stanford，CA：Stanford University Press，2011，p. 84。

④ 参见 Rodney Harrison，*Heritage：Critical Approaches*，London and New York：Routledge，2013，p. 137。

⑤ 参见 Rodney Harrison，*Heritage：Critical Approaches*，London and New York：Routledge，2013，p. 129。

⑥ Rodney Harrison，*Heritage：Critical Approaches*，London and New York：Routledge，2013，p. 138.

和意义[①]，由此就有了正统遗产（orthodox heritage）与非正统遗产（heterodox heritage）的概念区分。按照杰里米·韦尔斯和卢卡斯·李辛斯基的概括，正统遗产侧重于遗产对象本身，非正统遗产侧重于人及其与遗产的关系。由于非正统遗产理论基于当代社会文化意义，需要一种适应性的监管工具实施指导历史环境保护的规则，所以这些意义在各个方面都是动态的。[②] 正统遗产的特征是：

（1）其价值体系是通过保存论（preservation doctrine）和构造物的有形品质来定义的；

（2）法律被用来强化这种保存论；

（3）遗产是稀有的和独特的；

（4）遗产的鉴定和处理是专家的领域；

（5）它的本体论/认识论取向是经验主义—实证主义的；

（6）历史的意义基于一种实证主义的历史观；

（7）意义在于过去，而不是在于现在；

（8）用理由而非证据来证明实践；

（9）历史的真实性取决于“经历过”过去事件和人物的构造物的有形在场；

（10）建筑遗产的处理试图通过避免“虚假的历史感”来揭示某个建筑物或处所的“真实性质或状况”；

（11）遗产价值被假定为不可改变的，并且通过名录的使用来加以固定。[③]

非正统遗产的特征是：

---

① 参见 Jeremy C. Wells and Lucas Lixinski，“Heritage values and legal rules: Identification and treatment of the historic environment via an adaptive regulatory framework (part 1)”，*Journal of Cultural Heritage Management and Sustainable Development*，Vol. 6，No. 3，2016，p. 345。

② 参见 Jeremy C. Wells and Lucas Lixinski，“Heritage values and legal rules: Identification and treatment of the historic environment via an adaptive regulatory framework (part 1)”，*Journal of Cultural Heritage Management and Sustainable Development*，Vol. 6，No. 3，2016，p. 348。

③ Jeremy C. Wells and Lucas Lixinski，“Heritage values and legal rules: Identification and treatment of the historic environment via an adaptive regulatory framework (part 1)”，*Journal of Cultural Heritage Management and Sustainable Development*，Vol. 6，No. 3，2016，p. 348.

（1）其价值系统基于当代广泛的利益相关方（stakeholders）的社会的、文化的和个人的信念、感知和情感；

（2）专家们使用社会科学研究方法来理解这些价值观，或通过参与性方法赋予共同体作为共同研究人员的权力；在后一种模式下，专家成为使权力差别平等化的专业“促进者”；

（3）遗产能够随处发现；

（4）人人都是遗产专家；

（5）遗产弥合了自然与文化的鸿沟；

（6）它的本体论/认识论取向（即它对现实本质和知识体系的看法）受到后殖民主义、后结构主义和后现代理论的影响；

（7）意义是多维的，由文化习俗、人与地方的关系、与地方的情感纽带组成；

（8）意义在于现在，而不是在于过去；换句话说，意义是由人们此时此刻针对某个遗产对象的特征认为什么东西重要来界定的，不取决于历史事实；

（9）意义对历史保存的实际实践影响不大，但强调应当用证据来证实实践的变化；

（10）真实性是多元的，不受任何一个实体的控制，并由社会的、文化的或个人的价值来界定，而且可能与物质上的构造物没有直接关联；理念可以是“真实的”；

（11）遗产价值不是固定的，最好把它们理解为处于永久流动之中的过程。①

在笔者看来，从正统遗产到非正统遗产的概念转变，主要是在遗产理念上体现出来的认识论范式和价值观范式的重大转变：在认识论范式上，从正统遗产的经验主义—实证主义范式转向非正统遗产的建构主义范式；在价值观范式上，从正统遗产主要定位于过去的、虚构的、固定的“客观”（长期以来，这种“客观”是被假定和信以为真的“客观”，所以要打上引号）价值转向非正统遗产定位于现在和将来的、流动的、多元的主

① Jeremy C. Wells and Lucas Lixinski, “Heritage values and legal rules: Identification and treatment of the historic environment via an adaptive regulatory framework (part 1)”, *Journal of Cultural Heritage Management and Sustainable Development*, Vol. 6, No. 3, 2016, pp. 351－352.

观价值。这实际上也意味着与遗产有关的世界观发生了整体性的根本转变。由此带来遗产主体从专家主导向利益相关方平等参与的根本转变，也就相应地促成了以权利为基础的遗产话语。当然，所谓正统遗产与非正统遗产是一种理想类型意义上的理论区分和概念划分，它们的对立也更多的是理论上的对立，而在现实中，它们往往不一定是完全对立的。从正统遗产到非正统遗产的转变更多的是遗产观念或遗产理念的转变，相当于卢卡斯·李辛斯基所谓从将遗产理解为与社会和政治背景脱节的文物、纪念碑、遗址和表现形式的集合转向在语境上把遗产理解为话语（a contextual understanding of heritage as a discourse）。[①] 这也对应于另一个学者总结的有关文化产品概念演变的三个具体阶段：

第一个阶段对文化“商品”的普遍看法集中在其物质（物理）特征上，主要是对其历史和自然情景要素上的编目和保存，试图还原其被假定的内在价值；

第二阶段在一定程度上抛弃了纯粹的还原论观点，试图确立文化产品的“流动性”概念，也可以说发生了从“对象本身”到“产品”的概念转变；

第三个阶段在文化商品无形的、更主观的和语境化的层面上发展文化价值概念，凸显出它与身份等价值系统的关联。[②]

这些转变在世界范围内造成遗产理论和遗产实践的一系列根本变化。

首先，既然遗产与人们的选择权和价值观紧密相连，那么，普遍人权与遗产价值就发生了“捆绑”关系，如何应对不同形式的权利和权力之间的冲突和不平等就成为格外需要注意的问题。[③]

其次，世界遗产概念或“普遍”遗产价值概念面临的主要挑战之一是保持其普遍性的考验，这意味着它们不得不认真对待由遗产全球化带来的各种不同的遗产概念及其主张。[④]

再次，由于遗产不仅与过去和现在有关，而且与未来及其创造性有

---

① 参见 Lucas Lixinski，“Between orthodoxy and heterodoxy：the troubled relationships between heritage studies and heritage law”，*International Journal of Heritage Studies*，Vol. 21，No. 3，2015，p. 209。

② 参见 Sergio Barile，“Towards a Novel Conception of *Bene Culturale*”，in Gaetano M. Golinelli (ed.)，*Cultural Heritage and Value Creation*：*Towards New Pathways*，Switzerland：Springer，2015，p. 54。

③ 参见 Rodney Harrison，*Heritage*：*Critical Approaches*，London and New York：Routledge，2013，p. 157。

④ 参见 Rodney Harrison，*Heritage*：*Critical Approaches*，London and New York：Routledge，2013，p. 204。

关，所以，我们需要发展出遗产的对话模式，并且努力让过去在未来的现在保持活力[①]，在遗产中推行并实践民主对话的决策过程，改变现实中的种种不平等权力关系，减少在遗产保护过程中孤立、排斥特定的个人和社会群体的霸权行径，在遗产决策、管理和展示的各个环节都把重点放在当下不断地重塑文化的过程上，而不是放在轻易诉诸传统上，也就是说，不能以传统为借口来维持社会的、经济的和政治的不平等并且因此而继续容忍非人道的或伤害他人的种种实践[②]。

最后，遗产并非孤立的社会现象和社会活动，而是一项对社会福祉至关重要的事业，它能够促进全人类的相互理解并且建立“思想中的共同体”（community in the minds）[③]。

因此，遗产学者需要探索人权如何为抗议社会不公正提供修辞资源，坚持新形式的社会正义，并在不同的社会领域维护对人类尊严的独特理解，进一步关注权利的社会生活。[④] 2016 年，《世界遗产公约》的《操作指南》把在涉及世居民族时需要他们自由的、事先的和知情的同意写入条款，而此前世界遗产委员会一直拒绝设立世居民族专家小组就世界遗产问题提供咨询意见。[⑤] 正因如此，有学者指出，全球遗产本身并非物件本身，而是一套在政治上曲折变化的物质实践，这种实践被转译和颁布到国家层面，并对当地居民产生连带的具体影响。[⑥]

第四节　以人权为中心的世界遗产可持续发展

一旦把价值从主要放在纪念碑、遗址、文物和其他物品等物质遗产上

① 参见 Rodney Harrison, *Heritage: Critical Approaches*, London and New York: Routledge, 2013, p. 229。

② 参见 Rodney Harrison, *Heritage: Critical Approaches*, London and New York: Routledge, 2013, p. 230。

③ Hazel Tucker, Elizabeth Carnegie, “World heritage and the contradictions of ‘universal value’”, *Annals of Tourism Research*, Vol. 47, 2014, p. 75.

④ 参见 Rosemary J. Coombe and Lindsay M. Weiss, “Neoliberalism, Heritage Regimes, and Cultural Rights”, in Lynn Meskell (ed.), *Global Heritage: A Reader*, West Sussex: John Wiley & Sons, Inc., 2015, p. 53。

⑤ 参见 Lynn Meskell, *A Future in Ruins: UNESCO, World Heritage, and the Dream of Peace*, New York: Oxford University Press, 2018, pp. 219－220。

⑥ 参见 Lynn Meskell, “Introduction: Globalizing Heritage”, in Lynn Meskell (ed.), *Global Heritage: A Reader*, West Sussex: John Wiley & Sons, Inc., 2015, p. 2。

的范式转向放在人类记忆和人类共同体中的范式，那就必需有一种从根本上以人和人权为基础的遗产保护思路（an essentially people-based and human rights-based approach to heritage safeguarding）。[①] 因为这样一来，遗产价值就不仅与社会和人发生了更广泛、更密切的关联，而且必然涉及遗产权利问题。评判和评定遗产价值的权利需要是平等的并且应该是平等的，而不能仅仅被少数人垄断和独占。也可以说，遗产被看作过程，而归因于遗产的不同价值观实际上就是追求更广泛的社会目的、政治目的和法律目的的工具。[②] 从古典的正统遗产角度来看，遗产是一个高度技术性的领域，需要理解并应用真实性、完整性和保护等概念。从批判性的非正统遗产角度来看，遗产是身份形成、身份竞争和身份谈判的一种手段，是更广泛的政治进程的组成部分。[③] 遗产不再被看作是具有固定意义的静态对象，而是一个被有意赋予纪念功能的社会过程。[④] 正是在这样的遗产理念影响之下，或者更准确地说，正是在与遗产保护新理念相伴相生、相互促进的过程之中，《世界遗产公约》及其《操作指南》也得到了与时俱进的发展和完善。对《操作指南》文本的修订表明，世界遗产委员会多年来逐渐通过了可持续发展目标。1994 年版《操作指南》首次提到可持续性，在 2015 年版《操作指南》中，"可持续利用"一词更广泛地应用于所有世界遗产。2011 年，联合国教科文组织《世界遗产公约》缔约国大会通过了《2012—2022 年实施公约战略行动计划》，要求委员会继续将可持续发展战略纳入世界遗产政策。[⑤] 2015 年 11 月，《世界遗产公约》缔约国大会通过了一项开创性的《将可持续发展愿景纳入〈世界遗产公约〉进程的政策》（*Policy for the integration of a sustainable development perspective into the processes of the World Heritage Convention*，以下简称为《世界遗产与可持续

---

① 参见 Janet Blake, "From Global to Local Heritage Intangible Cultural Heritage and the Role of the Museum", *Anthropology of the Middle East*, Vol. 10, No. 1, Spring 2015, p. 37。

② 参见 Lucas Lixinski, "Between orthodoxy and heterodoxy: the troubled relationships between heritage studies and heritage law", *International Journal of Heritage Studies*, Vol. 21, No. 3, 2015, p. 205。

③ 参见 Lucas Lixinski, "Between orthodoxy and heterodoxy: the troubled relationships between heritage studies and heritage law", *International Journal of Heritage Studies*, Vol. 21, No. 3, 2015, pp. 205 – 206。

④ 参见［美］玛尔塔·德拉托瑞《遗产保护的价值问题》，张亮译，南方科技大学社会科学高等研究院主编《遗产》第二辑，南京大学出版社 2020 年版，第 5 页。

⑤ 参见 Claire Cave and Elene Negussie, *World Heritage Conservation: The World Heritage Convention, linking Culture and nature for sustainable development*, London and New York: Routledge, 2017, p. 29。

发展政策》)[①]，旨在使世界遗产体系与联合国的可持续发展议程保持一致，并且正式承诺世界遗产要为可持续发展做出贡献。该政策的总体目标是协助缔约国、从业者、机构、共同体和网络利用世界遗产和其他遗产的潜力，在环境、社会、经济、和平与安全等方面为可持续发展做出贡献，同时尊重《世界遗产公约》保护世界遗产突出普遍价值的首要宗旨和任务。《世界遗产与可持续发展政策》无疑代表《世界遗产公约》历史上的一个里程碑，对这个政策的采纳标志着世界遗产委员会首次号召缔约国采取以人权为基础的思路（a human-rights-based approach）保存并管理世界遗产，这实际上也是该委员会在其主要决定或政策文件中首次提到人权[②]，这个政策被广泛地认为在世界遗产权利实践方面树立了新的先例。[③]

我们可以看一看《世界遗产与可持续发展政策》的几个相关条款：

> 第五条：将可持续发展愿景纳入《世界遗产公约》将使参与执行《公约》的所有利益相关方，特别是在国家一级，能够以社会责任感行事。这一过程将加强世界遗产作为全球领导者和最佳实践标准制定者的地位，并通过全球1000多个列入名录的财产帮助促进可持续发展的创新模式。此外，引入这项政策似乎是必要的，因为归根结底，如果遗产部门不充分接受可持续发展，不控制遗产和社会的互惠利益，它将发现自己是更广泛变革的受害者，而不是催化剂。
>
> 第十条：缔约国应进一步认识到，对于许多世界遗产而言，实现可持续发展将需要以比遗产本身大得多的规模采取行动，而且在此过程中，可持续发展的某些方面可能证明比其他方面更有意义。因此，

---

① Policy for the integration of a sustainable development perspective into the processes of the World Heritage Convention, This policy document was adopted by the General Assembly of the States Parties to the Convention at its 20 Session (Paris, 2015), by its Resolution 20 GA 13. ［参见网址：https://whc.unesco.org/document/139146，2022年2月9日。］

② 参见 Stefan Disko and Max Ooft, "The World Heritage and Sustainable Development Policy-a turning point for indigenous peoples?" in Peter Bille Larsen and William Logan (eds.), *World Heritage and Sustainable Development: New Directions in World Heritage Management*, London and New York: Routledge, 2018, p. 113。

③ 参见 Peter Bille Larsen and Kristal Buckley, "The World Heritage committee and human rights: learning from event ethnography", in Peter Bille Larsen (ed.), *World Heritage and Human Rights: Lessons from the Asia-Pacific and Global Arena*, London and New York: Routledge, 2018, p. 30。

缔约国应将世界遗产的保护和管理办法纳入其更大的区域规划框架，特别考虑到社会生态系统的完整性。在这方面，应充分利用缓冲区（和其他类似工具）的潜力。它们不仅需要被理解为额外的保护层，而且需要被理解为规划工具，以加强地方和其他有关共同体以及遗产本身的互惠互利。此外，该政策应被视为一般指导，因为其个别规定不一定适用于所有世界遗产，需要建立机制以确保在相关情况下适用这些规定。

第二十条：联合国教科文组织《组织法》第一条规定了促进和保护人权和基本自由的义务。联合国教科文组织还承诺将人权纳入其工作的主流，并同意对方案拟订采取基于人权的思路。为确保在保护和管理世界遗产方面的政策一致性，缔约国应承诺维护、尊重和促进实施各种国际人权标准，以此作为有效实现可持续发展的先决条件。为此目的，缔约国应：

一，确保世界遗产从提名到管理的整个周期符合并支持人权；

二，采取基于权利的思路，促进世界遗产成为适用尊重和实现人权的最高标准的典范场所；

三，通过有关人员的公平参与，制定相关标准和保障措施、指导工具和业务机制，以评估、提名、管理、评价和报告程序，对现有的和潜在的新财产采取有效的基于权利的思路；

四，促进技术合作和能力建设，以确保采取有效的基于权利的思路。

第二十二条第四分条：通过承认世界遗产管理系统中的普遍价值和地方价值，支持有助于在土著民族和地方共同体中建立共同责任感的适当活动。

该政策“附录”中的关键术语解释把“以人权为基础的思路”理解为：

对联合国系统而言，将人权纳入主流意味着：

1. 所有发展合作方案、政策和技术援助方案都应进一步实现《世界人权宣言》规定的人权权利和其他国际人权文书。

2. 《世界人权宣言》和其他国际人权文书中所载的人权标准和由此产生的原则指导着方案拟订过程所有部门和所有阶段的所有发展合

作和方案拟订。

3. 发展合作有助于发展“责任承担者”履行其义务的能力和（或）“权利持有者”要求其权利的能力。

“附录”中对“生活质量”（Quality of Life）的解释是：

生活质量是用社会指标（例如投票、示威或参加政党的可能性）而不是以收入和生产的“定量”衡量的人类福利（福祉）概念。

也就是说，“生活质量”的衡量标准主要不是物质意义上“外在的文明”，而是自由和权利意义上“内在的文明”。由此可见，让世界遗产能够促进人类的可持续发展，一方面就是让我们学会与遗产共存，而不是把遗产作为与社会隔离开来的某种东西来加以保护。这个政策在遗产共同体与其余的世界之间建立了根本的联系，这等于承认，要保护遗产，我们就必须关注遗产之外的种种问题，而且标志着一个重要的转折点，即保存遗产的终极目标是为了相关共同体包括现在和未来几代人的福祉。① 另一方面，所谓的可持续发展，并不仅仅是物质上的和经济上的福利，更重要的是提高生活质量和社会福祉，而生活质量和社会福祉的根本则在于保障并维护基本人权。

由此看来，把文化和遗产置于可持续发展的核心需要一场哥白尼革命。②《世界遗产与可持续发展政策》旨在减少社会不平等和由于性别、种族、民族和各种身份而造成的剥夺、排挤和打压权利的行为，推行包容性的社会发展。③ 这种由紧迫性、国际干预和世界主义驱动的全球遗产救

① 参见 Giovanni Boccardi and Lindsay Scott, “A View from the inside: An account of the process leading to the adoption of the policy for the integration of a sustainable development perspective within the World Heritage Convention”, in Peter Bille Larsen and William Logan (eds.), *World Heritage and Sustainable Development: New Directions in World Heritage Management*, London and New York: Routledge, 2018, p. 34, p. 22。

② 参见 Sophia Labadi, “Historical, theoretical and international considerations on culture, heritage and (sustainable) development”, in Peter Bille Larsen and William Logan (eds.), *World Heritage and Sustainable Development: New Directions in World Heritage Management*, London and New York: Routledge, 2018, p. 47。

③ 参见 Jyoti Hosagrahar, “Inclusive social development and World Heritage in urban areas”, in Peter Bille Larsen and William Logan (eds.), *World Heritage and Sustainable Development: New Directions in World Heritage Management*, London and New York: Routledge, 2018, p. 68。

赎机制本来以人类大共同体的理念为基石，但是，如果这种物质救援叙事忽视了当地人的自由和权利，那就可能成为世界遗产范式的“原罪”，因为《世界遗产公约》优先考虑的是对世界遗产的救赎行动，而不是作为当地人民和共同体在法律与社会意义上的自由和权利。所以，世界遗产体系在某些权利持有人和权利问题上仍然存在多个盲点。[①] 近年来，以往被忽视的遗产权利和人权问题越来越多、越来越明显地表现出来，也越来越受到人们的重视。人们发现，尤其在国家惯于扮演强硬的遗产管理角色的那些地区，往往缺乏共同体的参与和受益。正因如此，建立以权利为基础的世界遗产体系才不是乌托邦，而是政治意识和制度意愿的问题。我们亟须将权利和社会公平问题纳入世界遗产实践的核心，在设计和改革世界遗产时认真对待“我们的共同尊严”（Our Common Dignity）进程并且将目光从以突出的普遍价值为中心的狭隘视角扩大到对其他社会和环境标准的政策承诺的广阔视角。[②] 显然，目前的世界遗产保护国际机制及其政策并不完善，还需要设计确保各个缔约国采取行动并促进民间社会参与的种种机制。[③] 因为“法治”（rule of law）的治理国家可以利用世界遗产名录作为改善普通人生活质量的工具，让普通人更好地充当责任人和权利拥有者，而“法制”（rule by law）的国家则会得到中央当局的授权，以文化遗产保护的名义无视人民的人权。[④] 全球化社会的治理制度依赖于众多国际的和地方的行为者和政策框架，能够分散政府权力，因而，如何让作为利益相关方的个人和当地共同体得到并且抓住在遗产保护决策过程中发挥影响力的机会就至关重要。[⑤] 这些认识和理解标志着过去 50 多年来世界文化遗

① 参见 Peter Bille Larsen，“Introduction：World Heritage and human rights in the Asia-Pacific and global arena”，in Peter Bille Larsen（ed.），*World Heritage and Human Rights：Lessons from the Asia-Pacific and Global Arena*，London and New York：Routledge，2018，p. 3，p. 7，p. 10，p. 11。

② 参见 Peter Bille Larsen，“Human rights，wrongs and sustainable development in World Heritage”，in Peter Bille Larsen and William Logan（eds.），*World Heritage and Sustainable Development：New Directions in World Heritage Management*，London and New York：Routledge，2018，p. 129。

③ 参见 Peter Bille Larsen and Kristal Buckley，“The World Heritage committee and human rights：learning from event ethnography”，in Peter Bille Larsen（ed.），*World Heritage and Human Rights：Lessons from the Asia-Pacific and Global Arena*，London and New York：Routledge，2018，pp. 44 – 45。

④ 参见 Harald Høyem，“Empowerment and human rights：comparing two cultural heritage cases in Xi'an，China”，in Peter Bille Larsen（ed.），*World Heritage and Human Rights：Lessons from the Asia-Pacific and Global Arena*，London and New York：Routledge，2018，pp. 100 – 101。

⑤ 参见 Claire Cave and Elene Negussie，*World Heritage Conservation：The World Heritage Convention，linking Culture and nature for sustainable development*，London and New York：Routledge，2017，p. 76。

产理论和实践已经从“支持遗产”（sustaining heritage）转向“遗产支持更广泛的社会福祉和利益”（heritage sustaining broader societal wellbeing and benefits）。[①]

第五节　北京中轴线的价值重构与功能转变[②]

就拿北京中轴线来说。2021 年，北京中轴线申遗文本已经通过联合国教科文组织世界遗产中心的格式审查，申遗工作进入冲刺阶段。[③] 无论申报世界遗产能否成功，北京中轴线都可以作为文化遗产以什么样的普遍价值促进可持续发展和社会福祉的一个典型实例。

北京中轴线大体上分为四大部分：一是从前门到永定门之间，原是皇家重要的祭祀区域，后来又具有商业性和世俗性；二是天安门广场区域，是国家政治活动的中心；三是从天安门到景山的皇家宫苑区，体现了昔日皇家文化的特征；四是地安门大街与钟鼓楼区域，是北京市民文化保存最为完整的区域。[④] 如今，北京北端的奥运场馆建筑、南端的大兴机场都是北京中轴线在新时代的延伸。

关于北京中轴线的价值和意义，有些学者已经做了不少概括和总结。比如，吕舟认为，作为世界遗产预备清单项目的北京中轴线是中国古代城市规划伟大成就的实物例证[⑤]；张勃指出，北京中轴线是中国古人对于都城的理想图式与北京自然环境完美结合的产物，是中和思想的重要载体。[⑥] 这些方面当然也具有突出的普遍价值。笔者在此不打算全面总结北京中轴

---

① 参见 Jane Thompson and Gamini Wijesuriya, “From ‘Sustainable heritage’ to ‘Heritage sustaining broader societal wellbeing and benefits’: An ICCROM perspective”, in Peter Bille Larsen and William Logan (eds.), *World Heritage and Sustainable Development: New Directions in World Heritage Management*, London and New York: Routledge, 2018, pp. 182 - 185。

② 本节内容的撰写得益于笔者于 2021 年 10 月 20 日参加在北京联合大学召开的北京市社科基金决策咨询重大项目《北京中轴线文化内涵挖掘与遗产价值研究》开题会，感谢张勃研究员的邀请！

③ 关一文：《中轴线申遗文本通过世界遗产中心格式审查》，《北京城市副中心报》2022 年 1 月 11 日。

④ 参见吕舟《基于世界遗产价值体系的北京中轴线价值再认识》，《北京规划建设》2012 年第 6 期。

⑤ 吕舟：《北京中轴线申遗研究与遗产价值认识》，《北京联合大学学报》（人文社会科学版）2015 年第 2 期。

⑥ 参见张勃《北京中轴线的中和之美》，《前线》2020 年第 7 期。

线的价值内涵，也不想涉及申报世界遗产的具体策略和操作步骤，而只想指出，如果说世界遗产的价值本质上是当代人对遗产重要性赋予的一种当代价值[①]，那么，北京中轴线的价值就既是历史的，又是现代的，而且一直在影响甚至决定着北京城的基本建筑格局。在这个历史演变和文化发展的过程中，北京中轴线不仅发生了形态、功能上的根本改变，而且产生了缓慢的和潜在的当代价值转换。无论考虑的是申遗还是可持续发展，我们都不能只强调北京中轴线的特殊性和民族性意义，而是要开掘其对全人类所具有的普遍价值和共同价值。也就是说，要想把北京中轴线从独特的民族珍宝转变为全人类的遗产，尤其是要想思考它的可持续发展能力以及它对社会福祉可能做出的贡献，那就需要我们在理论和实践上对北京中轴线进行价值重估和价值转换。

在这个过程中，我们可以更加强调它的去皇权中心化和多元文化的普遍价值趋向：北京中轴线不仅是一个由建筑物和空间序列构成的历史遗存和古今之轴，也是中国现代文化和当代都市文化的一个浓缩景观。随着帝制衰亡，北京中轴线已经失去了传统空间结构的合法性支撑。皇城城墙被拆除，北京中轴线原有的封闭格局被打破，原来以皇权为中心的一极化政治空间逐渐转变为多元化的社会空间。所以，近现代以来，北京中轴线在明清时期所体现的皇权至上价值逐渐弱化和淡出，正如侯仁之先生早就指出的那样，虽然北京旧城的中轴线“企图通过平面布局和建筑物的造型，来体现封建帝王的所谓尊严”，但是，“现在经过改造之后的天安门广场，也正是全城平面布局的中心。对比之下，紫禁城这个在旧日突出于全城中轴线上的古建筑群，则已经退居到类似‘后院’的次要地位，只有在工作之余，人们可以到这里来，欣赏古代劳动人民用自己的双手所创造出来的这些伟大瑰丽的建筑物和收藏在这里的各种艺术珍品。”[②] 以天安门广场的改建为例，作为新旧时代更替的重要象征，它标志着中轴线从宫廷广场变为人民广场的空间属性转换。[③]

21 世纪以来北京中轴线南北双向的延伸，实际上也是价值观和文化精神的延续与发展。所以，北京中轴线的时间区段不能简单地划到明清，

① 参见吕舟《北京中轴线：世界遗产的价值认知体系》，《北京规划建设》2019 年第 1 期。

② 侯仁之：《北京旧城平面设计的改造》，《文物》1973 年第 5 期。

③ 参见罗健敏《试评天安门广场的规划》，《建筑学报》1981 年第 5 期；张霖源《北京中轴线的“变形”——视觉表征与空间政治的历史转换》，《天府新论》2018 年第 2 期。

而是一直延续到今天。① 如今，北京中轴线的空间格局大体上有政治文化广场、博物馆文化宫、城市人民公园、商业休闲空间四类文化空间，逐渐从为封建帝王服务转向为人民服务，这也是北京中轴线的空间结构逐渐发生变化的过程。从城市功能角度来看，北京中轴线经历了从强化中央控制到更多地凸显出城市纪念轴、展示轴和景观轴的功能转变。②

因此，北京中轴线的这些价值重构和功能转变不仅在一定程度上体现了中国城市性质和中国人权力意识形态的变化，也对全人类文明生态的现代化具有普遍价值。也就是说，经过这样的价值重构和功能转变，作为文化遗产的北京中轴线才更加具有可持续发展的性质，才能更好地发挥其提升社会福祉的作用。

① 参见吕舟《北京中轴线申遗研究与遗产价值认识》，《北京联合大学学报》（人文社会科学版）2015 年第 2 期。

② 参见李建盛《北京中轴线与国外重要城市中轴线文化空间和功能比较研究》，《北京联合大学学报》（人文社会科学版）2021 年第 1 期。

第二章

非物质文化遗产新在何处*

经过几十年的实践，世界遗产的观念已经发生了重要转变，尤其是经过对《操作指南》的反复修订和锤炼，《世界遗产公约》的内涵得到很大的丰富和发展。但是，毕竟这个公约主要涉及的是物质遗产，不仅没有涵盖非物质文化遗产①，而且主要采取的是由行业专家自上而下的形式，因而就需要一个由自下而上的民间力量推动的公约来保护非物质文化遗产。② 于是，联合国教科文组织在2003年颁布的《非遗公约》应运而生。中国政府很快就加入该公约，并在2011年出台了《中华人民共和国非物质文化遗产法》。

我们可以直观地看到，《世界遗产公约》主要保护的是“有形遗产”(tangible heritage)，强调的是遗产的普遍价值，《非遗公约》则要弥补《世界遗产公约》的缺憾，它主要保护的是无形遗产或非物质遗产（intangible heritage）和活态的遗产（living heritage），而且为了避免造成人为的遗产等级，尽量避免使用authenticity（真实性）、integrity（完整性）和

---

* 本章据笔者在文化部非遗司、文化部外联局和中央文化管理干部学院主办的《保护非物质文化遗产公约》培训班（第一期和第二期）上的两次讲稿（2016年10月19日和24日）修改而成，承蒙吕微先生敦促成文，谨致谢忱！

① 在术语的使用方面，“国际上曾经用non-physical cultural heritage来表述‘非物质文化遗产’，但发现这个表述并不周延，就使用了日本用来指称‘无形文化财’的对译术语intangible cultural heritage。后来，在联合国教科文组织的官方网站和后来的相关文件中，基本不再用non-physical cultural heritage，而使用intangible cultural heritage”（李世涛：《关于“非物质文化遗产”概念的理解与规范问题》，《学习与实践》2006年第6期）。

② 参见张柔然《“文化—自然之旅”——世界遗产保护与管理的新思潮》，《中国文化遗产》2020年第4期。

outstanding universal value（突出的普遍价值）之类的概念。[①]《非遗公约》规定，非物质文化遗产的入选标准是代表性，而不再是杰出的或独特的价值[②]，而且非物质文化遗产最重要的价值在于它的多样性和平等性[③]。

既然如此，我们就需要进一步追问：《非遗公约》所要求的保护为了什么以及为了谁？它试图传达什么样的理念？它能给中国带来什么新东西？

第一节 《非遗公约》新术语概观

作为近年来对非物质文化遗产实施最大保护并且引入非物质文化遗产的共同观念的国际法律文书[④]，《非遗公约》同样是想通过履约为各个缔约国提供一个实践普遍价值观的通道。至少相对于 1972 年的《世界遗产公约》来说，《非遗公约》是一个新文本[⑤]，它试图通过新术语和新理念，倡导并推行新的实践范式。

要理解《非遗公约》新在何处，我们首先得从它的新术语入手。这主要体现在如下几个方面。

（1）“非物质文化遗产”与“民俗”的区别

“非物质文化遗产”这个概念是在“民间创作”（folklore，民俗学界通常译为“民俗”）概念的基础上发展起来的。它不再像“民间创作”那样注重创作的结果，而是重视文化创作和延续的过程以及“与过程相关的工具、实物、工艺品、保证非物质文化遗产复兴不可或缺的自然环境等等”[⑥]。《非遗公约》的目的之一是要用“非物质文化遗产方面的新规定”

① 户晓辉：《〈保护非物质文化遗产公约〉能给中国带来什么新东西——兼谈非物质文化遗产区域性整体保护的理念》，《文化遗产》2014 年第 1 期。

② 参见唐海清《非物质文化遗产的国际法保护问题研究》，博士学位论文，武汉大学，2010 年，第 43 页。

③ ［韩］任敦姬（Dawnhee Yim）：《联合国教科文组织的非物质文化遗产政策》，沈燕译，《民间文化论坛》2015 年第 3 期。

④ 参见 Pier Luigi Petrillo，“Intangible Cultural Heritage and Comparative Law. Towards a Global Legal Protection of the Intangible Cultural Heritage”，in Pier Luigi Petrillo（ed.），*The Legal Protection of the Intangible Cultural Heritage：A Comparative Perspective*，Switzerland：Springer，2019，p. 237，p. 243。

⑤ 巴莫曲布嫫在《从语词层面理解非物质文化遗产——基于〈公约〉“两个中文本”的分析》（《民族艺术》2015 年第 6 期）一文中提醒我们，要区分汉语《非遗公约》的“前在本”和“订正本”，所以，本书的汉语引文只参考并引用“订正本”。

⑥ 参见吕建昌、廖菲《非物质文化遗产概念的国际认同》，《上海大学学报》（社会科学版）2007 年第 2 期。

对《世界遗产公约》加以补充。正因如此，《非遗公约》在重要术语的使用方面可谓煞费苦心。该公约的起草人曾经考虑过民俗（folklore）、非物质遗产（non-physical heritage）、文化传统和民俗（cultural tradition and folklore）、口头遗产（oral heritage）、口头的和非物质的遗产（oral and intangible heritage）以及非物质文化遗产（intangible cultural heritage）等术语，经过权衡，最终还是选用 intangible cultural heritage（字面意思是“无形文化遗产”）[①]，尽管《非遗公约》的法文版仍然使用的是 patrimoine culturel immatériel（非物质文化遗产）。[②]

《非遗公约》倡导的“intangible cultural heritage”（非物质文化遗产）不同于传统意义上的“folklore”（民俗）。关于这两个术语的不同含义，巴莫曲布嫫已经做了清晰的梳理。[③] 笔者还想指出它们的四个不同之处：第一，“非物质文化遗产”是当地个人、共同体或群体自身认定的，是一种自我认可，而传统意义上的“民俗”一般由外来的专家认定；也就是说，“非物质文化遗产”不像“民俗”那样是由专家或官员这些外人界定的客观事物，而是由当地人自身认定的主观事物；第二，“非物质文化遗产”是活态的、变动不居的和不断被再创造出来的，而传统意义上的“民俗”主要指的是已经凝固和僵死的习俗，或者是古俗在后来时代的遗留物；第三，“非物质文化遗产”既来自过去，也属于现在和未来，而传统意义上的“民俗”则多半被认为只属于过去；第四，“非物质文化遗产”属于个人、共同体或群体，不分高低和等级，而传统意义上的“民俗”则属于底层的民众，暗含高低等级之分。这就为中国输入了一种来自国际社会的新文化观，它不仅超越了阶级文化观，而且可能带来文化革命政策的终结。[④] 由此可见，长期

① 相关学术史和概念的梳理，参见高丙中《非物质文化遗产：作为整合性的学术概念的成型》，《河南社会科学》2007 年第 2 期；收入高丙中《日常生活的文化与政治——见证公民性的成长》，社会科学文献出版社 2012 年版，第 195 页；张春丽、李星明《非物质文化遗产概念研究述论》，《中华文化论坛》2007 年第 2 期；吕建昌、廖菲《非物质文化遗产概念的国际认同》，《上海大学学报》（社会科学版）2007 年第 2 期；巴莫曲布嫫《非物质文化遗产：从概念到实践》，《民族艺术》2008 年第 1 期。

② 参见 UNESCO 非遗处印发的法文版：*Testes fondamentaux de la Convention de* 2003 *pour la sauvegarde du patrimoine culturel immatériel*，édition 2012。

③ 参见巴莫曲布嫫《非物质文化遗产：从概念到实践》，《民族艺术》2008 年第 1 期，尤其是第三部分。

④ 参见周星《非物质文化遗产保护运动和中国民俗学——“公共民俗学”在中国的可能性与危险性》，《思想战线》2012 年第 6 期。

以来所谓“文化搭台、经济唱戏”的口号恰好把事情弄反了，应该是“经济搭台、文化唱戏”，因为我们真正“要”的是文化而不是经济。

《非遗公约》用 intangible cultural heritage（简写为 ICH）这个新词取代 folklore（民俗或民间创作），意在表明它要保护的对象并非传统意义上的民俗，而是具有如下三个基本要素的非物质文化遗产：客观要素是非遗的表现形式，主观要素或社会要素是人的共同体，空间要素是文化空间。[①]

第一，《非遗公约》规定，非物质文化遗产需要当地个人、共同体或群体的自我认定，这是一个首要条件。也就是说，必须先经过他们自身的认可和授权，尤其是在非遗项目申报、清单制定的过程和程序上必须经过他们的正式认可和同意，不能绕过他们。非遗的价值由谁来认定，这是需要重点讨论的核心问题，但遗憾的是，《非遗公约》《执行〈保护非物质文化遗产公约〉的操作指南》（*Operational Directives for the Implementation of the Convention for Safeguarding of the Intangible Cultural Heritage*）和《保护非物质文化遗产伦理原则》[②] 的条文，对这个问题的表述都不够清楚，甚至造成前后矛盾。《非遗公约》的条款无疑确立了保护非遗的主体是共同体、群体、非政府组织以及个人。但在最初由联合国教科文组织聘请的一小群专家起草的草案中并没有列入“个人”这个范畴。由于一些非洲国家代表的提出和坚持，大会才同意增加这样一个新范畴，并且在提及“个人”时用了一个限定词：in some cases（在有些情况下）。[③] 但正如吕微批评的那样，特定的共同体只是维护个人权利的手段，不是目的。如果把个人、共同体或群体仅仅视为平行关系而没突出个人权利的优先地位，甚至将个人视为“在有些情况下”才需要顾及的主体，那就很可能出现以众意压制私意，甚至无视普遍公意的理论可能性与现实必然性。[④] 为了在表述

① 参见 Tullio Scovazzi，“Intangible Cultural Heritage as Defined in the 2003 UNESCO Convention”，in Gaetano M. Golinelli（ed.），*Cultural Heritage and Value Creation：Towards New Pathways*，Switzerland：Springer，2015，p. 107。

② 《保护非物质文化遗产伦理原则》（Ethical Principles for Safeguarding Intangible Cultural Heritage），巴莫曲布嫫、张玲译，《民族文学研究》2016 年第 3 期。

③ 参见梁治平《谁来保护非物质文化遗产?》，《法律何为：梁治平自选集》，广西师范大学出版社 2013 年版，第 376 页。

④ 参见吕微《反对社区主义——也从语词层面理解非物质文化遗产》，《西北民族研究》2018 年第 2 期；吕微《社会优先还是社会优先？——民俗学的逻辑出发点与“〈保护非物质文化遗产公约〉修正案”》，《民俗研究》2021 年第 3 期。

上减少这种危险，本书将《非遗公约》的“社区、群体和个人”改为“个人、共同体或群体”。

第二，非遗是活态的，是不断被再创造出来的。非遗是有未来的，因为它是活的，是能够承载并创新价值的东西，所以它既来自过去，也属于现在和未来。正因如此，保护非遗，就不能仅仅往后看，还要往前看。

第三，“非物质文化遗产”与“民俗”的价值方向恰好相反。在中国，传统意义上的民俗曾长期被视为封建迷信，上不了台面，有些不得不中断，有些只能在暗地里悄悄地搞。自从有了非遗保护以后，情况就不同了，因为民俗变成了非遗。从前所谓的民俗被赋予某种负价值，现在变成非遗以后就被赋予正能量和正价值。

可见，“非物质文化遗产”这个概念完全被赋予了“民俗”所没有的新价值和新含义，而且它以所有权的文化政治为基础[①]，需要我们从法律思维角度进行重新理解和正确应用。《非遗公约》的这种界定把人重新置于这个体系的中心，由此可能改变遗产的特征和管理方式。[②] 在法律意识比较淡薄的国家，这一点尤为重要却最容易被忽视。

对照一下《非遗公约》的汉文版与英文版，我们会发现一个不同：英文版在对非遗的界定这一条前面还有一句话：For the purposes of this Convention（为了本公约的目的或意图），可在汉文版中，这一条被漏掉了。从英文版来看，把这句话放在这些条目的前面是表明下面这些条目的界定都是为了本公约的目的或意图，这对我们准确理解《非遗公约》的整体实践目的而言绝非可有可无。

在汉文版中，非遗必须是个人、共同体或群体“视为”其文化遗产组成部分的这些项目，可英文版是 recognize as part of their cultural heritage。这个“recognize as”不光指“视为”，而且指认可，即在法律上承认。也就是说，必须是个人、共同体或群体正式认可为自己的非遗，才能被当成非遗。这不是随随便便的认可，而是需要具有法律效力的知情

---

① 参见 Kristin Kuutma, “From Folklore to Intangible Heritage”, in William Logan, Máiréad Nic Craith, and Ullrich Kockel (ed.), *A Companion to Heritage Studies*, West Sussex: John Wiley & Sons, Inc., 2016, p. 52。

② 参见 Sophia Labadi, *UNESCO, Cultural Heritage, and Outstanding Universal Value: Value-based Analysis of the World Heritage and Intangible Cultural Heritage Conventions*, Plymouth: AltaMira Press, 2013, p. 129。

同意。

2002 年，联合国教科文组织在网站上公布的英法双语《非遗词汇表》[①] 在界定“非物质文化遗产”时把 For the purposes of the present Convention 这句话直接放在最前面，意在强调：为了目前这个公约的目的，非物质文化遗产指的是什么或意味着什么。下面做了一个定语限定，又强调了必须具备两个条件，第一个条件即必须是个人、共同体或群体认可为他们遗产的非遗；第二个条件即必须是与普遍被接受的原则——人权、平等、可持续性、文化共同体之间的相互尊重——相一致的非遗。这是“非遗”必须同时具备的两个限定条件。

由此看来，《非遗公约》并没有放弃普遍价值，而是把它当作制定《非遗公约》的前提。因为《非遗公约》的出发点就是全球眼光和全局观念，通过文化多样性来强调文化的普遍价值。《非遗公约》的潜台词是：每个共同体的非物质文化遗产都是具有人类文化多样性价值的人类文化资源和宝贵财富。《非遗公约》的一个初衷是用全球和全人类的眼光检视并且呈现各个共同体的非物质文化遗产及其多样性，在文化的普遍性中显示特殊性。文化遗产的多样性只有在各个文化平等的普遍前提下才能得到承认和呈现，这是一个从宏观到微观的视角，即从文化的人类性和普遍性看文化的地方性、民族性或区域性。正如钱永平所指出，从《世界遗产公约》到《非遗公约》折射出联合国教科文组织在保护观念上的一系列变化，从对文化遗产客观存在物本身的研究扩展到文化遗产之外的更多因素，使不同社会群体创造、传承的文化遗产成为保护的重点。[②]

（2）safeguarding 与 protection 和 preservation 的区别

英文版《非遗公约》在提到“非物质文化遗产”的“保护”时用的是 safeguarding[③]（法文版为 sauvegarde）而非 protection 或其他术语。safeguarding 强调的是动态的或正在进行中的保护，而且保护的是非遗的生命力或存活能力（viability），也就是要确保非遗的实践和传承。所以，

---

① Glossary Intangible Cultural Heritage / Glossaire Patrimoine Culturel Immatériel，网址：http://www.unesco.org/culture/ich/doc/src/00265.pdf［2016 年 10 月 16 日］，以下不另注明。

② 参见钱永平《从保护世界遗产到保护非物质文化遗产》，《文化遗产》2013 年第 3 期。

③ 关于 UNESCO 使用“safeguarding”一词以及制定《公约》的“前史”，参见王杰文编著《北欧民间文化研究（1972—2010）》，学苑出版社 2012 年版，第 95—98、143—144、152—157 页。

有学者把它译为“保卫”，并且认为它是一个全面概念，不仅包括识别、盘点、库存非遗的行动，还包括为非遗提供继续被创造、维护和传播的条件。[①] 它把关注的重心从产品和表现形式转向发展过程和人本身，因而不同于有形遗产和地点的保存（conservation）；protection 是静态的、带有被动防御意味的保护，通常指由官方机构采取的保护措施，而 preservation（保存）则是保守的、带有消极保存意味的保护，其中暗含着一种文化物化观。[②] 《非遗公约》第二条第三款解释说，safeguarding 指“确保非物质文化遗产生命力的各种措施”，其中包括 preservation 和 protection，可见 safeguarding 的外延大于 preservation 和 protection 的外延。也就是说，《非遗公约》在强调非遗保护的时候用的都是 safeguarding 这个一级概念，只有在解释 safeguarding 是什么时，才把 protection（防护）和 preservation（保存）放在 safeguarding 包含的保护措施之内。所以，protection 和 preservation 这两个词实际上是二级概念或附属概念，不具有一级概念的性质。从概念上来看，safeguarding 是动态的，强调要保护非遗的生命力或存活能力。与《世界遗产公约》不同，safeguarding 的保护含有让遗产传承人主动保护和传承自己非遗的意思，所以它用的是正在进行时。另外，这个词还意味着，《非遗公约》所谓的“保护”已经从国家保护手段转变为国际保护活动、政策和规划，它指的是地方、国家与国际三个层面的相互作用。[③] 非遗保护的重点在于让当地人参与的动态过程，而不在于保护僵死的物。所以，有学者认为，在《非遗公约》中，safeguarding 与 viability（存续能力）是同义词，而非遗的生存能力与可持续发展恰恰依赖于非遗传承人传承其非遗的承诺、能力和意愿。[④] 因此，

① 参见［英］珍妮特·布莱克《国际文化遗产法》，程乐、袁誉畅、谢菲、梁雪译，中国民主法制出版社 2021 年版，第 11—12、165 页。

② 参见 *Workshop on Inventorying under the* 2003 *Convention at the National Level*（*Participant*），International Training Center for Intangible Cultural Heritage in the Asia-Pacific Region under the Auspices of UNESCO，Chengdu China 2013，p. 59，p. 121；Cécile Duvelle，“Intangible Cultural Heritage Convention：10 Years of Implementation”，*International Journal of Intangible Heritage*，Vol. 8，2013，pp. 8 – 9。

③ 参见 Janet Blake，“UNESCO's 2003 Convention on Intangible Cultural Heritage：The implications of community involvement in ‘safeguarding’”，in Laurajane Smith and Natsuko Akagawa（eds.），*Intangible Heritage*，London and New York：Routledge，2009，p. 47。

④ 参见 Sophia Labadi，*UNESCO*，*Cultural Heritage*，*and Outstanding Universal Value*：*Value-based Analysis of the World Heritage and Intangible Cultural Heritage Conventions*，Plymouth：AltaMira Press，2013，pp. 138 – 139，pp. 140 – 141。

“保护”的这种含义和措施，也体现了《非遗公约》以个人、共同体或群体为中心的目的论旨归。可惜的是，《非遗公约》汉文版没做区分，把protection也译成“保护”，其实这两个“保护”的含义是不一样的。《非遗公约》的safeguarding，一方面强调非遗的动态性、过程性和传承性，另一方面强调保护的主体是非遗的持有人和传承人。这种术语措辞上的区分表明，《非遗公约》所说的“保护”（safeguarding），其重点不仅在于非遗的动态性、过程性和传承性，更在于强调保护的主体是非遗的持有人和传承人自身。

从英文版来看，《非遗公约》对“保护”的界定还有一个值得注意的词是revitalization（振兴），意即“新生”“再生”“复兴”。它的意思是，当非遗衰落甚至濒临消亡时，怎么让它活起来，给它赋予新的生命力。虽然在《非遗公约》的讨论过程中，专家们对是否把这个词写入公约条文有过非常激烈的讨论①，但联合国教科文组织在网站上公布的《非遗公约词汇表》从两个层面对这个词做了解释：在文化共同体的实践方面，指对不再使用的社会习俗和形象的复活与再发明；在文化政策方面，指对上述做法的鼓励和支持。所谓非遗的商业化、语境化和再语境化，也包含在这个词的含义里。所以，从“保护”的定义上来看，这个词也表明，我们在保护非遗时，的确有必要通过一些人为的手段让非遗复活或者振兴起来。这在《非遗公约》对非遗的定义里已经有所体现。《非遗公约》推行的是新实践，而不是单纯地为了做一些名录和新的等级化保护。这就涉及保护的范围和条件问题。《非遗公约》在界定“非遗”时，下面紧接着有一句话，汉语是：“在本公约中，只考虑符合现有的人权文件……”但在英文版中，这句话前面还有一句话，意即“为了本公约的目的，考虑将只被放在这样的非物质文化遗产……”这就表明，《非遗公约》对“非遗”及其“保护”条件的界定与要求，都是出于本公约的理性目的来做的事情。要是没有这句话，下面的界定就没了宗旨和目的。所以，这句话非常重要，在汉文版中却被淡化处理了。

另外值得注意的是这个“只”字，汉语“只”字容易被我们一跳而过，但英文版中的solely就很明显。因为这个“只”字严格限定了《非遗

① 参见Tullio Scovazzi，“The Definition of Intangible Cultural Heritage”，in Silvia Borelli，Federico Lenzerini（eds.），*Cultural Heritage*，*Cultural Rights*，*Cultural Diversity*：*New Development in International Law*，Leiden · Boston：Martinus Nijhoff Publishers，2012，p. 196。

公约》的保护范围，也进一步体现了该公约的原则与价值取舍标准。《非遗公约》不是要保护所有非遗，它只保护满足它的条件的非遗。因此，非遗首先要由个人、共同体或群体自己认定，但这只是必要条件，不是充分条件。非遗当然首先让这三种主体来认定，但这样还不够，还必须符合更普遍的国际人权文书。我们不能说非遗持有人自己认定了就完了，还需要外来的国际目光，这种国际目光在很大程度上是一种普遍价值观的目光。所以，除了特殊条件外，还有普遍条件。这就体现了《非遗公约》的保护原则和价值取舍标准。非遗要保护的到底是什么？从实践的层面来看，当然是要保护文化多样性和不同地区、不同民族的非物质文化遗产，但这些新的术语和限定条件表明，《非遗公约》实际上还有更根本的诉求，那就是要在人权、相互尊重和可持续发展的方面增加权重与价值考量。

《非遗公约》在一开始就特别强调其出发点是三个国际人权文书即《世界人权宣言》、《经济、社会和文化权利国际公约》与《公民权利和政治权利国际公约》。这三个人权公约代表着人类文明的共同标准和现代文明已经达到的水平，而是否有这个认识，会差得很远。[①] 所谓《世界人权宣言》，英文名称是 The Universal Declaration on Human Rights，所以本该译为《普遍人权宣言》。这个“普遍的”，不是可有可无，而是涉及对《非遗公约》核心理念的理解。事实上，当年中国常驻联合国代表张彭春（1892—1957）在担任人权委员会副主席并且负责起草《世界人权宣言》时就特别强调该宣言应该具有普遍性，即能够被不同宗教和文化背景的民族都普遍接受，其普遍目标就在于人的人道化（humanization of man）和提升人的道德高度（to raise the moral stature of man）。[②]《非遗公约》也有类似的实践目的与普遍诉求。

关于非遗保护的范围，应该注意的是《非遗公约》第二条第二款的

---

① 参见袁伟时《迟到的文明》，线装书局2014年版，第274页。

② 2017年3月6日下午，斯德哥尔摩大学人权教授汉斯·英瓦尔·卢斯在中国社会科学院文学研究所题为“Peng Chun Chang：When Confucius came to the United Nations”（张彭春：当孔子来到联合国）的讲座中指出，如果遗忘了张彭春对《世界人权宣言》的杰出贡献，就相当于遗忘了爱因斯坦对科学共同体（scientific community）的杰出贡献；参见 Hans Ingvar Roth，“Peng Chun Chang，Intercultural Ethics and the Universal Declaration of Human Rights”，in Göran Collste（ed）. *Ethics and Communication：Global Perspectives*，London and New York：Rowman & Littlefield International Ltd.，2016，pp. 95－124。

第四个方面“有关自然界和宇宙的知识和实践”。包括联合国教科文组织的一些专家在内的很多学者主要从传统医药知识角度来理解这个方面。笔者认为，这种理解过于狭隘。这一条应该包括非物质文化遗产很重要的一些内容，比如，民间信仰或宗教信仰与宗教实践，它应该包含人与超验对象的关系。但遗憾的是，《非遗公约》对此没有做出清晰的界定。

关于保护的方式，应该注意的是，《非遗公约》所谓的保护并非知识产权法意义上的保护，因为对非遗的保护并不是为了保护任何人对前述要素的独占，而是意在使非物质文化遗产保持其活力，因而该公约使用的是safeguarding而不是protection。也就是说，safeguarding主要是公法保护方式，而protection还可以指私法保护方式。《非遗公约》保护的不仅是非遗的要素，而且是在地方、国家及国际社会层面上保障相关个人、共同体或群体的文化遗产彼此尊重和相互欣赏。①

（3）个人、共同体或群体自愿的、优先的知情同意

从《世界遗产公约》到《非遗公约》，表面看来是从物质的、有形的遗产转向非物质文化遗产，实际上是从物到人的转换。《非遗公约》的整体结构体现出两个潜在的特点：一个是纯粹的“让……”结构，即让不同个人、共同体或群体的非遗展现出来，让其文化多样性得到保护和可持续发展；另一个是纯粹的“为了……”结构，即保护非遗终究是为了人，一句话：为了个人、共同体或群体。国外学者已经指出，《非遗公约》把communities（共同体）、people（人）和practitioners（实践者）作为界定“非遗”概念的核心。他们不仅是非遗的传承人，而且是非遗的裁决者。这就等于要求缔约国确保非遗的不同主体参与非遗保护的各种实践。② 尽

---

① 参见唐广良《可持续发展、多样性与文化遗产保护》，载郑成思主编《知识产权文丛》第13卷，中国方正出版社2006年版，第7页。

② 参见Janet Blake，“UNESCO's 2003 Convention on Intangible Cultural Heritage：The implications of community involvement in ‘safeguarding’”，in Laurajane Smith and Natsuko Akagawa（eds.），*Intangible Heritage*，London and New York：Routledge，2009，p. 49；Britta Rudolff and Susanne Raymond，“A Community Convention? An analysis of Free，Prior and Informed Consent given under the 2003 Convention”，*International Journal of Intangible Heritage*，Vol. 8，2013，p. 156；Sophia Labadi，*UNESCO*，*Cultural Heritage*，*and Outstanding Universal Value*：*Value-based Analysis of the World Heritage and Intangible Cultural Heritage Conventions*，Plymouth：AltaMira Press，2013，p. 129，p. 132；户晓辉《〈保护非物质文化遗产公约〉能给中国带来什么新东西——兼谈非物质文化遗产区域性整体保护的理念》，《文化遗产》2014年第1期。

管这个公约尚未确立这些主体在履约过程中的核心地位，但已经认可：个人、共同体或群体是非遗的传承人并且在保护、传播非遗的实践中扮演重要角色。[①] 共同体参与首次在国际文化遗产法中得到承认，而且共同体参与本身并不是什么新东西，它新就新在把这种共同体参与的观念引入文化遗产法。[②]

那么，如何理解《非遗公约》中的 community 这个非常重要的概念呢？该公约汉文版使用的是“社区”，也可视为对这个英文词的翻译。“社区”一般是在社会学和人类学领域使用的概念，主要指的是在特定地区内通过面对面的接触而形成家庭关系和工作关系的人群。[③] 可见，对“社区”的主要限定是特定的地区或地理区域。

《新牛津英汉双解词典》对 community 的解释有两点值得注意：第一个是社区，强调的是一群人共同生活在某个地方并且实行共同的所有制；第二个是共同体，主要指的是通过共同的利益或兴趣统一起来的民族或国家的实体。[④] 虽然《非遗公约》对 community 没做专门界定，但 2002 年联合国教科文组织的网站上提供了一个英、法文双语的《非遗词汇表》，是该组织的一些专家专门经过讨论并达成共识后发布的，因而可以视为一种权威的内部解释。这个词汇表对 community 的解释是：自认为共享某种联系的人群[⑤]，可见，community 指的是人或人群（people），它并非抽象的东西，也并不仅仅是地理上的实体，而是参与相关非遗项目的传承人和实践者。[⑥] 2006 年，针对共同体参与保护非遗的问题，联合国教科文组织在东京召开专家会议。与会专家进一步指出，communities 指的是通过传承或

---

① 参见 Sabrina Urbinati，“The Role for Communities，Groups and Individuals under the Convention for the Safeguarding of the Intangible Cultural Heritage”，in Silvia Borelli，Federico Lenzerini（eds.），*Cultural Heritage*，*Cultural Rights*，*Cultural Diversity*：*New Development in International Law*，Leiden · Boston：Martinus Nijhoff Publishers，2012，p. 220。

② 参见 Janet Blake，“Further reflections on community involvement in safeguarding intangible cultural heritage”，in Natsuko Akagawa and Laurajane Smith（eds.），*Safeguarding Intangible Heritage*：*Practices and Politcs*，London and New York：Routledge，2019，p. 17，p. 23。

③ 参见吴泽霖总纂《人类学词典》，上海辞书出版社 1991 年版，第 154—155 页。

④ 参见《新牛津英汉双解词典》，上海外语教育出版社 2007 年版，第 426 页。

⑤ 英语原文是“People who share a self-ascribed sense of connectedness. This may be manifested，for example，in a feeling of identity or in common behaviour，as well as in activities and territory. Individuals can belong to more than one community”。

⑥ 杨利慧也注意到了这一点，参见杨利慧《以社区为中心——联合国教科文组织非遗保护政策中社区的地位及其界定》，《西北民族研究》2016 年第 4 期。

介入非遗而形成认同感与联系感的人群网络（networks of people）。[①] 也就是说，它是由一群在非遗传承和实践中扮演特殊角色的人构成的，比如，文化保管人、表演者和学徒。[②] 这种理解对我们如何看待《非遗公约》的新理念和新范式具有重要意义。由此可以断言，《非遗公约》以共同体为中心，实际上也就是以人为中心。所谓以人为中心，也就是以人为目的。

可见，community 指的主要是文化共享意义上的共同体，而不是社会学和人类学意义上的社区。一方面，同一个社区不一定传承同一种非遗，同一个社区里的人也不一定都是同一个非遗项目的传承人和实践者；另一方面，有不少非遗项目可能在不同社区甚至在不同民族中间共同传承与实践。因此，雷吉娜·本迪克斯等学者认为，致力于维持、复兴或再造某个文化传统的个人，不必共有民族身份，而是可以通过共同的政治利益或经济利益构成实践共同体。[③] 这就说明，非遗的实践共同体也可以是想象的共同体或者虚拟的共同体。这样一来，它的重点显然就不在地理范围上。有时候，非遗的共同体可能扩展到包含不止一个民族或国家。[④]

比较而言，“社区”概念主要强调共同居住在某个地理区域的人，这里可能有不同的民族，也可能有不同的归属感和认同感，因此，把“社区”这个概念放在《非遗公约》中会产生很大的问题。在确定非遗的主体或传承人时，如果用“社区”这个地域色彩浓厚的汉语概念来指称他们，就可能产生一些误导甚至遮蔽。“共同体”更强调的是由共同的利益、共同的认同感、共同的归属感结成的人群，而不一定限于某一个地理区域。也许正因如此，“少数人”（minority）、“群体”（group）和“共同体”（com-

① 会议报告名为 Expert Meeting on Community Involvement in Safeguarding Intangible Cultural Heritage：Towards the Implementation of the 2003 Convention 13 - 15 March 2006，Tokyo，Japan，参见网址 http：//unesdoc. unesco. org/images/0014/001459/145919e. pdf，2017 年 5 月 14 日。

② 参见 Sabrina Urbinati，“The Role for Communities，Groups and Individuals under the Convention for the Safeguarding of the Intangible Cultural Heritage”，in Silvia Borelli，Federico Lenzerini（eds.），*Cultural Heritage*，*Cultural Rights*，*Cultural Diversity*：*New Development in International Law*，Leiden · Boston：Martinus Nijhoff Publishers，2012，p. 205。

③ Nicolas Adell，Regina F. Bendix，Chiara Bortolotto，and Markus Tauschek（eds.），*Between Imagined Communities and Communities of Practice*：*Participation*，*Territory and the Making of Heritage*，Göttingen：Universitätsverlag，2015；参见网址：http：//www. jfr. indiana. edu/review. php? id = 1940，2017 年 5 月 15 日。

④ Tullio Scovazzi，“Intangible Cultural Heritage as Defined in the 2003 UNESCO Convention”，in Gaetano M. Golinelli（ed.），*Cultural Heritage and Value Creation*：*Towards New Pathways*，Switzerland：Springer，2015，p. 118.

munity）这些术语在国际法中才相对地可以互换，这些术语的使用方式在很大程度上取决于上下文。非遗的实践共同体具有保护特定非遗要素的共同利益。[①] 因此，笔者把《非遗公约》里的“社区”改为“共同体”。

根据《非遗公约》，非遗保护的三项基本原则是：首先，必须是“各个人、共同体或群体，视为其文化遗产组成部分”的“遗产”才能成为非遗（第二条）；其次，只有“符合现有的国际人权文件，各个个人、共同体或群体之间相互尊重的需要和顺应可持续发展的非物质文化遗产”才值得保护并且实际地得到保护（第二条）；那些具有歧视、虐待人或动物的内容和行为并且不符合现代人权的自由、平等、尊严理念的非物质文化遗产，就被排除在保护范围之外。[②] 最后，在保护的各个环节，“应努力确保创造、延续和传承这种遗产的个人、共同体或群体的最大限度的参与，并吸收他们积极地参与有关的管理”（第十五条）。尤其是在制定当地非遗名录时，不仅要尊重当地个人、共同体或群体自愿的、优先的知情同意（free，prior and informed consent）权利，而且要尽量让他们参与关于他们自己的非遗清单的制定和保护工作。《执行〈保护非物质文化遗产公约〉的操作指南》第一条，U4 更是明确规定，在申报非遗时，应该尽可能让非遗主体广泛参与并且事先知情同意。因此，珍妮特·布莱克认为，如果没有文化实践者和传承人参与制定保护措施的实施，非遗保护工作就会落空，就会无可保护。[③]

自愿的、优先的知情同意体现的是对非遗传承人权利的尊重和保护，这既是联合国教科文组织制定《非遗公约》的根本目的，也是非遗保护的核心价值所在。《非遗公约》呼吁各缔约国在非遗保护过程中要高度重视共同体的参与（participation of communities）并且采取切实措施对传承人进行制度化保护。[④]

① 参见 Janet Blake，“Engaging ‘Communities，Groups and Individuals’ in the International Mechanisms of the 2003 Intangible Heritage Convention”，*International Journal of Cultural Property*，Vol. 26，Issue 2，2019，p. 117。

② 参见蒋万来《传承与秩序——我国非物质文化遗产保护的法律机制》，知识产权出版社 2016 年版，第 143 页。

③ 参见 Janet Blake，“UNESCO's 2003 Convention on Intangible Cultural Heritage：The implications of community involvement in ‘safeguarding’”，Laurajane Smith and Natsuko Akagawa（eds.），*Intangible Heritage*，London and New York：Routledge，2009，p. 66。

④ 参见巴莫曲布嫫《非物质文化遗产：从概念到实践》，《民族艺术》2008 年第 1 期。

第二节 保护的终极目的是非遗还是文化权利

《非遗公约》带来的是地方、国家和国际三级保护的实践框架，在中国，“县域是非遗保护公共事业的正式制度的第一层级”①。中国以前实行的民族民间文化保护，只是国家内部的事情，从国家往下，到各个省、自治区、直辖市、市、县，基本上与其他国家无关。但非遗保护则具有地区性和国际性再加全球性，更确切地说，它是先从国际性和全球性，再到地区性。也就是说，《非遗公约》提出的履约实践，是先从国际到国内，再到某个地区或县市。这至少可以表明，一方面，国际组织的全球影响力已经触及生活在最偏僻地方的人们的生活，另一方面，它普及并实践了一个重要的人类学观念：即对于世界上的不同民族具有共同人性的信念。②《非遗公约》给我们提供的实践框架，不仅是地区性和局部性的，更是国际性和全球性的。因此，无论实践还是研究，非遗政治都是一项国际性和全球性的事业，我们不能闭门造车，不能仅仅着眼于所谓中国特色和中国经验，而是必须借鉴他山之石攻自身之玉。即便仅从实践层面来看，如果没有《非遗公约》的国际保护实践，我们的非遗保护工作在国家层面和地方层面很可能就不会开展起来。过去的某些文物价值，可能我们自己认定它的价值就完了，可现在非遗带来的价值不是这样。《非遗公约》带来的是通过外来的国际目光唤醒当地三种主体——个人、共同体或群体——对自身非遗的价值体认。某个地方非遗的价值不光是自己认定的问题，还有国际认定的问题。先有国际眼光，才启发这个地方认识到自身非遗的价值。通过《非遗公约》的保护，原来没有太大价值的，可以赋予它价值；原来价值小的，可以赋予它大价值。当然，也有可能是原来价值大的，现在价值小了。所以，非遗是社会建构的价值，遗产或非遗也是一种有自我意识的传统。在这方面，我

---

① 韩成艳、高丙中：《非遗社区保护的县域实践：关键概念的理论探讨》，《中央民族大学学报》（哲学社会科学版）2020 年第 3 期。

② 参见 Marilena Alivizatou，“The Paradoxes of Intangible Heritage”，in Michelle L. Stefano，Peter Davis and Gerard Corsane（eds.），*Safeguarding Cultural Heritage*，Woodbridge：The Boydell Press，2012，p. 9。

们需要防止民族主义和国际主义的两个极端：民族主义强调遗产只对国家有利，而国际主义又倾向于排除地方共同体。①

尽管非遗的价值需要由其持有人和传承人来认定，但并不排斥外来影响甚至还必须具有国际眼光。换言之，必须有《非遗公约》的眼光和新理念，我们才能对自己的非遗价值有新的认识，才会对本地的非遗价值有自觉。《非遗公约》特别强调的至少有两点，这两点对中国来说实践起来可能非常困难，却又非常重要。第一个是《非遗公约》没有明说的（公）权力的让渡问题。第二个是对个人、共同体或群体的（私）权利尊重的问题。由于《非遗公约》基本上采取的是公法模式，所以，它规定了公权力的责任和义务，包括对没有完成义务时会有相应的惩罚措施，但对私权利的保护显然不够。所以，我们将来还是需要对非遗采取私法保护。②

根据《非遗公约》的新精神和新理念，既然非遗价值的认定权利首先归给持有人和传承人自身，那就需要尊重他们自己的选择和文化权利。因此，保护某个共同体的非物质文化遗产意味着最终保护人民的文化权利。③ 换言之，在非遗保护实践中，需要贯彻并落实民主、平等和人权等现代价值观。珍妮特·布莱克已经指出，《非遗公约》对“非物质文化遗产”的定义是理解该公约的重点从国家驱动的遗产鉴定和保护过程向共同体作为主要参与者的过程转变的关键。④ 在中国尤其意义重大而又非常艰难的实践在于，通过非遗保护，重塑保护官员、专家和相关工作人员包括非政府组织之间的关系，建立新型的伦理关系和制度程序。

《非遗公约》第十一条至第十五条对缔约国的义务做了明确规定，尤其第十五条“个人、共同体或群体的参与”的英文开头是 Within the

---

① 参见 Chip Colwell and Charlotte Joy，“Communities and Ethics in the Heritage Debates”，in Lynn Meskell（ed.），*Global Heritage：A Reader*，West Sussex：John Wiley & Sons，Inc.，2015，p. 113。

② 参见本书第四章以及户晓辉《民间文艺表达私法保护的目的论》，《民族文学研究》2016 年第 3 期；户晓辉《民间文艺法律保护问题的理性思考》，《文化遗产》2016 年第 3 期。

③ 参见 Pier Luigi Petrillo，“Intangible Cultural Heritage and Comparative Law. Towards a Global Legal Protection of the Intangible Cultural Heritage”，in Pier Luigi Petrillo（ed.），*The Legal Protection of the Intangible Cultural Heritage：A Comparative Perspective*，Switzerland：Springer，2019，p. 232。

④ 参见 Janet Blake，“From Global to Local Heritage Intangible Cultural Heritage and the Role of the Museum”，*Anthropology of the Middle East*，Vol. 10，No. 1，Spring 2015，p. 27。

framework of its safeguarding activities of the intangible cultural heritage。第十五条最明确、最深远地提到《非遗公约》为共同体和其他人设想的作用，该条呼吁缔约国努力确保创造、维护和传播这种遗产的个人、共同体或群体尽可能广泛地参与保护非物质文化遗产，让他们积极参与非遗的管理。为了达到这些目标，需要增加更广泛的人权理解，因为保护还意味着支持非遗可持续发展的条件，特别是个人、共同体或群体的经济权利、社会权利与政治权利。[①] 这就说明，缔约国对非遗的保护是在人权保护框架下进行的，《非遗公约》给缔约国明确地赋予了责任和义务。《非遗公约》并没有主张个人、共同体或群体脱离政府的框架单独进行非遗保护。而且，从中国的现实来看，短时间内也难以离开政府的框架让私人单独保护非遗。正因如此，我们才需要在政府、专家、非遗保护者包括非政府组织以及非遗传承人之间建立新的伦理关系和制度程序，至少需要让自上而下的方式与自下而上的方式保持某种平衡。[②] 尤其是在那些传统上以自上而下的方式运作的国家和地区，是否寻找和如何找到个人、共同体或群体能够更积极地参与保护各个阶段的方法，对政府及其国家遗产机构提出了重大挑战。这要求它们建立新的机构和协商机制，以便能够与共同体及其代表进行更密切的合作。[③]

对非遗的创造者和传承者的尊重与保护，是对他们自主决定其生活方式和命运的自由意志和人格尊严的维护。因此，在保护非遗的过程中，虽然政府起主导作用，但不能只由政府说了算，非政府组织尤其是作为当事人的地方社群和共同体的参与不可或缺，这才是《非遗公约》的一项保护原则。由此看来，重要的不只是这种或那种文化遗产得到更多重视和保护，而是涉及观念和制度的逐渐变革问题。[④] 当然，从现实行动来看，作为表达甚至构建群体文化认同的工具，文化遗产或非遗是一把双刃剑，既

---

① 参见 Janet Blake，"Engaging 'Communities, Groups and Individuals' in the International Mechanisms of the 2003 Intangible Heritage Convention"，*International Journal of Cultural Property*，Vol. 26，Issue 2，2019，p. 119。

② 参见 Sophia Labadi，*UNESCO*，*Cultural Heritage*，*and Outstanding Universal Value*：*Value-based Analysis of the World Heritage and Intangible Cultural Heritage Conventions*，Plymouth：AltaMira Press，2013，p. 143。

③ 参见 Janet Blake，"From Global to Local Heritage Intangible Cultural Heritage and the Role of the Museum"，*Anthropology of the Middle East*，Vol. 10，No. 1，Spring 2015，pp. 28 – 29。

④ 参见梁治平《什么是非物质文化遗产?》，《法律后面的故事》，广西师范大学出版社 2013 年版，第 53 页。

能为好事服务，也可以为坏事服务。[①] 这取决于我们依据什么样的理念来选择和行动。如果做得成功，保护一方面可以改革非遗主体与他们自己的实践的关系，另一方面可以通过遗产的社会机构改革实践主体与他们自己的关系。[②] 正如高丙中所指出，“非遗保护实际上是把民间文化的一些项目作为代表，给予全面的扶持，改变民间文化在国家的政治和社会生活中的处境。民间文化构成了普通老百姓的日常生活和人生意义的基本内容，民间文化借非遗之名所发生的改变，使国家的现代建设转向以老百姓的生活文化为基础”[③]。

在此，我们要防止把物质遗产的真实性概念误用到非遗领域的倾向，因为这样就会导致非遗的固化和本质化，而《非遗公约》和《执行〈保护非物质文化遗产公约〉的操作指南》之所以不再使用真实性、完整性、突出的普遍价值之类的概念，恰恰是要避免这种把非遗固化和本质化的认识与实践。因此，这种似是而非的真实性追求，显然违背了《非遗公约》的基本精神，而且容易误导中国的非遗保护实践。有些专家以追求所谓非遗的原生态为借口，把非遗物态化和基因化[④]，以看待民居的心态看待非遗，好像越破越好，哪儿破就说哪儿好。如果站在这种立场上去保护非遗，那就需要我们倍加警惕，因为一方面，“我们不能要求在保护非物质文化遗产的时候，强制地使传承主体处于一种物质匮乏的落后状态，并且认为这是纯粹的原生态的保护，这种不考虑权利主体利益的保护思路是一种强盗逻辑。我们在强调非物质文化遗产承载国家和民族的精神文化的同时，不能忽视其权利主体的利益，应当尊重传承主体摆脱贫困状态，追求较好物质生活和精神生活的要求”[⑤]；另一方面，这种把非遗固定在某个

① 参见 Janet Blake，“On Defining the Cultural Heritage”，*International and Comparative Law Quarterly*，Vol. 49，Issue 1，January 2000，p. 84。

② 参见 Valdimar Tr. Hafstein，“Learning to Live with ICH：Diagnosis and Treatment”，in Michael Dylan Foster and Lisa Gilman（eds.），*UNESCO on the Ground：Local Perspectives on Intangible Cultural Heritage*，Bloomington：Indiana University Press，2015，pp. 148 – 149；Valdimar Tr. Hafstein，*Making Intangible Heritage：El Condor Pasa and Other Stories from UNESCO*，Bloomington：Indiana University Press，2018，p. 163。

③ 高丙中：《从封建迷信到文化遗产——中国文化领域一个大是大非问题的疏解》，《长江大学学报》（社会科学版）2021 年第 5 期。

④ 好在已有学者对这类观点做出批判，参见张毅《非遗保护与传承的历史使命是推动其可持续发展》，《文化遗产》2016 年第 5 期。

⑤ 蒋万来：《传承与秩序——我国非物质文化遗产保护的法律机制》，知识产权出版社 2016 年版，第 161 页。

地方、固定在某种形态上的认识本身就不符合《非遗公约》所要求的活态传承和再创造精神。《保护非物质文化遗产伦理原则》第八条进一步明确规定："真实性和排外性不应构成保护非物质文化遗产的问题和障碍。"中国的某些专家对此并没有认真领会，他们仍然在盲目地追求所谓的真实性、排外性，而很少考虑这样的问题：对某个具体的非遗项目，即便能够往前追溯，也很难说追溯到哪个阶段或哪个点才是真或者才是假，非遗的真假是相对的而不是绝对的。我们也许可以用两个简便的标准看待这种相对的真假：第一个标准是看传承人自身是不是真诚地认其为真。这里有一个认可度问题，比如，需要传承人所在共同体中多数人的接受和认可，因为《非遗公约》把他们自身的认定作为首要标准；第二个标准是，既然非遗也是遗产，就要有一定的传承性和传承度。如果是刚发明的东西，还没有传承，那就不是非遗。《非遗公约》对"非遗"的界定包括"代代相传"（transmitted from generation to generation）的要求，这也是"遗产"概念的固有含义：《现代汉语词典》对"遗产"的界定是"泛指历史上留下来的物质财富或者精神财富"；《牛津高阶英汉双解词典》把 heritage（遗产）界定为一个国家或社会已经拥有了很多年并且视为特有的历史、传统和特质。[①] 然而，我们必须看到，在传承与生产的过程中，非遗必然会发生变化，而且必然会丢掉某些旧东西，也必然会创造出某些新东西，因此，要防止对非遗抱有埃哈麦德·斯坤蒂指出的那种"本真性幻觉"（authentic illusion）。[②]

笔者认为，如何根据《非遗公约》的精神让非遗保持活态和再创造性，如何维护传承人的权利，是我们必须思考的重要问题。如果直接让中国的非遗学员去画浮世绘或画西方油画的名作，也许是不合适的，但开一些西方艺术的课程让他们增加一些学养，则未尝不可。因为正是通过相互学习，许多非遗传承人才能取长补短，才进一步激发了他们的传承和创新意识，提高了他们的创新能力，并且有可能进一步凸显出他们自己的独特性，而不是必然带来所谓的同质化。不让非遗传承人相互学习，不让他们开阔眼界，不让他们与别人交流，怎能保持非遗的活态和再创造性？谁有

① 参见《牛津高阶英汉双解词典》，商务印书馆、牛津大学出版社 2004 年版，第 826 页。

② Ahmed Skounti, "The authentic illusion: Humanity's intangible cultural heritage, the Moroccan experience", in Laurajane Smith and Natsuko Akagawa (eds.), *Intangible Heritage*, London and New York: Routledge, 2009, p. 74.

对他们进行这种干预和阻止的权利（而不是权力）？有些人以留住“乡愁”为借口，反对非遗的再创造，实际上，“所谓乡愁本来并非对往昔的美化和想象，而是被误置到过去的希望，实际上也是对尚未到来和尚未实现的自由与尊严的渴望”①。按照《非遗公约》的精神，非遗不仅包括从过去继承下来的传统，而且包括当代实践。《非遗公约》所谓的“保护”，永远不该是压制非遗的进一步发展，因为非遗本身的特点就是过程性（processuality）和变化性，如果仅仅把非遗概念限于继承下来的“传统”成分，就会导致非遗的固化。因此，最重要的是把非遗的实际传承者完全纳入保护的全过程之中，让他们承担起对自身可持续发展过程的责任。②

第三节　《非遗公约》的新框架、新伦理、新思维和新举措

由此可见，如果忽视《非遗公约》的这些新术语和新理念，我们不仅可能误解甚至根本不能领会联合国教科文组织的良苦用心和基本用意，而且会使保护工作迷失方向甚至失去本应具有的精神价值和根本意义。通过这些新术语的使用和界定，《非遗公约》可能给中国带来的新理念主要体现在如下四个方面。

（1）新框架

如上所述，《非遗公约》的新精神和新理念以及应该按照它的新精神和新理念展开的非遗保护工作，与中国以往的“民族民间文化保护”和民间文学三套集成的收集整理工作有根本不同。一个外在的明显差别在于：以往的“民族民间文化保护”和民间文学三套集成的收集整理工作只是在中国内部甚至是在各个省区的县市之内进行的，与别的国家或地区基本无关，而非遗保护工作从一开始就是国际性的，虽然保护工作的开展针对的是具体的非遗项目而且一般也是在一个个县市或村落展开的，但是，我们保护这些非遗的眼光和理念却是国际性的，保护的措施也有许多国际上可

① 参见户晓辉《日常生活的苦难与希望：实践民俗学田野笔记》，中国社会科学出版社2017年版，第339页。

② 参见 Marie-Theres Albert，Birgitta Ringbeck，40 *Years World Heritage Convention*：*Popularizing the Protection of Cultural and Natural Heritage*，Berlin & New York：Walter de Gruyter GmbH，2015，p. 160，p. 166，p. 154。

通约的共性。2013 年 6 月，在随“太平洋岛国——非物质文化遗产清单制定培训班”的学员们一起考察四川桃坪羌寨时，笔者有一种明显的感受：这些原本偏僻的村寨就像自给自足的世外桃源，如今迎来的却不仅是外来的目光，而且是来自世界各地的目光。我们当然可以说，这种观光式的考察是对当地居民生活的一种打扰，但我们也不能忽视当地人对外界人士以及外面世界的好奇甚至渴望，他们可能也希望交流和被了解、被认可。2009 年，羌族农历新年仪式进入联合国教科文组织亟须保护的非物质文化遗产名录。桃坪羌寨可谓非遗保护的一个缩影或象征：它自身的价值，尤其是作为非遗的价值，主要是通过外来的国际目光被唤醒、被体认的。换言之，国际的眼光有助于唤醒并且提升当地人对本文化的自觉和价值体认，而《非遗公约》倡导的非遗保护恰恰非常尊重当地人的这种自我体认和价值认定，并且以此为基础和前提。

（2）新伦理

《非遗公约》特别强调非遗保护过程中权力的让渡和对权利的尊重。尽管非遗项目的评选由联合国教科文组织以及各个国家的各级政府组织实施，但在这个过程中，我们不能忘记：根据《非遗公约》，非遗价值的认定权利归根结底属于非遗的持有人和传承人自身，在这个意义上，与其说非遗本身有价值，不如说是因为非遗与人类发生关系才生成了价值。[①] 按照《非遗公约》的新精神和新理念，如果某个共同体的民众认为自己的非遗没有价值，那就只需记录而无须保护。[②] 如果他们认为这根本不是他们自己的非遗，那就既无须记录，也无须保护。当然，如果他们不愿参与非遗的国际大合唱而只愿独唱，那也应该让他们自便，因为他们有这样的权利，而且恰恰是这样的权利需要得到相互的认可和保护。这里的关键问题是：非遗的价值必须由其持有人和传承人自己而非外来者进行认定。从这个意义上说，人与人的关系以及人与物的关系是非遗价值的核心，也是非遗保护工作的灵魂。在这个方面，必须防止权利方面的越俎代庖以及见物不见人式的权力滥用，否则就可能既剥夺了当地个人、共同体或群体的文化权利，又混淆了物质文化遗产与非物质文化遗产之间的界限。实际上，

① 参见［日］菅丰《何谓非物质文化遗产的价值》，陈志勤译，《文化遗产》2009 年第 2 期。

② 参见 *Workshop on Inventorying under the* 2003 *Convention at the National Level* (*Participant*), International Training Center for Intangible Cultural Heritage in the Asia-Pacific Region under the Auspices of UNESCO, Chengdu China 2013, p. 62。

非遗保护与中国以往的“民族民间文化保护”和民间文学三套集成的收集整理工作的另一个不同在于：以往的参与者主要是专家和地方文化工作者，政府官员介入得较少，但现在的非遗保护则由政府主导，而且以往政府的文化行政部门倾向于把学术界排除在外，而非遗保护的大变革出现了需要民俗学等学科人士介入的空前格局，因为非遗保护的新文化观和新理念极大地超出了各级行政机关长期以来所秉持的常识和习惯。①

正如2013年成都国际会议达成的《成都展望》所指出，《非遗公约》对“非物质文化遗产”的开创性定义已经从根本上重新塑造了非遗的传承人或实践者与参与保护的官员、专家和机构之间的关系。② 这是一种新型的伦理关系。这种关系强调并且呼吁民主、平等和人权等现代价值观在非遗保护过程中的全面贯彻和真正落实。

（3）新思维

《非遗公约》需要我们从根本上寻求一种不同于以往的思维方式和实践途径。该公约不仅对中国来说是一种新精神和新理念，而且对联合国教科文组织而言也是一种新探索。③ 进而言之，通过缔约和批约而在全世界开展起来的非遗保护运动对于各个民族和地区而言都是一种新理念和新实践。因此，凡是已经加入《非遗公约》的国家和地区都需要在非遗保护的过程中不断学习、探索和纠错，以使《非遗公约》的新精神和新理念能够在自己的国度和地区落地生根，力求使自己的保护实践接近联合国教科文组织的最佳保护实践。尽管《非遗公约》提供的不是具体的保护措施而是一种理想的新框架和新理念，但对《非遗公约》的术语、条文和精神的深入领会可以指导我们的非遗保护实践并且帮助我们判断：哪些做法符合《非遗公约》的要求，哪些又违背了《非遗公约》的新理念。我们的所有非遗保护实践和“文化生态保护区”的工作都应该在《非遗公约》新理念的指导和引领之下进行，否则就可能事与愿违。这就需要我们践行《非遗公约》的新理念并且提升《非遗公约》的意识。笔者认为，《非遗公

---

① 参见周星《非物质文化遗产保护运动和中国民俗学——“公共民俗学”在中国的可能性与危险性》，《思想战线》2012年第6期。

② 参见2013年6月14日至6月16日“成都国际非物质文化遗产大会——纪念《保护非物质文化遗产公约》通过10周年”通过的《成都展望》（*Chengdu Recommendations*）。

③ 参见 *Workshop on Inventorying under the* 2003 *Convention at the National Level*（*Participant*），International Training Center for Intangible Cultural Heritage in the Asia-Pacific Region under the Auspices of UNESCO，Chengdu China 2013，p. 16。

约》中提到的“提升意识”（awareness-raising）和“能力建设”（capability building）不仅针对文化遗产的持有人和传承人，而且也针对从事非遗保护工作的学者和管理者。因此，在中国从事非遗保护实践的专家、管理者和传承人需要分别变成学习型的专家、学习型的管理者和学习型的传承人，都需要在非遗方面提升意识、建设能力并且培养新的思维方式。

（4）新举措

《非遗公约》促使我们在非遗保护的过程中尝试新的保护办法和措施。整体性保护就是其中一例。2011年6月1日开始实施的《中华人民共和国非物质文化遗产法》第二十六条明确规定：“确定对非物质文化遗产实行区域性整体保护，应当尊重当地居民的意愿。”有人说，所谓整体性保护就是要保护活态非遗的生命整体和原生地状态，要保护非遗的生命力。这当然不错，但仍然停留在技术层面。笔者想强调的是，在理念上，整体性保护要保护的是人与人以及人与物之间的本原关系，这是一种互相尊重、包容、欣赏和理解的关系，也就是一种“我与你”的关系而不是彼此利用、相互物化的“我与它”的关系。[①] 这看起来好像很玄，但能够指导我们制定具体的保护措施。即使这种理念肯定不能处处指导或者时时决定我们在非遗保护实践中的一言一行，但至少可以帮助我们对其中的措施和言行做出基本的价值判断。

既然非遗是一种生活方式，它就是一个整体，而这个整体也是一个有形与无形、精神与物质的整体，其中人是核心，这意味着我们要以人和文化的平等、包容和相互尊重为基本立场，以人本主义和对环境及生态系统的尊重为核心原则，改进社会和经济的不平等状况和人权状况，吸引全民参与，由此促进基层民主进程和人权意识的觉醒。非遗的潜力和价值不仅在于经济，可持续发展也包括环境质量和社会平等，因为没有好的社会制度和环境，单纯的经济发展就得不到根本的保障和支持，也往往缺乏后劲。2013年5月和6月，笔者先后在日本历史民俗博物馆和四川桃坪羌寨目睹了非遗在预防灾害和灾后重建的过程中发挥重要作用的实例，联合国教科文组织目前也越来越强调非遗在规避冲突、缔结和平和保护环境时起到的难以替代的作用。

在具体的保护实践中，一方面，我们应该注意到，《非遗公约》中所

---

① 参见 Martin Buber, *Das dialogische Prinzip*, Heidelberg: Verlag Lambert Schneider, 1979, S. 10。

说的非遗"共同体"是没有行政等级和高下之分的平等关系，这一点尤其与中国的情况不同。目前中国的非遗保护按照行政区划进行申报和管理，这种模式本身有其便利之处，但也有局限性，因为许多非遗可能是跨省市或跨地区的，不一定限于特定的时空范围。因此，我们看待每个地区的非遗也需要具备一种全局的和整体的观念，不能只看到当地文化的地方性和地域性而忽视文化的全局性和人类性。这种整体性不仅表现在时间和空间上，也体现在对文化不是孤立因素的认识上。换言之，非遗不是孤立的文化现象，保护非遗必须保护非遗的生态网和关系网。我们也不能仅仅向当地共同体单纯强调非遗的经济效益，因为非遗还具有环境的、社会的和文化的收益，这些收益可能是长效的而非立竿见影的。另一方面，我们还要注意，文化生态区不能被博物馆化。文化生态保护区让传承人作为主人（主体）在其中生活和工作，他们有选择自己生活方式的权利。

在有些人看来，文化生态保护区里根本不能搞旅游和开发，否则这种文化遗产就会走样和失真。但笔者认为，文化生态保护区不是隔离区或"飞地"，而是活人在其中生活、工作、生产并且传承自己的非遗的文化空间。按照《非遗公约》的新理念，应该反对过度开发和过度商业化，但允许适当的商业开发和利用。比如，发展与非遗有关的商业活动和旅游业，只不过这种开发和利用要让非遗的主人受益和得利。无论在文化生态保护区进行开矿、修建水电站还是房地产开发，都应该尊重当地人的意愿和选择，并且以不破坏可持续发展为度。当然，这些事情在中国说起来容易做起来难，要尽可能避免把经念歪。应当让当地民众分享的不仅是利益，还有信息，最重要的是保障他们的权利不被侵犯和剥夺。在这个意义上，笔者认为，中国的非遗保护运动仅仅从政府主导过渡到专家主导①还不够，还需要继续过渡到真正让民众自己主导的阶段，才算接近《非遗公约》精神的要求。

第四节　非遗保护的新伦理：以"人"为本

非遗保护的深意是保护人们创造和传承非遗的权利，而且不要用权力

① "如果允许做一个预测的话，那么，'后非遗时代'民间文学的搜集和研究，也许要从现在的'政府主导'转型为'专家主导'，加强学者介入的程度。"（刘锡诚：《21世纪：民间文学研究的当代使命——关于中国特色的民间文艺学》，《民间文化论坛》2013年第1期）

掩盖甚至代替了个人的权利。这就需要我们实践新的伦理原则和真正的法治。因为非遗保护带来了过去不曾有过的实践和接触，从国际到国家再到地方，至少有三级关系。此外，一个地区从事非遗保护的官员或文化管理干部，怎么与非遗传承人交往和互动？这既是新的伦理问题，也是新的管理问题。新伦理对中国尤其重要，因为中国几千年来的传统是大政府、小社会。在这种情况下，伦理的作用大于法律的作用，所以伦理相对就更加重要。新伦理的中心是共同体。既然共同体主要指人，那么，《非遗公约》倡导的新伦理实际上就是以人为中心。所谓以人为中心，就是要用公平的实践法则保障传承人的平等权利和尊严。在这方面，《非遗公约》想做的事情体现在两个方面，一是遴选的程序，希望是透明的、公开的；二是遴选的标准，希望是平等的、公正的。它体现的是中国人不大熟悉的新理念，因为我们一般都倾向于直接要公平的结果。但《非遗公约》给我们带来的新理念是用规则公平和程序正义保证实质正义和结果正义。换句话说，规则的公平和程序的正义，比实质正义和结果正义更重要。我们不能只看现实里面确实存在的结果等级，因为即便做到了程序上的公平、正义，也不能保证每一个结果都是公平、正义的。但是，如果没有程序的公平、正义，公平、公正的结果就更没有保障、更不能指望。所以，尽管《非遗公约》本身的三级名录和目前中国实行的四级非遗保护名录可能在某些环节还没能做到规则公平和程序正义，但这与《非遗公约》实际想干什么是两码事。《非遗公约》要求我们做的，是通过遴选程序的透明、公平和遴选标准的公正来保证评选结果的公平与公正，培养并且锻炼现代文明的契约精神。

《非遗公约》倡导的非遗保护，旨在创造人与人之间相互尊重、相互守约、相互包容和相互欣赏的伦理关系。这种关系既是人与人之间的关系，也是我们对待非遗的关系，因为落脚点也要落到我们与非遗传承人的关系上。这就涉及一个问题：谁是非遗的主体？直观的感觉告诉我们，似乎谁的非遗谁就是主体，谁传承、谁实践谁就是主体。我们的感觉一般会告诉我们，某个非遗首先属于那个传承它的个人或群体，不管他或她属于哪个民族或哪个地区。但从逻辑上说，非遗的主体无论属于哪个民族、哪个地区，都必须首先是一般的人，这就正好与我们的感觉相反。《非遗公约》想给我们带来的新理念就是逆我们的感觉而动，让我们把非遗主体的这个普遍的“人”补上去，至少让我们不要忘记这个普遍的“人”。这也正是那句“为了本公约的目的”不仅不能丢掉、反而应该引起高度重视的根本原因。《非遗公约》一开始就说要参照三个国际人权文书，也是为了凸显这个意思。《非遗公约》希望我们在保护特定的非遗时、在确定特定的非遗主体时，把这个括号里面的普遍的“人”字补上去。也就是说，我们应该先把不同地区、不同族群的人看成普遍的人，然后再把他们看成特殊的人，比如说壮族（人）、佤族（人），傣族（人），羌族（人），以此类推。如果把括号里面的这个普遍的“人”字丢了或自觉不自觉地勾掉了，我们的非遗实践就偏离了《非遗公约》的精神实质，就会产生重大偏失。按公约精神来说，非遗保护要保护一个底线，即 human rights（人权），也就是需要坚持并且实践一种人权取向的发展观（human-rights-oriented view of development）①。先保障这个我们大家可以通约的共同东西，然后再说特殊的东西，再说谁是不同地域、不同族群的非遗主体。这就意味着，我们在保护非遗的时候，首先要把这些不同的非遗主体当成人，尊重他们的文化权利、平等地位和人格尊严，在这样的前提之下，再来讨论他们的特殊性。所以，人权之所以是 universal（普遍的），恰恰因为它是用交互的、互为主体的方式推论出来的普遍的伦理原则。通俗地说，这至少有两个要点：一个是你想要别人怎么待你，你就怎么待别人；另一个是把人当人来对待，你才能真正成为人。因为这是人与人之间相互的和彼此的必然关系。

由此可见，联合国教科文组织的三个文化公约共同构建了新理念，要通过全球各缔约国的遗产保护实践来推进文化现代化，建构新型的基础文化即人权文化（human rights culture），“从其国际公约的立法来看，则直接将对人权的尊重和实现作为追求的目标，将非物质文化遗产保护视为一项关于人权的科学工作”②。这至少有两个面向，一个是政府层面的法治化框架，防止公权力侵犯私权利并对非遗造成损害，因为“公权力容易被滥用的特征，使它本身对非遗的保护构成威胁。一旦公权力被滥用，对非遗的侵害

---

① 参见 Janet Blake，“Further reflections on community involvement in safeguarding intangible cultural heritage”，in Natsuko Akagawa and Laurajane Smith（eds.），*Safeguarding Intangible Heritage：Practices and Politcs*，London and New York：Routledge，2019，p. 20。

② 蒋万来：《传承与秩序——我国非物质文化遗产保护的法律机制》，知识产权出版社 2016 年版，第 139 页。

比其他因素的影响涉及面更广、影响程度更深"①；另一个是社会层面，即道德和伦理的自治，这是《非遗公约》的核心观念和新理念。②

这种新伦理和新理念非常重要，但遗憾的是，《非遗公约》对此未能做出细致的规定，所以，联合国教科文组织又出台了《保护非物质文化遗产伦理原则》，以对《非遗公约》条文加以补充。虽然它只是一个伦理原则，但在私权保护方面也有了进步。其中第二条特别强调，个人、共同体或群体继续其非遗的"权利"应该得到承认和尊重。笔者想对第六条即非遗"不应受制于外部的价值或意义评判"提出一点批评。③ 关于"价值或意义"，也可以做一点不同的理解。英文的 value 可以理解为更抽象的、不可估量的、不可用金钱来衡量的价值，它指的是非遗的抽象价值或不可衡量的价值。在与 value 对举时，worth 可以指具体的、可以用金钱衡量的价值，即可见的价值。但是，按第六条的要求，对非遗的这两种价值的评价都不应该从属于外部的评价，果真如此的话，《非遗公约》就该自我瓦解了。这一条集中反映出《非遗公约》的有些专家在原则立场上不够鲜明，甚至摇摆不定。他们没有考虑清楚或者至少在《非遗公约》中没有表达清楚的是：内部认定只是一个必要条件，却不是充分条件，还须有外部认定的普遍条件。假如没有外部认定，那非遗的清单怎么制定呢？从县市和地区报到省里、省里再报到国家、国家再报到联合国教科文组织，这些逐级申报怎么可能没有外部的价值和意义评判呢？如果真的"不应受制于外部的价值或意义评判"，我们整个的非遗保护工作又将如何进行呢？如果这一条不做出修订，我们将会无所适从。

也有学者批评说，《非遗公约》的条文并未清晰界定共同体的地位，却让缔约国在寻求保护机制的过程中保有随意使用的权力。④ 尽管如此，

---

① 董新中：《非物质文化遗产私权保护理论与实务研究》，知识产权出版社 2016 年版，第 39 页。

② 参见户晓辉《文化多样性的人权宗旨——兼谈俗文化的实践研究原则》，《中国俗文化研究》第十二辑，四川大学出版社 2016 年版，第 3—16 页。

③ 笔者对《保护非物质文化遗产伦理原则》第六条的重点关注，也得益于吕微《实践公设的模态（价值）判断形式——"非遗"保护公约的文体病理学研究》（《文化遗产》2017 年第 1 期）一文的启发；对这一条文的其他分析和批评，参见户晓辉《人是目的：实践民俗学的伦理原则》，《民族文学研究》2017 年第 3 期。

④ 参见 Amanda Kearney, "Intangible Cultural Heritage: Global awareness and local interest", in Laurajane Smith and Natsuko Akagawa (eds.), *Intangible Heritage*, London and New York: Routledge, 2009, p. 220。

按《非遗公约》的要求，非遗保护应该是政府引导而非政府主导，主导与引导是不一样的。经过十几年的非遗保护实践，中国各级政府能否逐渐让渡出一部分公权力，能否从主导先走向引导，最后再走向由非遗传承人自己主导，政府只是守在旁边，保护非遗主体的安全，这对中国的制度创新和新的文化习性的养成都至关重要。正如珍妮特·布莱克敏锐地指出的那样，《非遗公约》最重要的方面之一就在于它为相关的个人、共同体或群体赋予了与非遗相关的核心角色，而这在国际法领域是前所未有的。因此，非遗保护的不断实践完全取决于这些文化主体的能力和意愿。非遗保护需要将整个实践过程加以民主化，需要懂得文化遗产法（cultural heritage law）和人权思维（human rights thinking），尤其在发展中国家，需要让当地人起到更大的作用。没有非遗传承人和实践者的参与，非遗就没有当前的存在，也就没有未来。因此，任何旨在保护非遗的实践行动都必须依赖于文化共同体及其成员的努力合作与积极传承。这就要求政府机构采用新的形式进行运作，改变传统的自上而下方式（top-down approach），与非遗传承人和实践者建立合作关系。①

此外，《非遗公约》在中国履约的一个重要步骤和制度体现就是《中华人民共和国非物质文化遗产法》（以下简称《非遗法》）。把《非遗法》与《非遗公约》做个简单对比，就会发现中国化和在地化的变化。

《非遗法》的两大原则、三项制度以及对公民、法人和其他组织参与非遗保护工作的鼓励与支持，还有对尊重当地居民意愿的强调，都体现了《非遗公约》的实践理念。但遗憾的是，《非遗公约》保护人权的前提以及对个人、共同体或群体的区分，在《非遗法》中尚未得到应有的体现。《非遗法》仍然是政府主导模式，这也容易导致这样的情况，即在保护非遗过程中对非遗传承人的权利重视不够，使有些传承人应得的资助、补贴没有到位（参见图 2 - 1）。

其实，基层民众和非遗的传承人真正想什么，他们最需要什么，也就意味着我们作为保护者、作为行政官员、作为学者需要什么。在温饱问题已解决的今日中国，基层的大事是柴米油盐酱醋茶还是看起来好像不着边际的尊严和权利问题呢？美国民俗学者凯莉·费尔陶特在搞民俗保护项目

① 参见 Janet Blake，"UNESCO's 2003 Convention on Intangible Cultural Heritage：The implications of community involvement in 'safeguarding'"，in Laurajane Smith and Natsuko Akagawa（eds.），*Intangible Heritage*，London and New York：Routledge，2009，pp. 45 - 46，pp. 65 - 66。

图 2-1　2014 年 10 月 26 日，笔者在甘肃省文县铁楼调研白马藏族非遗传承人的补贴情况（马石强拍摄）

时遇到一位渔夫问她："如果你不能保护我钓鱼的能力和权利，那你怎能保护我的文化?"①这个渔夫跟我们的很多非遗传承人一样，在社会的基层做自己的事情，过自己的日子。其实，我们自己就是最基层的民众，我们在许多方面和民众是一样的。所以，他的问题也是我们的问题。

尽管《非遗公约》的新精神和新理念在中国现实当中不会立刻实现或全部兑现，但它们可以让我们明白，非遗保护本来要干什么，保护的理性目的是什么。非遗保护，不仅在于保护具体的非遗项目。虽然具体的保护也很重要，但更深层的东西、对我们过上好生活带来更大意义的东西，就在于非遗的新理念和新实践。非遗保护的履约实践是全球化和现代化的一个很重要的步骤和体现。非遗保护的根本意义不在于保护非物质文化遗产本身，也不在于单纯地保护文化多样性，而在于保护个人、共同体或群体创造与传承非遗的权利，最根本的就是防止公权力侵犯个人的权利，在保护非遗的过程中尊重个人的权利与尊严。履约的过程其实也是建立人与人之间新型伦理的过程。我们不光在操作层面讲伦理守则，更要通过非遗保

① Kelly Feltault, "Development Folklife: Human Security and Cultural Conservation", *Journal of American Folklore*, Vol. 119, No. 470, 2006, p. 90.

护在中国推广并实行彼此尊重各自权利与尊严的文化风尚，这是《非遗公约》试图在不同国家和地区确立起来的实践范式。

当然，从法律角度来看，《非遗公约》既没有规定非遗的不当利用以及惠益分享机制和道德权利等解决不当利用的机制，又在公众参与机制上给共同体特别是原住民群体赋予的权限也较少，他们还缺乏否决权。[①] 也就是说，《非遗公约》作为具有公法性质的国际法律文件并非没有局限和缺陷。也许正因为它只是一个“公”约，所以也不宜对个人、共同体或群体的私权做明确规定，对此，有些学者已经提出了批评。比如，卢卡斯·李辛斯基指出，首先，《非遗公约》的一个重要特点是抵制保护非物质遗产的法律保障制度。该公约的起草者在确立非遗法律保护制度的具体义务方面似乎存在阻力；其次，该公约过度关注主权，这虽然有利于各个缔约国迅速批准文书，但同时也大大削弱了该公约的范围。因此，它不保护非遗可能受到的国家损害，因为在很大程度上，对非遗的最终控制权和可能值得保护的内容仍然掌握在缔约国手中，《非遗公约》无法为第三方盗用提供补救办法，特别是在第三方是国家的情况下。[②] 如果缔约国选择忽视联合国教科文组织的建议，那么，非物质文化遗产就会像所有与身份有关的问题一样变成高度政治化的问题，人们对此几乎无能为力。[③] 最后，从《非遗公约》及其早期实践来看，共同体参与仅限于国家一级，共同体在执行《非遗公约》的国际一级似乎没有空间，而是似乎正在逐渐被国际一级的专家取代。[④] 吕微和笔者也批评了《非遗公约》以及联合国教科文组织《保护非物质文化遗产伦理原则》有导致“社区主义”危险的理论矛盾和逻辑问题。[⑤] 梁治平还指出了《非遗公约》的内在张力：“首先，在

① 参见唐海清《非物质文化遗产的国际法保护问题研究》，博士学位论文，武汉大学，2010 年，第 47—49 页。

② 参见 Lucas Lixinski，“Selecting Heritage：The Interplay of Art，Politics and Identity”，*The European Journal of International Law*，Vol. 22，No. 1，2011，p. 94。

③ 参见 Lucas Lixinski，“Selecting Heritage：The Interplay of Art，Politics and Identity”，*The European Journal of International Law*，Vol. 22，No. 1，2011，p. 95。

④ 参见 Lucas Lixinski，“Selecting Heritage：The Interplay of Art，Politics and Identity”，*The European Journal of International Law*，Vol. 22，No. 1，2011，p. 96。

⑤ 吕微：《社区优先还是社会优先？——民俗学的逻辑出发点与“〈保护非物质文化遗产公约〉修正案”》，《民俗研究》2021 年第 3 期；吕微：《实践公设的模态（价值）判断形式——“非遗”保护公约的文体病理学研究》，《文化遗产》2017 年第 1 期；户晓辉：《人是目的：实践民俗学的伦理原则》，《民族文学研究》2017 年第 3 期。

复杂的现实世界中，促进文化多样性与保障人权和基本自由，这两个目标既具有内在的一致性，同时又隐含某种紧张关系。要达成这两个目标而无所偏废，需要在二者之间寻找某种微妙的平衡，而这样一种平衡，主要是通过各个国家制定和实施的文化政策来达成。其次，从《非遗公约》的逻辑结构上看，对人权和基本自由的保护是通例，为保护文化多样性采取的限制性措施是特例。这种情况下，如何保证国家主权的行使既能最大限度地保护和促进文化多样性，同时又没有减损人权和基本自由，这是《非遗公约》力求达成的目标，也是一个具有重大实践意义的问题。"①

尽管如此，我们仍然可以说，非遗保护工作的法律化，意味着国际社会对非物质文化遗产赋予权利进行保护形成了共同的意志②，《非遗公约》并不仅仅是为了对不同地区、不同民族的非遗进行登记、注册或保护，而是为了从实践原则和自由意志出发展开并创造新的实践。《非遗公约》本身就是实践原则、伦理律令（ethical imperative）或自由意志的内在目的，而世界各地保护非遗的活动则是在《非遗公约》的实践原则指导下对自由意志的贯彻或实现。③ 换言之，全面保护非遗以及保护文化多样性并非《非遗公约》的终极目的，通过有选择地保护非遗来保护人权，尤其通过非遗保护实践开辟和创建"人权文化"④，这才是《非遗公约》的终极目的。

当然，联合国教科文组织只是一个文化组织，它的《非遗公约》并不具有根本的法律约束力，而且《非遗公约》只是缔约国之间的约定，尽管它为各个国家的非遗保护实践提供了理念性的框架和平台，但《非遗公约》的义务约束的只是缔约国，对非遗共同体的个人和群体以及从事非遗保护工作的个人并不具有约束力。⑤ 因此，从事非遗保护工作的每一个人都是自由的。但是，自由的真意在于每个人都要为自己的行为负责，而不是随心所欲地想干什么就干什么。在第一线从事具体工作和管理的人可以

---

① 梁治平：《默多克先生，你到底能给我们带来什么?》，《法律后面的故事》，广西师范大学出版社 2013 年版，第 116 页。

② 参见穆欣《试论非物质文化遗产领域公益诉讼制度构建》，硕士学位论文，华中科技大学，2012 年，第 11 页。

③ 参见户晓辉《非遗时代民俗学的实践回归》，《民俗研究》2015 年第 1 期。

④ Kate Nash, *The Cultural Politics of Human Rights: Comparing the US and UK*, New York: Cambridge University Press, 2009, p. 5.

⑤ 参见 *Workshop on Inventorying under the* 2003 *Convention at the National Level* (*Participant*), International Training Center for Intangible Cultural Heritage in the Asia-Pacific Region under the Auspices of UNESCO, Chengdu China 2013, p. 26。

把非遗保护当作单纯的行政工作或者政绩，也可以把它当作本书所说的那种崭新的文化事业。当然，后一种做法在目前的体制下难度很大。但中国的非遗保护运动究竟会取得什么样的实际成效以及将来会向什么方向发展，取决于从事这项工作的每一个人的合力。正如周星所指出，“中国尚缺乏尊重学术独立性的社会氛围和共识，在行政体系尚没有习惯倾听学者主张的当下，学问的自由和独立性经常被权力裹挟与同化，因此，参与运动的民俗学者独立的立场和基于学术研究而提出建言的勇气，显得尤其重要”①。即使我们无法阻止某些错误的做法，但是，如果每个人都有了判定对错的客观标准，都练就了明辨是非的主观能力，具备了敢说真话的胆识（这一点尤其难能可贵），这个社会就还有救，非遗保护运动就有未来和希望。

应该看到，《非遗公约》的保护模式与中国现行的行政制度还有不小的距离，这一方面加大了按照《非遗公约》的新理念保护非遗的难度，另一方面也表明《非遗公约》的新理念及其保护方式对中国而言具有非同寻常的必要性和紧迫性。正如梁治平早就指出的那样：

> 同样清楚的是，《公约》所提出的目标，最终要有国家和地区内的因素来配合才能实现，而这要求在各个政府共同体内部有适当的制度安排，这些安排将有助于制定合理可行的文化政策，建立有效的决策和执行机制，促成民众的广泛参与，营造良好的文化创造和发展氛围。换句话说，要实现《公约》所提出的目标，最重要的还不是《公约》本身或类似公约这样的国际文件，而是一国之内的制度建构，其中最关键的是公民自由的保障机制、民间社会的健康成长等等。因为，如果没有思想、表达、交流的自由，没有民间社会的蓬勃发达，没有基于平等原则的对各种文化表现形式的尊重，没有对所有这些目标和诉求的制度保障，真正的文化繁荣是不可能出现的。②

这大概是中国非遗保护最困难的问题。一方面把保护非遗当作相关共

---

① 周星：《非物质文化遗产保护运动和中国民俗学——“公共民俗学”在中国的可能性与危险性》，《思想战线》2012 年第 6 期。

② 梁治平：《默多克先生，你到底能给我们带来什么?》，《法律后面的故事》，广西师范大学出版社 2013 年版，第 123—124 页。

同体及其成员的人权，另一方面人权又是培育能够使非遗繁荣的环境所必需的条件①；一方面，没有相应的制度保障，《非遗公约》的新精神和新理念就难以落到实处，另一方面，《非遗公约》的履约过程和实践过程恰恰也是转变观念、引入新理念并且促成旧观念和旧体制艰难转变的难得契机。非遗保护的中国实践是现代价值观的观念启蒙和理念启蒙的一个绝佳通道，而且与我们每个人都息息相关。我们不能认为一个人或者一门学科存在于现代就是一个现代人或者一门现代学科。不经过现代价值（自由、平等和民主）的自我启蒙和洗礼，即使存活在当下，一个人也不能真正成为现代人，一门学科也不能真正成为一门现代学科。《非遗公约》的新精神和新理念能否成功地给中国社会输入现代价值观（普遍的文明标准和人权观念），非遗保护的中国实践能否向《非遗公约》的精神和价值观看齐，取决于每一个实践者的共同努力。如果我们能够真正贯彻《非遗公约》的新精神和新理念，中国社会就有可能向现代社会和文明社会迈出切实的一步，中国民俗学也可能促成自身向一门现代学科转换并进一步开启本土公共民俗学的空间。

无论是一门学科、一个民族还是一个国家，其强弱并非绝对地取决于人数的多寡和地盘的大小。毕竟，只有勇于承认并且承担起人类的普遍价值，才能真正强大起来并且获得普遍的尊重和应有的尊严。

① 参见 Janet Blake, “Further reflections on community involvement in safeguarding intangible cultural heritage”, in Natsuko Akagawa and Laurajane Smith (eds.), *Safeguarding Intangible Heritage: Practices and Politcs*, London and New York: Routledge, 2019, p. 21。

第三章

文化多样性与人权孰轻孰重

非物质文化遗产本身就像物质遗产一样，呈现出丰富多彩的多样性。2002 年，联合国教科文组织的《第三届文化部长圆桌会议伊斯坦布尔宣言》明确提出，“非物质文化遗产是文化多样性的组成部分，它与文化多样性一样，是实现可持续发展和世界和平的保证”①。《非遗公约》对权利的规定有明显欠缺，它虽然提到文化多样性，但毕竟不是专门针对文化多样性保护的文件。在全球化和现代化大潮之下，一方面，文化多样性的现象正在迅速消失，另一方面，人们对文化多样性的意识却越来越强，而如何对文化多样性做出价值判断又是保护它的前提。有人说，文化多样性是一个经验事实，但在笔者看来，它又不完全是事实，因为不同的文化固然日益呈现出多样性，但实际上这些多样性恰恰也是我们看出来的结果。换言之，恰恰因为有了多样性的意识和概念，我们才能比古人更能意识到文化多样性并且更能看出文化多样性。

其实，文化多样性是联合国教科文组织最关注的核心问题之一，“文化多样性”概念在联合国教科文组织的文化策略中经历了五个发展阶段的不同主题：1945 年以后是文化与知识，20 世纪 50 年代至 60 年代是文化与政治，20 世纪 60 年代至 90 年代是文化与发展，20 世纪 80 年代开始的是文化与民主，21 世纪以后是文化与全球化。② 也就是说，在 20 世纪 90 年代，保护文化多样性才真正成为联合国教科文组织各项活动的

---

① 范俊军编译：《联合国教科文组织关于保护语言与文化多样性文件汇编》，民族出版社 2006 年版，第 96 页。

② 参见徐知兰《UNESCO 文化多样性理念对世界遗产体系的影响》，博士学位论文，清华大学建筑学院，2012 年，第 72 页。

主要焦点。①

第一节 文化多样性为何重要

从政治哲学的角度来看，联合国教科文组织之所以高度重视和重点保护文化多样性，恰恰因为文化多样性对确保人的基本自由和人权具有普遍价值。2001 年通过的《世界文化多样性宣言》第 4 条："捍卫文化多样性是一个伦理律令②，与尊重人的尊严是密不可分的，它要求人们必须尊重人权和基本自由，特别是尊重少数人群体和土著人民的各种权利。任何人不得以文化多样性为由，损害受国际法保护的人权或限制其范围。"这就表明，文化多样性固然与人的尊严关系紧密，却并非一回事，而且文化多样性的地位低于人的尊严和人权。也就是说，保护文化多样性固然有助于保护人的尊严和人权，却不能以保护文化多样性的名义损害人的尊严和人权。2001 年 11 月在巴黎通过的《关于世界遗产的布达佩斯宣言》第 2 条表明："文化多元化与民主制度密不可分，它有利于文化交流并且能够充实公众生活的创作能力的发挥。"正如松浦晃一郎所说："承认世界文化的多样性，拓宽传统、价值观和象征意义之间的联系，将使我们学会承认并深入理解他人的文化，而且还能在相互借鉴与补充中创造文化间交往的佳话。这种共同的归属感（虽然它是多元的）还有助于消除彼此之间的不了解与误解，从而进一步巩固民主、正义和人权等基本价值观。"③ 由此可见，文化多样性的丧失直接关系到人类基本自由的丧失以及能否"巩固民主、正义和人权等基本价值观"。正因为文化多样性对维护人权和普遍价值观如此重要，联合国教科文组织才在《世界文化多样性宣言》之后再次通过了《文化多样性公约》。该公约在 2005 年的通过以及在 2007 年的正式执行，标志着"文化多样性"概念在国际社会与学术界获得认可并且发挥着日益显著的影响④，也标志

① William S. Logan, "Closing Pandora's Box: Human Rights Conundrums in Cultural Heritage Protection", in Helaine Silverman and D. Fairchild Ruggles (eds.), *Cultural Heritage and Human Rights*, Switzerland: Springer, 2007, p. 36.

② 《世界文化多样性宣言》中文版译作"伦理方面的迫切需要"，现据英文版"the defence of cultural diversity is an ethical imperative"改译。

③ 松浦晃一郎：《经济全球化能创造新文明的价值观吗?》，《世界教育信息》2002 年第 3 期。

④ 参见徐知兰《UNESCO 文化多样性理念对世界遗产体系的影响》，博士学位论文，清华大学建筑学院，2012 年，第 43 页。

着国际社会在保护和促进世界文化多样性方面迈出关键一步，并且为各国制定和实施相关政策提供了强有力的法律依据①。

《文化多样性公约》在“序言”中首先表明，“认识到文化多样性是人类的共同遗产”，不仅承认“在民主、宽容、社会公正以及各民族和各文化间相互尊重的环境中繁荣发展起来的文化多样性对于地方、国家和国际层面的和平与安全是不可或缺的”，而且认识到“颂扬文化多样性对充分实现《世界人权宣言》和其他公认的文书主张的人权和基本自由所具有的重要意义”。该公约第二条第一款表明的第一个指导原则就是“尊重人权和基本自由原则”：“只有确保人权，以及表达、信息和交流等基本自由，并确保个人可以选择文化表现形式，才能保护和促进文化多样性。任何人都不得援引本公约的规定侵犯《世界人权宣言》规定的或受到国际法保障的人权和基本自由或限制其适用范围”。因此，保护人权既是保护和促进文化多样性的前提，也是其目的和旨归。这就说明，“如果说文化多样性是应该提倡和保护的重要价值，那么人权则提供了一个逻辑和适当的框架。将文化多样性与人权联系在一起，说明文化是个人和社群身份认同、生存和尊严的一个重要方面。人权提供了一个道德和法律框架，不仅有利于保护不同文化的多样性，也有利于保护文化内部的多样性。除了重申文化对人类尊严的重要性之外，人权还提供了一个框架，使文化多样性可以避免消极的副作用。如上所述，文化权利不可不加限制地行使。它们不可作为剥夺或侵犯其他方面的人权和基本自由的依据或理由。任何人倘若试图以文化的名义侵犯其他方面的人权和基本自由，都为国际法所不容”②。也许正是出于对文化表现形式多样性中暗含的多种权利的考虑，我们才可以说《文化多样性公约》“意在从三个角度来保护文化的多样性，即作为主权的文化、作为人权的文化与作为私权的文化”。③ 同样，第二条第三款的“所有文化同等尊严和尊重原则”——“保护与促进文化表现形式多样性的前提是承认所有文化，包括少数民族和原住民的文化在内，具有同等尊严，并应受到同等尊重”——也必须以第二条第一款的

---

① 参见张莹《法国在联合国教科文组织中的软实力建构——以〈保护和促进文化表现形式多样性公约〉的通过为例》，《法国研究》2014 年第 2 期。

② ［荷兰］伊冯娜·唐德斯：《文化多样性和人权能完美结合吗》，黄觉译，《国际社会科学杂志》（中文版）2011 年第 1 期。

③ 田艳：《传统文化产权制度研究》，中央民族大学出版社 2011 年版，第 2 页。

"尊重人权和基本自由原则"为前提条件加以选择和限定。也就是说，不符合"尊重人权和基本自由原则"的文化表现形式多样性，就不具有同等尊严，也不应受到同等尊重。"其实，平等和非歧视作为人权的重要原则，也包含承认多样性和与众不同的权利。平等享有权利并非一视同仁。平等和非歧视不仅意味着对相同的情形一视同仁，也意味着对不同的情形区别对待。"① "明显违背国际人权规范的文化行为，不能仅仅因其归类为文化权利并受到保护而具有正当性。……因此，文化行为不应违背人的尊严和国际社会接受的人权规范，应成为一条适当的标准"。② 因此，尽管有学者把文化权利视为人权大家族中的"灰姑娘"③，但在笔者看来，文化权利虽然以人权为基础，却并非人权本身。④

值得注意的是，《文化多样性公约》第十一条"公民社会的参与"还特别强调："缔约方承认公民社会在保护和促进文化表现形式多样性方面的重要作用。缔约方应鼓励公民社会积极参与其为实现本公约各项目标所作的努力。"第十二条第三款还要求缔约方"加强与公民社会、非政府组织和私人部门及其内部的伙伴关系，以鼓励和促进文化表现形式的多样性"。这些条款表明，保护文化表现形式的多样性也是社会现代化和文化现代化的有效手段，或者说，二者互相促进、相辅相成。对公民社会不发达的国家和地区而言，加入并履行《文化多样性公约》也有助于这些国家和地区建设自己的公民社会。另外，该公约强调保护的是文化表现形式的多样性，这也遵循的是知识产权法只保护"表现（达）形式"的国际惯例。

当然，从积极方面来看，《文化多样性公约》首次在保护和促进文化多样性方面形成对缔约国具有法律约束力的国际文件，并且在法律层面上对缔约国的国内立法起到约束作用，有效地推动缔约国保护并促进各自境内的文化多样性。⑤ 但是，从消极方面来看，该公约与《世界文化多样性

---

① ［荷兰］伊冯娜·唐德斯：《文化多样性和人权能完美结合吗》，黄觉译，《国际社会科学杂志》（中文版）2011 年第 1 期。

② ［荷兰］伊冯娜·唐德斯：《文化多样性和人权能完美结合吗》，黄觉译，《国际社会科学杂志》（中文版）2011 年第 1 期。

③ 参见［英］珍妮特·布莱克《国际文化遗产法》，程乐、袁誉畅、谢菲、梁雪译，中国民主法制出版社 2021 年版，第 150 页。

④ 关于文化权利是否属于人权，国际学术界还存在争议。笔者目前认为，从逻辑和学理上来看，文化权利还不能等同于人权，参见本书第四章的相关讨论。

⑤ 参见范帆、杨颖《〈保护和促进文化表现形式多样性公约〉谈判通过始末》，《中国出版》2006 年第 2 期。

宣言》一样，主要仍然是文化政策的视角，由此使这两个国际法律文件中的“文化多样性”概念含糊不清并且在处理贸易与文化多样性冲突时缺乏有力的态度。[①]《文化多样性公约》还与现有的世界贸易组织（WTO）的贸易体制有实体冲突和程序冲突。[②] 它对各成员国义务的规定本来就很少，而且这些规定也主要是激励各缔约国在国际层面采取措施，而没有明确地规定其义务。另外，它也忽视了国际人权法上的一些进步（原住民权利），它规定的国家权利与人权之间有时还存在难以调和的矛盾。[③] 最基本的概念矛盾是，人权是普遍的，而文化遗产的概念在文化、时间和地理上都是特定的。这种脱节不仅发生在某个术语被不当使用或误解时，而且被写入基本人权文书的结构。《世界人权宣言》（1948 年）第 22、27 和 29 条承认文化遗产是人权。[④] 联合国的立场是，建立包含文化权利在内的人权“最低标准”，在不稀释或损害法律规定的最低人权标准的情况下，为文化差异和文化多样性提供最大的空间，在处理和应对多样性与普遍性之间的共生关系时，围绕普世人权融合文化价值观并强调核心价值观（如生命价值、社会秩序和免受任意统治的伤害）。[⑤]

第二节　文化多样性不等于文化相对主义

尽管《文化多样性公约》有缺点，但它的进步意义在于使文化表现形

① 参见黄晓燕《文化多样性国际法保护的困境及解决的新思路》，《法学评论》2013 年第 5 期。

② 参见郭玉军、李洁《论国际法中文化与贸易冲突的解决——以 2005 年 UNESCO〈保护和促进文化表现形式多样性公约〉为中心》，《河北法学》2008 年第 6 期；实际上，国外学者已经指出，世界知识产权组织内部的讨论试图在私人产权的框架中保护传统文化表达，而联合国教科文组织有关文化多样性和非物质文化遗产的倡议要保护的是公共利益而非私人利益，这两个组织的立法目的有矛盾之处（参见 Christoph Beat Graber，“Can Modern Law Safeguard Archaic Cultural Expressions? Observations from a Legal Sociology Perspective”，in Christoph Antons（ed.），*Traditional Knowledge, Traditional Cultural Expressions and Intellectual Property Law in the Asia-Pacific Region*，Hague｜London｜New York：Kluwer Law International BV，2009，pp. 169 - 170）。

③ 参见张薇《数字化环境下贸易与文化的冲突与协调：WTO 规则与〈保护和促进文化表现形式多样性公约〉》，硕士学位论文，吉林大学，2011 年，第 5、7 页。

④ 参见 William S. Logan，“Closing Pandora's Box：Human Rights Conundrums in Cultural Heritage Protection”，in Helaine Silverman and D. Fairchild Ruggles（eds.），*Cultural Heritage and Human Rights*，Switzerland：Springer，2007，p. 44。

⑤ 参见 Elazar Barkan，“Genes and Burkas：Predicaments of Human Rights and Cultural Property”，in Helaine Silverman and D. Fairchild Ruggles（eds.），*Cultural Heritage and Human Rights*，Switzerland：Springer，2007，p. 188。

式的多样性与文化内在目的的统一性获得有机结合，并且表明：保护文化表现形式的多样性对于维护人权具有重要的实践意义。如果说普遍主义和文化相对主义的矛盾渗透了联合国教科文组织的各种法律文件[①]，那么，这就表明联合国教科文组织并没有真正澄清普遍主义和文化相对主义之间的理论关系。有学者认为，"文化多样性"这个现代概念以人类学的"文化"概念为基础并且以人类学的重要理论为依据[②]。在笔者看来，这种说法只说对了一半。因为文化多样性作为理念并非仅仅来源于人类学的文化立场，而且来自人文主义的文化观，即文化目的论立场。如果说前者是相对的和特殊的事实标准，那么后者则是普遍的和普世的目的标准。这一点明显体现在联合国教科文组织的三个文化公约之中，即文化相对主义与普世价值观的统一。换言之，文化多样性的立场是普世价值观与文化相对主义的统一，或者说，只有把普世价值观而非文化相对主义理解为人类学的出发点，我们才能断言："现代'文化多样性'概念内涵——包括'超越差异'的人类文化具有'普适价值'的前提、各文化价值判断的观念、文化差异提供创造源泉的视角以及鼓励跨文化对话的策略等——与人类学、生态学等在内的诸多相关学科发展有密切关系。"[③]

从公约本身来看，文化多样性和文化相对论不仅根本不同，而且毋宁说文化多样性以保障人权为普遍前提。《世界文化多样性宣言》第四条和《文化多样性公约》第二条第一款都可以表明，只有通过尊重人权，文化多样性才能获得价值，只有确保人权才有可能实现文化多样性，在任何情况下，文化多样性都不能成为侵犯或限制人权的理由。[④] 实际上，人权的基础和根据就在于我们每个人的自由，这是自现代以来人类对自身产生的一个根本性的觉悟和理念进步。简言之，我们每个人都有自主选择并且决定自己的行为的能力与权利，为了保障彼此之间的这种自主的、自由的选择权利，我们的自由和自主就必须先天地自带一种逻辑上的不自相矛盾也

① William S. Logan, "Closing Pandora's Box: Human Rights Conundrums in Cultural Heritage Protection", in Helaine Silverman and D. Fairchild Ruggles (eds.), *Cultural Heritage and Human Rights*, Switzerland: Springer, 2007, p. 39.

② 参见徐知兰《UNESCO 文化多样性理念对世界遗产体系的影响》，博士学位论文，清华大学建筑学院，2012 年，第 28、15 页。

③ 徐知兰：《UNESCO 文化多样性理念对世界遗产体系的影响》，博士学位论文，清华大学建筑学院，2012 年，第 41 页。

④ 参见黄晓燕《文化多样性国际法保护的困境及解决的新思路》，《法学评论》2013 年第 5 期。

不相互矛盾的必然要求，那就是每个人的自由都不能妨碍、不能反对他人的自由。也可以说，每个人的自由都以他人的自由为边界甚至条件。我们不难看出，这是一种先验的逻辑规定，而不是来自经验的归纳。人权恰恰来自每个人都生而具有的这种自由，同时也是为了保障这种自由。既然每个人的自由是普遍的，所以，人权也必然是普遍的。如果不保障人权，也就不能保障自由。所以，文化多样性必然会产生分歧与多元，但也必须以保障人权和自由为前提条件。“分歧与多元需要得到尊重，同时分歧与多元则需要维护其前提，那就是每个人的自由。分歧与多元之所以可能的根据，之所以正当的理由，全在于每个人都是自由的。因此，一切分歧与多元都需要维护与尊重使它们成为可能的自由，否则，分歧与多元就失去了自己的正当性根据。这意味着，分歧与多元是有限度的，那就是以不反对、不否定自由为界限；一切反自由的分歧，一切否定自由的多元，必定走向自己的反面：消除一切分歧，否定多元本身。对于人这种自由存在者来说，导致其分裂的不是他们之间必定存在的分歧，而是对他们每个人都拥有的自由的否定与压制。哪里压制自由，哪里就一定有分裂与对立。只有自由得到维护的地方，只有分歧、多元得到尊重的地方，人类才会有真正的团结、真正的统一。”① 也就是说，文化多样性之所以尊重分歧与多元，恰恰是因为尊重自由，或者说，各种分歧与多元必须在尊重自由的共同前提之下寻求某种统一性，而不是把分歧、多元和多样性加以绝对化和片面化，否则就会陷入自相矛盾，甚至必然会走向多元和多样性的反面。

从理论上来看，联合国教科文组织提倡的价值观认为，“只有多样性是构不成一个世界的；它充其量只构成一种由一个个碎片凑成的镶嵌品，形成一个有趣而非真正相互影响的图案。如果人类家庭相互依靠的世界要在和平与繁荣中生存下去，它就必须有某种统一，而这种统一的建立则要求在彼此了解与和睦相处的情况下采取实际行动”②，当然，人性和自由就是文化的统一性，“文化在人类中间的普遍性本身便是我们所共同享有的人性的一个有力象征”③。只是我们“还可以记住，真正的统一不应当

① 黄裕生：《站在未来的立场上》，生活·读书·新知三联书店 2014 年版，第 120—121 页。

② ［美］欧文·拉兹洛编著：《联合国教科文组织国际专家研究报告：多种文化的星球》，戴侃、辛未译，社会科学文献出版社 2004 年版，第 159 页。

③ 费德里科·马约尔，“前言”，［美］欧文·拉兹洛编著：《联合国教科文组织国际专家研究报告：多种文化的星球》，戴侃、辛未译，社会科学文献出版社 2004 年版，第 4 页。

与一致性混为一谈。只有当一个系统的某一因素居于主导地位或从属于其他的因素时，一致性才会发生。而统一性只有在整个系统的所有因素平等互利的整合中才能出现。真正的统一性只能补充而不是损害多样性，因为它发生在一个共处、共享的水平上，在那里整个系统的所有因素都是平等的参与者”①。

《非遗公约》和《文化多样性公约》没有特别强调指出的是，文化多样性与其说是一个事实和结果，毋宁说是一个普遍原则。没有这样的普遍原则，文化多样性的事实不仅得不到珍视和保护，而且很可能被忽视。如果仅仅把文化多样性看作一种结果和事实，那么，我们就可以说，“文化多样性是一种重要的价值，但它既不是绝对的，也不会拒绝考虑在遵守人权时做出许多改变”②。因此，世界上的文化都需要借助联合国教科文组织三个文化公约的实践过程熔铸新的政治文化和新的政治文明。

珍妮特·布莱克提醒我们，文化多样性是一个油滑的观念（a slippery notion），我们不应在没有仔细考虑的情况下就接受它。因为一方面保护文化多样性不应局限于简单地保护目前表现形式的文化，重要的不是任何特定类型的文化表现的价值，而是多样性本身的事实；另一方面，并非所有文化传统或习俗都具有内在价值，有些文化传统或习俗很可能直接违反人权标准。因此，在将文化多样性作为一种价值观加以赞扬时，我们必须谨慎行事。③ 法国人类学家克洛德·列维－斯特劳斯在应联合国教科文组织的邀请讨论种族主义和种族歧视问题时早就指出：

> 要拯救的是多样性事实，而不是每个时代赋予的历史内容，而且没有一个历史时代能够使历史内容超越时代达到永恒，所以应当听麦子生长，应当鼓励秘密的潜能，唤醒所有人在历史留给我们的空间内共同生存的意识，还应当不惊奇、不反感和不抵触地准备面对所有这些新的社会表达形式所必定会有的异常的东西。宽容不是一种凝神观照的态度，宽大地对待曾经存在或现时存在的事物，而是一种积极的

① ［美］欧文·拉兹洛编著：《联合国教科文组织国际专家研究报告：多种文化的星球》，戴侃、辛未译，社会科学文献出版社 2004 年版，第 2—3 页。

② James W. Nickel, *Making Sense of Human Rights: Philosophical Reflections on the Universal Declaration of Human Rights*, Berkeley: University of California Press, 1987, p. 79.

③ 参见 Janet Blake, “Taking a Human Rights Approach to Cultural Heritage Protection”, *Heritage & Society*, Vol. 4, Issue 2, Fall 2011, pp. 208 - 209。

态度，能预见、理解和推动那些想存在的事物。人类文化的多样性在我们的身后，在我们的周围，在我们的前面。我们对它所能提出的唯一要求（多样性使每个人有了相应的责任）就是它实现的每一种形式都是对所有其他形式的最慷慨的贡献。①

克洛德·列维-斯特劳斯这些观点既是应联合国教科文组织的邀请，也是由联合国教科文组织来发表的，所以也表达的是联合国教科文组织对文化多样性的共同理解和共同态度。既然需要拯救的“多样性事实”不仅在过去和现在，也在未来，而且“不是每个时代赋予的历史内容”，那么，它也就可以被理解为多样性的纯粹形式或者多样性本身。保护“多样性事实”就相当于保护多样性的纯粹形式或者多样性本身，这是保护的核心和重点。当然，对多样性的纯粹形式而言，“每个时代赋予的历史内容”肯定是不尽相同的，当这种历史内容符合人权标准或者至少不违背人权标准时，它就属于《文化多样性公约》应该保护和值得保护的范围，否则就不是该公约的保护对象，也不能纳入其保护范围。这就意味着文化多样性并不等于文化相对主义，而且涉及我们应该如何理解“文化”概念的问题。

第三节　全球新文化或新文明：作为生活方式的人权文化

的确，说起“文化”，我们可能首先想到的是人类学家给“文化”下过的各种定义，而说起人类学家的“文化”概念，我们也许首先会想到英

① ［法］克洛德·列维-斯特劳斯：《种族与历史·种族与文化》，于秀英译，中国人民大学出版社 2006 年版，第 63—64 页。英文的意思有所不同：“It is diversity itself which must be saved, not the outward and visible form in which each period has clothed that diversity, and which can never be preserved beyond the period which gave it birth. We must therefore hearken for the stirrings of new life, foster latent potentialities, and encourage every natural inclination for collaboration which the future history of the world may hold; we must also be prepared to view without surprise, repugnance or revolt whatever may strike us as strange in the many new forms of social expression. Tolerance is not a contemplative attitude, dispensing indulgence to what has been or what is still in being. It is a dynamic attitude, consisting in the anticipation, understanding and promotion of what is struggling into being. We can see the diversity of human cultures behind us, around us, and before us. The only demand that we can justly make (entailing corresponding duties for every individual) is that all the forms this diversity may take may be so many contributions to the fullness of all the others.”（Claude Lévi-Struss, *Race and History*, Paris: Unesco, 1952, p. 49.）

国文化人类学家爱德华·泰勒（Edward Burnett Tylor，1832—1917）1874年在《原始文化》一书中对“文化”做出的著名界定。尽管泰勒的进化论立场后来遭到很多批评，但他把文化看作生活方式以及把文化研究视为“改革者的科学”[①] 的观点，不仅对后世影响很大，而且在今天看来仍然颇富洞见和启发。文化既然也是一种价值观体系，当然也不能没有“改革”的必要和余地。文化的“移风易俗”所依据的标准应该首先是人权的普遍标准，而不仅仅是特定的国家标准或地方标准。即便单线进化论立场过时了，但泰勒对“文化”的内在目的和普遍价值的坚持不仅没有过时，而且在联合国教科文组织的文化观中得到继承和发扬光大。1982 年，联合国教科文组织通过的《墨西哥城文化政策宣言》认为，文化不仅包括艺术和文学，还包括生活方式、基本人权、价值体系、传统和信仰。[②] 文化是我们在世界中识别某个客体并且有所行动的基本前提，因而是一个价值概念。[③] 这就意味着，文化表现形式需要多样性，但文化规范和内在目的至少有最低的普世价值标准——人权，而且完成人性并且维护自由和人权也应该是一切文化的内在目的。因为文化的主要目的在于培养、培育独立健全的人格，就个人的人格养成而言需要保护个人的文化权利和教育权，而就群体或民族的人格养成而言则需要保护集体的文化权利和文化认同权。[④]

从政治哲学的角度来看，联合国教科文组织三个文化公约的核心框架和基础就是人权。如果说人权构成一种公共的、规范性的实践（a public, normative practice）[⑤]，那么，联合国教科文组织三个文化公约所倡导并希望带来的就是这样一种以人权为基础和旨归的新型文化实践。《文化多样

---

① Tony Bennett, *Culture: A Reformer's Science*, London: SAGE Publications, 1998, p. 94；泰勒把文化研究视为“改革者的科学”对于我们反思中国古代的移风易俗、当代中国文化和民俗是否需要移风易俗、移风易俗的标准是什么之类的问题，有很大的比较和参照价值。若有机会，笔者将另文探讨。

② 参见［美］欧文·拉兹洛编著《联合国教科文组织国际专家研究报告：多种文化的星球》，戴侃、辛未译，社会科学文献出版社 2004 年版，第 153 页。

③ 参见 Wolfgang Engler, “Was ist Kultur? Ein wissenssoziologischer Streifzug”, *Deutsche Zeitschrift für Philosophie*, 40 (1992), 9, S. 1064 - 1065。

④ 参见杨春福等《经济、社会和文化权利的法理学研究》，法律出版社 2014 年版，第 92—93 页。

⑤ Charles R. Beitz, “Human Dignity in the Theory of Human Rights: Nothing But a Phrase?” *Philosophy & Public Affairs*, Summer 2013, Vol. 41, No. 3, p. 260.

性公约》第四条第八款试图促进的文化间性（interculturality）“指不同文化的存在与平等互动，以及通过对话和相互尊重产生共同文化表现形式的可能性”，其中也包括形成一种更符合人性、更尊重人权的共同文化，这种共同文化就是作为世界新文明基础的人权文化。

联合国在国际关系中引入一种新的道德观念①，也就是维护人的尊严和保障人权的理念。联合国教科文组织的三个公约恰恰以观念与实践的结合在全球范围内发起一场现代价值观启蒙运动。它们试图通过把道德带入实践实现一种新的世界秩序（novus ordo seclorum），让人们有勇气去实现这种新的世界秩序。② 虽然世界上绝大多数文化在历史上都曾否认人权，但这并不妨碍这些文化在今天不仅承认人权，而且把人权视为对最深刻的文化价值的微妙表达。③ 黑格尔把人类历史看作自由理念展开的过程，我们同样可以把世界史看成一种缓慢地承认人权的历史④。在今天，所有现代民主政治制度都把自己的合法性建立在尊重和保障人权的基础之上。如果现代政治共同体有什么目的，那主要就是保障所有人的人权。⑤ 尊重并保障人权是任何政治制度和公共机构或规章的合法性基础。⑥ 如今，几乎每一个国家至少在书面上都接受了联合国的人权宣言。⑦ 因此，是否保障人权成为判断现代政治文明是否经历了真正的现代化以及是否具有合法性的重要依据，具体而言就是：是否尊重人的价值、尊严和权利，是否有利

① 参见 Birgit Gerstenberg，“Die Vereinten Nationen und die Universalität der Menschenrechte”，in Raúl Fornet-Betancourt（Hrsg.），*Menschenrechte im Streit zwischen Kulturpluralismus und Universalität. Dokumentation des VII. Internationalen Seminars des philosophischen Dialogprogramms Nord-Süd*，Frankfurt/M：Verlag für Interkulturelle Kommunikation，2000，S. 130。

② 参见凯文·保罗·盖曼《启蒙了的世界主义：对康德的“崇高”的政治透视》，［美］詹姆斯·施密特编《启蒙运动与现代性——18世纪与20世纪的对话》，徐向东、卢华萍译，上海人民出版社2005年版，第520页。

③ 参见 Jack Donnelly，*Universal Human Rights in Theory and Practice*，Third Edition，Ithaca and London：Cornell University Press，2013，p. 107。

④ 参见［德］奥特弗利德·赫费《政治的正义性——法和国家的批判哲学之基础》，庞学铨、李张林译，上海译文出版社2005年版，第328页。

⑤ 参见 Eduardo J. Ruiz-Vieytez，*United in Diversity? On Cultural Diversity，Democracy and Human Rights*，Belgium：P. I. E. Peter Lang，2014，p. 100。

⑥ Eduardo J. Ruiz-Vieytez，*United in Diversity? On Cultural Diversity，Democracy and Human Rights*，Belgium：P. I. E. Peter Lang，2014，p. 116.

⑦ 参见 Jürgen Habermas，“On Legitimation through Human Rights”，in Palo De Greiff and Ciaran Cronin（eds.），*Global Justice and Transnational Politics：Essays on the Moral and Political Challenges of Globalization*，Cambridge：The MIT Press，2002，p. 203。

于实现人的全面发展，政治制度的设计是否法治化、合理化，以减少政治暴力、政治腐化等现象。[①] 人权并不承诺好生活和好社会，它所预示的是对所有人而言的一种正当的生活以及至少能够被称为文明化的（civilized）社会。[②] 人权需要把民主和市场的运作限制在有限的法定领域并以此对民主和市场加以文明化。[③] 人权很少涉及并且超越了在已经实现意义上的现实状况，它更多地涉及的是关于人可能怎样生活的现实可能性，并且为一种有尊严的生活、一种称得上是人的生活确定了最低条件。[④]

虽然在社会正义的国家规划付诸阙如的情况下，文化平等似乎只是一种形式，但即使是最玩世不恭的形式民主也提供了一些机会。[⑤] 人权的实现当然离不开政治制度和法治实践，但从更深的层次上来理解，人权还是一种文化，最理想的人权实现方式和保障方式就是让人权成为一种文化的生活方式[⑥]，或者说就是建构一种新型的人权文化。这种人权文化至少包含双向的结构运动：一个方向是自上而下的法治化框架，主要是防止国家权力侵犯人权，这是主要方向，因为即使我们不完全同意"人权只有通过国家才能获得实现"[⑦] 的观点，但至少认为国家是实现人权最重要的保障；另一个方向是自下而上的道德和伦理的自治，主要是在全社会推行人权保护实践，减少个人之间侵犯人权的现象。[⑧] 公民社会建设也包含在这个方向之中。当然，这两个方向的结构运动是相辅相成的关系。既然文

---

① 参见丛日云、王志泉、李筠《传统政治文化与现代政治文明——一项跨文化研究》，社会科学文献出版社 2014 年版，第 20 页。

② James W. Nickel, *Making Sense of Human Rights: Philosophical Reflections on the Universal Declaration of Human Rights*, Berkeley: University of California Press, 1987, p. 51.

③ Jack Donnelly, *Universal Human Rights in Theory and Practice*, Third Edition, Ithaca and London: Cornell University Press, 2013, p. 233.

④ 参见［美］杰克·唐纳利《普遍人权的理论与实践》，王浦劬等译，中国社会科学出版社 2001 年版，第 14 页。

⑤ 参见 Dorothy Noyes, "From Cultural Forms to Policy Objects: Comparison in Scholarship and Policy", in Michael Dylan Foster and Lisa Gilman (eds.), *UNESCO on the Ground: Local Perspectives on Intangible Cultural Heritage*, Bloomington: Indiana University Press, 2015, p. 169, pp. 172 - 173。

⑥ 人权作为一种生活方式的说法，来自一个书名的启发：Alexandre Lefebvre, *Human Rights as a Way of Life: On Bergson's Political Philosophy*, Stanford, CA: Stanford University Press, 2013；不过，把"文化"理解为生活方式早已是人类学的"常识"。

⑦ Kate Nash, *The Cultural Politics of Human Rights: Comparing the US and UK*, New York: Cambridge University Press, 2009, p. 2.

⑧ 这两种模式受到一本书有关全球正义两种工作模式的启发，参见 Fuyuki Kurasawa, *The Work of Global Justice: Human Rights as Practices*, New York: Cambridge University Press, 2007, p. 197。

化是生活方式和价值体系，那么，要推行以人权为基础的生活方式当然也要从文化开始。对本书研究的三个公约而言，就是从保护文化遗产和文化多样性的实践开始，这是一个实践新的价值观和新的政治生活方式的过程。

因此，推进政治文化的现代化，建构人权文化，这正是联合国教科文组织三个文化公约的深意，也是这三个文化公约能够把人权与文化联系起来的内在依据。我们可以看到，“国际社会关于非物质文化遗产和文化多样性的保护是建立在人权的理念之上的”[①]，在这三个文化公约中，人权的因素也在逐渐加重和越来越突出。人权像一条红线，由隐到显、由暗到明地贯穿着三个公约并且构成其框架和基础。这三个文化公约的发展进程本身就是一个观念现代化过程，也是联合国教科文组织越来越摆脱西方中心主义视角，重塑普世价值观的过程。正如哈贝马斯（Jürgen Habermas，1929—　）所指出，西方理性主义（occidental rationalism）的优势之一就在于能够和自己的传统保持某种距离从而开阔有限的眼界，欧洲解释和实现人权的历史就是摆脱欧洲人自我中心观的历史。[②] 联合国教科文组织三个文化公约的先后出台恰恰能够很好地体现这一点。在这个过程中，三个文化公约的人权要素逐渐增强和加重，它们的终极目标是通过履约，推动全球建立新型的人权文化。

实际上，人权植根于人的尊严这一观念之中。[③] 人权原则与自爱自利原则完全不同。人权原则表明，他人的尊严和权利对“我”有一种绝对的要求。他人尊严的绝对要求及其权利决定着“我”的自爱自利。在康德的思想中，这种行为方式就是不要把他人仅仅当作手段而是一直也当作目的。[④] 从更深的层次来看，人权之所以能够成为并且值得成为一种普遍的

---

① 蒋万来：《传承与秩序——我国非物质文化遗产保护的法律机制》，知识产权出版社 2016 年版，第 143 页。

② 参见 Jürgen Habermas，“On Legitimation through Human Rights”，in Palo De Greiff and Ciaran Cronin（eds.），*Global Justice and Transnational Politics：Essays on the Moral and Political Challenges of Globalization*，Cambridge：The MIT Press，2002，p. 203。

③ Jack Donnelly，*Universal Human Rights in Theory and Practice*，Third Edition，Ithaca and London：Cornell University Press，2013，p. 28.

④ 参见 Felix Wilfred，“Human Rights or the Rights of the Poor? Redeeming the Human Rights from Contemporary Inversions”，in Raúl Fornet-Betancourt（Hrsg.），*Menschenrechte im Streit zwischen Kulturpluralismus und Universalität. Dokumentation des VII. Internationalen Seminars des philosophischen Dialogprogramms Nord-Süd*，Frankfurt/M：Verlag für Interkulturelle Kommunikation，2000，S. 173。

人权文化，是因为所有人权都依据一个具有交互性的基本伦理原则："你想要别人如何对你，你就如何对别人。"① 换言之，在人权这里，利己与利他是同一的和一体的关系，因而在这个更深层次上并不存在利己原则与利他原则哪个优先的问题。人权原则在康德的意义上是一条可普遍化和可交互推论的道德法则，也是现代化和全球化的一条实践理性原则。如果说康德有关人的尊严的论证还只是理念，那么，联合国教科文组织则试图通过三个文化公约把康德的理念变成全球的一种文化实践和生活方式。

在全球化和现代化的进程中，如何以尊重人权的方式民主地应对文化多样性是现代欧洲发达社会面临的最大挑战②，也是欧洲以外的其他社会正在或即将面临的严峻挑战。作为个人和有组织的政治共同体都有政治的和道德的义务来发现在多元社会中共同生活的新的指导原则。③ 这些新的指导原则之一就是通过保护文化表现形式的多样性来保护人权。因为文化多样性所体现的深层含义恰恰是人的自由和尊严，所以，只有真正尊重人的自由和尊严，只有保护了人权，才能保护文化表现形式的多样性，反之亦然。既然多元文化社会代表的是不同文化的互动，那就不能从这些文化中的任何一种文化的内部对它们加以理论化或加以管理，它们需要一种多元文化的视角。④ 换言之，还需要一种超越单个文化之上的视角来包容文化差异性、欣赏文化多样性。人权就是这样一个可以超越多元文化的目的论视角。对普遍人权的普遍承认至少可以表明，除了历史、地理、资源等特定因素之外，像公平、正义、尊重、友爱等人类的价值观和精神理念本身是趋同的。⑤ 如果说人权意味着一种民主的框架（a democratic framework）⑥，那么，民主就不能再被理解为多数人统治在特定区域的单纯数学

① ［瑞士］托马斯·弗莱纳：《人权是什么?》，谢鹏程译，中国社会科学出版社2000年版，第89页。

② 参见 Eduardo J. Ruiz-Vieytez, *United in Diversity? On Cultural Diversity, Democracy and Human Rights*, Belgium: P. I. E. Peter Lang, 2014, p. 9。

③ 参见 Eduardo J. Ruiz-Vieytez, *United in Diversity? On Cultural Diversity, Democracy and Human Rights*, Belgium: P. I. E. Peter Lang, 2014, p. 10。

④ 参见 Bhikhu Parekh, *Rethinking Multiculturalism: Cultural Diversity and Political Theory*, Second edition, Hampshire: Palgrave Macmillian, 2006, p. 339。

⑤ 韩缨：《经济全球化与文化多样性的冲突和共存——对联合国教科文组织2005年〈文化多样性公约〉的解读》，《中国青年政治学院学报》2009年第6期。

⑥ Eduardo J. Ruiz-Vieytez, *United in Diversity? On Cultural Diversity, Democracy and Human Rights*, Belgium: P. I. E. Peter Lang, 2014, p. 21.

性应用，而是对共存价值的微妙应用以及对基本人权的尊重。[①] 正如美国著名人权专家唐纳利精辟地指出的那样，“人性”被看作一种道德设定（a moral posit）而非一种自然的事实，它被看作以实现人权为基础的一项社会规划。[②] 也就是说，人性是一种道德理想，需要努力争取和奋斗才能实现，只有实现了人权才有助于实现人性。人权阐明了一种达成人的潜能的特定实现的社会活动结构。[③] 人权同时是一种乌托邦的理想和实现这种理想的现实实践，它可以被视为这样一个自证的或自己兑现的道德预言：“像人那样待人……你才将真正地得人”（Treat people like human beings... and you will get truly human beings）[④]，也就是说，要想求人得人，必须首先待之若人。对人性的道德前景的展望为人权主张中隐含的社会变化提供了基础。如果人性的潜在愿景并没有超出自然可能性的限度，如果人权的来路正当可靠，那么，履行这些权利就将使原先的理想变成现实。人权试图把道德观与政治实践融合起来，它塑造了政治社会，以此塑造人类，以此实现人性的种种可能性，而人性从一开始就为这些权利提供了基础。[⑤] 人权文化不是要统一或取代文化多样性，而是可以成为并且必须成为文化多样性的基础。因此，人权文化也可以说是世界新文明的一种共同的基础文化。

毫无疑问，联合国教科文组织的三个文化公约都是在全球化和现代化背景下产生的。尽管全球化和现代化如飓风般席卷全球各地，好像任何个人和单个国家都无法控制，但全球化和现代化并非完全没有方向、没有规划的非理性发展，各个国家和个人不仅可以有理性的选择，而且理性选择的自由度和范围越来越大。在全球化和现代化的过程中，各个民族国家并非只能被动承受或随波逐流，而是需要顺应大势，主动追求内在立法（道德）和外在立法（法治）。由此来看，联合国教科文组织的三个文化公约

---

① 参见 Eduardo J. Ruiz-Vieytez, *United in Diversity? On Cultural Diversity, Democracy and Human Rights*, Belgium: P. I. E. Peter Lang, 2014, p. 64。

② 参见 Jack Donnelly, *Universal Human Rights in Theory and Practice*, Third Edition, Ithaca and London: Cornell University Press, 2013, pp. 16 – 17。

③ 参见［美］杰克·唐纳利《普遍人权的理论与实践》，王浦劬等译，中国社会科学出版社 2001 年版，第 14 页。

④ Jack Donnelly, *Universal Human Rights in Theory and Practice*, Third Edition, Ithaca and London: Cornell University Press, 2013, p. 16.

⑤ 参见 Jack Donnelly, *Universal Human Rights in Theory and Practice*, Third Edition, Ithaca and London: Cornell University Press, 2013, p. 16。

正是试图通过民族国家文化和价值观的规范性全球化（normative globalization）[①] 进而推动积极的社会变迁与可持续发展。全球化和现代化的整体趋势和框架性变化是：尽管人们对全球化和现代化做了不少批评，但我们不能否认，经过理性的启蒙，现代价值观已经在全球得到越来越多的认可和普及，传统的共识作用正在逐渐被理性的共识作用取代[②]。用马克斯·韦伯的术语来概括，全球都在经历并且正在迈向一种相应的文化理性化（eine entsprechende kulturelle Rationalisierung），这个过程意味着法律与道德在认知上的独立，也就是说，道德实践的观点、伦理的和法律的学说、法则、准则和决定规则摆脱了它们最初所依赖的世界观。[③] 韦伯所谓的理性化过程，不仅是西方文化的世俗化过程，更是现代社会的发展过程。[④] 越来越多的民族和个人意识到，文明有赖于用理性取代专横的、固执的自作主张[⑤]，用权力分化和制衡的客观机制防止权力的无限扩张和主观滥用。尽管在某些后发现代化国家中仍然有人认为全球化和现代化是西方强势文化的入侵并且反对所谓西方普世价值，但这种观点往往经不住逻辑的检验。在笔者看来，我们应该感谢那些为发现并论证人类普世价值做出贡献的人，因为他们是为全人类做出了无价的贡献。假如没有这些贡献，我们可能仍然在黑暗中摸索，人类社会可能仍然没有进入现代。有学者已经指出，从学理上说，规范的起源与规范的效用必须分开，正如人权产生自西方文化圈这一事实并不能导致对人权的法律伦理效应加以肯定或否定一样。规范的有效性问题与其起源无关。[⑥] 如果抛开与西方文化对峙的思维方式，我们会发现，现代性和人权不仅改变了西方文化，同样也能够改变

---

① Diane Barthel-Bouchier, *Cultural Heritage and the Challenge of Sustainability*, Oakland: Left Coast Press, Inc., 2013, p. 34.

② Jürgen Harbermas, *Theorie des kommunikativen Handelns*, *Band* 1: *Handlungsrationalität und gesellschaftliche Rationalisierung*, Frankfurt am Main: Suhrkamp Verlag, 1981, S. 353 – 354.

③ 参见 Jürgen Harbermas, *Theorie des kommunikativen Handelns*, *Band* 1: *Handlungsrationalität und gesellschaftliche Rationalisierung*, Frankfurt am Main: Suhrkamp Verlag, 1981, S. 247, S. 231 – 232。

④ 参见［德］于尔根·哈贝马斯《现代性的哲学话语》，曹卫东等译，译林出版社 2008 年版，第 2 页。

⑤ 参见［美］罗斯科·庞德《通过法律的社会控制》，沈宗灵译，商务印书馆 2009 年版，第 19 页。

⑥ 参见 Jens Hinkmann, *Ethik der Menschenrechte. Eine Studie zur philosophischen Begründung von Menschenrechten als universalen Normen*, Marburg: Tectum Verlag, 2002, S. 47。

并且正在改变非西方世界的文化。[①] 有关人格尊严和公正政治秩序的观念已经并且正在传播到所有文明之中，越来越多的人开始懂得，社会群体的根本利益只有在政治中才能实现，所以政治渗透到社会生活的所有领域。[②] 全球化和现代化意味着以国际主义和世界主义打破传统的局限性、狭隘性和地方主义。现代化的规划也在于为普遍主义和抽象公民（the abstract citizen）创造条件，“现代化过程就是由臣民社会向公民社会转化的过程”[③]，而普遍的公民身份（universalistic citizenship）这种现代观念则来自康德。[④] 因此，哈贝马斯才断言，康德拉开了现代的大幕。[⑤] 康德把人的尊严作为绝对价值加以重视和论证的思想，对人权宣言产生了重要影响[⑥]，而且它的世界公民和永久和平理念直接影响了联合国及其教科文组织的成立，而在人权文化中也有康德思想的结晶。

由此看来，联合国教科文组织的三个文化公约给我们提供了自我启蒙和文化现代化的机会，能否抓住机会，全看我们自己如何选择。

---

① 参见 Jack Donnelly, *Universal Human Rights in Theory and Practice*, Third Edition, Ithaca and London: Cornell University Press, 2013, p. 107。

② 参见 Sybille Bachmann, “Menschenrechte als Herausforderung an die Politik”, in Raúl Fornet-Betancourt (Hrsg.), *Menschenrechte im Streit zwischen Kulturpluralismus und Universalität. Dokumentation des VII. Internationalen Seminars des philosophischen Dialogprogramms Nord-Süd*, Frankfurt/M: Verlag für Interkulturelle Kommunikation, 2000, S. 121。

③ 袁伟时：《迟到的文明》，线装书局 2014 年版，第 296 页。

④ 参见 Bryan S. Turner, “The Two Faces of Sociology: Global or National?” in Mike Featherstone (ed.), *Global Culture: Nationalism, Globalization and Modernity*, London: SAGE Publications, 1990, p. 348。

⑤ ［德］于尔根·哈贝马斯：《现代性的哲学话语》，曹卫东等译，译林出版社 2008 年版，第 274 页。

⑥ 参见 Jack Donnelly, *Universal Human Rights in Theory and Practice*, Third Edition, Ithaca and London: Cornell University Press, 2013, pp. 126 – 127。

第 四 章

民间文艺表达的私法保护问题*

遗产时代以及遗产保护带来的新理念实际上也在促成新时代，至少应该使我们能够站在未来的立场进行实践理念上的启蒙与自我启蒙，努力让我们自己成为现代人，并且推动积重难返的传统社会进入现代文明社会。只有进入现代文明社会，我们才能促成并且真正迎来更加理性的新时代。这就意味着我们不能仅仅满足于单纯地模仿外在文明，而是需要理解并践行内在的文明精神，尤其是把维护每个人的自由和权利理解为内在文明的核心，理解为现代文明社会的必然要求。就遗产保护而言，我们不能仅仅站在过去和现在的感性立场，而是需要站在理性的自由立场思考和看待遗产保护的根本问题和困难问题。也就是说，我们需要以理性实践的立场以及新理念的根本原则规范、设计和引导遗产保护的一切实践。一方面，即便过去和现在的遗产保护还存在这样那样的不足或者还有某些地方尚未达到联合国教科文组织的履约要求，我们仍然需要继续改进和努力；另一方面，我们也要继续反思国际遗产保护理论和实践中共同面临的难题以及联合国教科文组织几个《公约》中存在的问题，努力寻求摆脱困境的正确出路。

正如有学者已经指出的那样，联合国教科文组织的专家们在对《非遗公约》进行谈判时之所以没有产生严重的意见分歧，是因为当地人民的权利和非物质文化遗产的知识产权这两个最棘手的问题被故意搁置一旁。①

---

* 本章部分内容出自笔者 2015 年 3—4 月在中国艺术研究院研究生院的 4 次讲座课“非遗理念与中国实践”。此课承蒙高丙中教授推荐，吕微研究员不仅督促笔者成文，还拨冗对拙稿做了批注，谨向两位先生一并致谢！

① 参见 Tullio Scovazzi，“The UNESCO Convention for the Safeguarding of the Intangible Cultural Heritage. General Remarks”，in Pier Luigi Petrillo（ed.），*The Legal Protection of the Intangible Cultural Heritage：A Comparative Perspective*，Switzerland：Springer，2019，p. 12。

在谈判期间，专家们一致认为，为了更好地保护非物质文化遗产的知识产权而制定法律工具属于世界知识产权组织（WIPO）的任务范围。[①] 这就造成对非遗的公法保护远大于私法保护的国际局面。当然，更主要的原因在于非遗本身的性质是否适用于私法保护模式确实是一个理论难题。我们已经知道，从内涵和保护方式来看，知识产权的“保护”不同于非遗的“保护”：知识产权的“保护”通常指的是阻止非权利人未经许可的使用，而非遗的“保护”指的是对文化遗产的鉴定、记录、传播、保存、宣传、振兴和发展等。[②] 如果非遗保护是一种具有外部“输血”机制的公法保护模式，那么，知识产权保护就是一种具有内部“造血”机制的私法保护模式。[③] 不仅如此，也有学者认为，知识产权保护的立法方式还与非遗的许多特点以及创造和传播这种非遗的共同体，特别是原住民共同体的需求相冲突。例如，知识产权法要求的新颖性不适用于大多数非遗以代代相传的实践和知识为基础的表现形式。文化表现形式往往以集体方式表达，并被从业者自己认为属于整个共同体，所以也不适合于给予特定人的财产权。授予专利持有人权利的临时限制不符合遗产的永久性质，而且获得专利的成本可能会阻碍非遗的传统持有人启动相关法律程序。因此，知识产权法主要基于西方关于保护个人权利及其经济利益的概念，而不是基于对有关共同体需求的理解。[④]

仅就民间文艺（“民间文学艺术”的简称，下同）而言，一方面，按照定义，民间文艺并非个人的独创，它以异文和变体的形式存在，而不是以单一的、独创的和权威的形式存在，它通常是在表演中创作的，通过习俗或示例口头传播，而不是以有形的形式（书写、标记、绘制、拍照、录音）进行传播，所以将知识产权、版权、商标和专利等法律概念用于民间文艺是失败的。[⑤] 但

---

① 参见 Tullio Scovazzi，“The UNESCO Convention for the Safeguarding of the Intangible Cultural Heritage. General Remarks”，in Pier Luigi Petrillo（ed.），*The Legal Protection of the Intangible Cultural Heritage：A Comparative Perspective*，Switzerland：Springer，2019，p. 13。

② 参见唐海清《非物质文化遗产的国际法保护问题研究》，博士学位论文，武汉大学，2010 年，第 71 页。

③ 参见罗宗奎《非物质文化遗产的知识产权保护——以内蒙古自治区为例》，中国政法大学出版社 2015 年版，第 16 页。

④ 参见 Tullio Scovazzi，“The UNESCO Convention for the Safeguarding of the Intangible Cultural Heritage. General Remarks”，in Pier Luigi Petrillo（ed.），*The Legal Protection of the Intangible Cultural Heritage：A Comparative Perspective*，Switzerland：Springer，2019，p. 14。

⑤ 参见 Barbara Kirshenblatt-Gimblett，“Intangible Heritage as Metacultural Production”，*Museum International*，Vol. 56，No. 1 - 2，2004，p. 53。

另一方面，现实里已经出现一些为民间文艺表达形式的权利之争打官司的案例。当然，如果仅仅着眼于现实状况，我们会看到各种各样的情况。许多地方和许多人可能并不在意自己的民间文艺等非遗项目是否被外人使用甚至占有，也许他们并没有明确而清晰的权利意识，而有些地方却已经发生了民间文艺等非遗项目和名分被“鹊巢鸠占”的情况，甚至有诉诸法庭的先例。只不过无论现实中出现的案例是多是少，也无论正例与反例有多少，都不能作为我们立论和反驳的可靠依据。因为遗产保护新理念要求我们站在未来的理性立场思考立法的方式及其利弊，而不能仅仅局限于现实的功利考虑。

在笔者看来，遗产保护新理念的一个重要方面就是要改变、改善遗产在现实中的生存环境与不良现状，为遗产创造可持续发展的理性环境和理想环境。遗产保护新理念的根本目的在于推动全球的遗产保护从自发而被动的感性摸索阶段进入自觉而主动的理性实践领域，在理想的情况下再通过遗产保护实践带动并推动全社会的观念革新，使传统的、半传统的社会接受现代价值观的洗礼和检验，逐渐进入现代文明社会。当然，对后发现代化国家而言，这种观念转变和社会转型必定是一个非常缓慢而艰难的过程，也是具有无比的重要性和紧迫性的头等大事。现代文明社会的根本标志在于从情理走向法理、从感性主导走向理性主导、从权力的丛林法则走向权利的平等原则，其中的核心是保障并维护每个人的人权与自由。就联合国教科文组织的三个公约而言，它们都以人权为前提和基础，甚至以保护人权为终极目的，但是，文化权利与人权究竟是什么关系？如果文化权利是集体权利，而人权是个人权利，那又该如何协调二者的理论关系和实践关系？对这些问题的思考会遇到一些难点。正如珍妮特·布莱克所指出，对文化权利的任何讨论都不可避免地涉及与这些权利所赋予的人民或民族的文化特性有关的问题。事实上，当文化遗产被视为人权的一个要素时，它在文化特性建构中的作用才是受到保护的要素。[①] 文化遗产是文化特性的组成部分，正是保护个人、群体和人类文化特性的需要，才证明保护和保存文化遗产的要求是有道理的。但从法律角度来看，“人民”（people）的文化认同是一个有问题的概念。[②] 当文化权利从个人权利转向人民

---

① 参见 Janet Blake，“On Defining the Cultural Heritage”，*International and Comparative Law Quarterly*，Vol. 49，Issue 1，January 2000，p. 77。

② 参见 Janet Blake，“On Defining the Cultural Heritage”，*International and Comparative Law Quarterly*，Vol. 49，Issue 1，January 2000，p. 82。

的集体权利时，在赋予集体人权而不是个人人权的方面就遇到困难，特别是就一项权利而言，构成“人民”的东西对另一项权利就不一定相同，而且就此出现的两难在于：就与文化特性有关的权利而言，如果不参照文化标准，就很难界定“人民”概念，而不提及“人民”概念，又很难界定“文化”。此外，在传统人权框架下也难以充分保护群体提出的某些遗产保护要求。这就呼吁人们提出新的概念和原则，由此使文化遗产权、发展权或体面环境权成为近年来辩论的主题。[①] 如果把非物质文化遗产与权利人分隔开来从而使权利人的利益得不到保障，那么保护常常也就无从谈起。[②] 这同时表明，遗产保护的现实中已经出现了亟待我们首先从理论上加以思考和澄清的实践问题。只有首先对这些问题做出理论上的思考和澄清，我们才能在现实中找到适当的、正确的应对策略，而要对这些问题做出理论上的思考和澄清，我们就不能仅仅以经验认识意义上的现实为依据，而是需要以遗产保护新理念为目的和旨归。因为从根本上来看，人的实践本来都是而且从来就是观念实践和理念实践，观念和理念是人的实践的先决条件。也就是说，人的实践从根本上受观念和理念的决定，合理的观念与好的理念会产生好的实践，不合理的观念与坏的理念会产生恶的实践。好坏善恶不取决于现实里的各种行为，相反，现实里的各种行为要依据好坏善恶的理性标准来行事和判断。遗产保护新理念之所以非常重要，恰恰因为它们是各个国家遗产保护实践的理性宗旨和根本目的。

第一节　新领域与新权利

这里仅以民间文艺为例。随着遗产时代的到来，中国的民间文艺也随着民俗一起发生了“不可避免的剧变”[③]。如果说中国民俗学作为一门学问及其所处的社会都是一个新时代[④]，那么，在笔者看来，这个新时代并不是等来的，也不是现成的，甚至可以说它还远没有完全到来，而是需要

---

① Janet Blake, “On Defining the Cultural Heritage”, *International and Comparative Law Quarterly*, Vol. 49, Issue 1, January 2000, p. 79.

② 参见蒋万来《传承与秩序——我国非物质文化遗产保护的法律机制》，知识产权出版社 2016 年版，第 151 页。

③ 乌丙安：《论当代中国民俗文化的剧变》，《民俗研究》1996 年第 2 期。

④ 参见高丙中《中国民俗学的新时代：开创公民日常生活的文化科学》，《民俗研究》2015 年第 1 期。

我们努力争取才能迎来并且才能进入的一个新时代。尽管遗产时代已经部分地给我们提供了契机并且创造了一定的条件，但这些契机和条件能否被我们抓住并且能否成为促成中国社会进入新时代的现实条件，还得看我们每个人如何选择以及如何作为。

中国民俗学者已经注意到，随着全球化和现代化进程的加快，中国的民间文艺或民俗已经越来越多地从被否定的边缘化“遗留物”变成被肯定的活态文化遗产，成为老百姓日常生活和公共生活的一部分。尤其自非遗保护运动以来，中国的民间文艺或民俗已经走出地方化和区域化的小格局，进入地球村（global village）或世界社会（world society）的大格局。民众不仅再也无法像从前那样与国际、国内的其他区域保持完全隔绝，反而不得不甚至越来越主动地用世界的眼光审视自己的民间文艺或民俗，任何一个地方都或多或少地保持着与世界的联系。换言之，中国的民间文艺或民俗已经不再仅限于在原生地和传统共同体中的第一次生命，而且开始在远离最初环境的文化情景中被表演的第二次生命。在今天这个世界，民俗的第二次生命在表现民俗所固有的价值和资源时变得越来越重要①。于是，民俗主义、民俗的商业化和公共化、民俗学田野调查的学术伦理等早就被欧美学者讨论过的问题在这些年里不仅变成迫切的中国问题，而且得到中国民俗学者更深入的关注和讨论。正如高丙中敏锐指出的那样：

> 在过去30多年的社会与学术的变革中，民俗复兴，已经成为文化遗留物的民俗重新进入国民的生活，也重新进入国家的公共生活。近十多年的非物质文化遗产保护所做的工作实际上可以简化为大规模地依托国家体制从日常生活中发现公共文化的过程，民俗已经在大量提供公共文化了。民俗成为非物质文化遗产，就是成为合法的公共文化。原来说过什么节，过什么庙会，那就是乡村里面的节，现在乡政府或者地方政府说这是“我们的节日”，又上报，使它成为更大共同体里的“我们的节日”（代表这个地方的文化）。社会原来运作的是排除法，让民俗成为区隔乡村人口与精英是不同人的一个方法；现在发生了一个根本的转化，民俗通过非物质文化遗产保护项目成为

① 参见［芬兰］劳里·杭柯《民俗过程中的文化身份和研究伦理》，户晓辉译，《民间文化论坛》2005年第4期。

> 公共文化，在这个过程中，村民、学者、知识分子与地方公众等不同的群体都成为一个共同体的有机组成部分，都是“我们”中的成员。因为都是“我们”的一部分，所以谁的民俗都可以是“我们”的公共文化。①

笔者想补充的是，即使不进入非遗项目，中国的民间文艺或民俗也正在或者即将越来越多地进入公共场所，而且只有把这种公共场所构建为公共领域，中国的民间文艺或民俗才能转化为现代文化，才能拥有“与公民社会相联结的可能性”②。也就是说，相较于以往而言，21世纪以来的遗产时代已经使中国社会的民俗尤其是民间文艺更多地、自发地进入公共场所。但一般来说，这些公共场所还不是公共领域，因为公共领域需要具备理性交往的规则和法治的正义条件。中国社会的公共领域与其说是已经形成的现成领域，不如说是方兴未艾甚至有待完成的新领域，这就需要中国的民间文艺或民俗在转向公共领域的同时与中国社会一起完成艰难的涅槃再生，共同参与并促成中国公共领域的形成和成熟。从理想类型的划分来说，公共场所是自然而然地形成的空间场地，而公共领域则是理性建构和制度维护的结果。在中国，公共场所到处都是，而公共领域则刚开始起步。遗产保护新理念提示我们，不能仅仅被动而消极地让民间文艺或民俗停留在公共场所，而是应该积极主动地为它们营造公共领域的环境。这就意味着我们需要把公共场所转换为公共领域，因为公共场所并不能自动变成公共领域，而是需要我们在理论和实践上努力加以建构，这其中一个难以回避的重要任务就是为已经进入、可能进入甚至将来必然会进入公共领域的民间文艺表达形式做出立法保护。即便进入公共场所的民间文艺或民俗变成了“我们”的文化，那也只能是理想的和谐状态，因为随着“我们”范围的不断扩大及其性质由熟悉到陌生的转化，其中毕竟会、也必然会出现身份认同、利益分割甚至权利争夺的问题。中国民间文艺或民俗具有的新的生存状态和存在领域已经使以往根本不成问题的问题成为中国民俗学者无法回避的新问题，其中一个重要问题就是民间文艺或民俗的不同

① 高丙中：《中国民俗学的新时代：开创公民日常生活的文化科学》，《民俗研究》2015年第1期。

② 吕微：《民俗复兴与公民社会相联结的可能性——古典理想与后现代思想的对话》，《民俗研究》2013年第3期。

群体或个人的权利问题。

在过去，民间文艺或民俗大多是在不同族群或群体的内部传承，由于其主体基本无须用它们建构相对于外人的身份，而且权利意识淡薄，一般也就较少出现纷争；即使有外人偶尔传播或传唱记录，也不会成为“问题”。但现在，随着民间文艺或民俗越来越多地进入公共场所、进入有待建构和正在建构的公共领域，本来是隐性的利益冲突就可能进一步彰显出来；本来在小地方、小区域不存在的利益纷争就可能在新的公共场所和准公共领域中爆发出来；全球化激发起来的身份建构意识也促使人们纷纷利用当地的民间文艺或民俗来争夺话语权。这时候，“我们”之间就可能出现利益纷争而分化出“他们”，是用法律途径解决这些纠纷还是顺其自然、听之任之？如果仅仅满足于让政府承认民俗的合法性与合理性甚至承认民俗群体或个人的权利，那么，一旦公权力侵犯了他们的权利时，如果只有行政手段和公法而没有私法的保护，这些权利到哪里去主张和申诉而且如何才能得到根本的保障呢？当越来越多的族群和个人在被卷入全球化和商品化浪潮时逐渐有了越来越强烈的权利意识时，如果没有法律的确认和保障，这些权利将如何实现呢？①

另外，从最直观的方面来看，中国的民间文艺或民俗还处在急剧变革的社会之中，自然也不能不受到社会整体状况的影响。尽管我们可以从不同角度指出各种各样的乱象，但不容否认的是，中国社会的发展仍然呈现出曲折的整体走向。远自鸦片战争以来，近自改革开放以来，无论自觉、自愿的成分有多大，中国都被卷入全球化、国际化和现代化的整体进程之中。近几十年来，进入遗产时代的中国也从计划经济转入市场经济。既然是市场经济，就必须保障市场主体的自由、权利和平等，也就必须保证由利益多元化带来的私有化。换言之，市场经济不仅带来生活方式和经济状况的变化，还促成思想、政治、文化、社会和价值观等方面对自由、权利和平等的客观需求，其中一个本质性的变化是，中国正在从以往只有义务、没有权利的时代走向权利与义务并重的时代，市场经济的内在要求是

① 2006 年 8 月 6 日是世界原住民国际日，印度尼西亚总统苏西洛说，他要提议立法对原住民进行特别保护，因为原住民的权利常常被忽视的一个重要原因就在于没有这样一部法律（参见 Gerard A. Persoon，“‘Being Indigenous’ in Indonesia and the Philippines”，in Christoph Antons（ed.），*Traditional Knowledge*，*Traditional Cultural Expressions and Intellectual Property Law in the Asia-Pacific Region*，Hague | London | New York：Kluwer Law International BV，2009，p. 195）。

法治社会。真正的市场经济必须是法治经济，不仅会改变人们的观念和理念，而且会改变社会原有的人际格局和交往模式，也可能产生更多的经济利益纠葛。① 市场经济的发展促进中国社会由传统进入现代，可预见的、稳定的传统型熟人关系逐渐被不可预见的、流动的现代型陌生人交往取代。② 由此造成的陌生人社会也有助于强化权利个体的意识和经济人的权利意识，推动社会从义务本位观念走向权利主体的理念以及对法治的客观需求。③ 随着市场经济的发展，中国社会的利益结构发生了深刻变化，出现了利益来源的多元化、利益单元的个体化以及全社会规模的利益竞争，由此造成处于国家权力控制之外的纯私人活动的领域。④ 因此，一方面，市场经济解构了传统的同质社会中的身份约制，打破了血缘关系基础上的亲情伦理，改造了行政性的垂直指令性社会关系，有助于培育并塑造现代人的独立人格、契约精神和平等观念⑤；另一方面，推行法治不仅是中国进入国际社会并取得相当国际地位的一个必要条件，也是中国从传统政治走向现代民主政治的重要标志。因此，法治是中国的一种必然选择。⑥

当然，这种必然选择无论在多大程度上出于自愿，都是一个漫长、曲折而艰难的转变过程。从宏观上来看，中国在全球化背景下也在经历从礼俗社会或情理社会向法理社会过渡和转型的进程。用马克斯·韦伯的术语来说，在这个过程中，中国以往的卡理斯玛型支配（charismatische Herrschaft）和传统型支配（traditionale Herrschaft）正在或者必将逐步被法治型支配（legale Herrschaft）取代，尽管中国经历这个过程的艰难程度、曲折程度和漫长程度也必将异乎寻常。⑦ 中国民俗学者在这个过程中应该大有说道和大有作为，而且我们也需要在这样一个大框架之中才能看清中国民间文

① 参见汤烈琴、李成文《抹不去的传统——关于法治“不在场”的一种解读》，四川人民出版社2009年版，第225页。

② 参见翟学伟《人情、面子与权力的再生产》，第二版，北京大学出版社2013年版，第146页。

③ 参见汤烈琴、李成文《抹不去的传统——关于法治“不在场”的一种解读》，四川人民出版社2009年版，第225页。

④ 参见李景鹏《中国公民社会成长中的若干问题》，《社会科学》2012年第1期。

⑤ 参见俞睿《国家与社会关系视阈中的私人领域建构》，人民出版社2014年版，第38页。

⑥ 参见衣家奇《法治不适与民间自治》，《山东大学学报》2009年第3期。

⑦ 正如黄仁宇所指出：“中国过去以文士管制亿万农民用刑法作张本，于今引用商业习惯，以律师、会计师、工程师作前导，着重民法。这是两种完全不同的体系。20世纪的革命，即显示着整体社会重新构造过程中的艰辛。”（《放宽历史的视界》，生活·读书·新知三联书店2001年版，“新世纪版序”，第1—2页）

艺或民俗以及民俗学学科的整体走向与未来趋势。所谓情理社会，就是假定这种社会的人做事、做判断不光从理性的、逻辑的思维和条文制度规定出发，也要从具体情况、当时情境和个人的特殊性来考虑①，或者更准确地说，在情理社会中，人们行事和判断主要凭借情理而不是依据理性的逻辑和实践法则，这种社会充满了偶然性、主观性和不确定性。但是，真正的法治社会恰恰通过制度的合理性设定增加了社会生活的客观性、确定性和可预测性，因为它“可以让法律机制像一种技术合理性的机器那样来运作，并且以此保证各个法利害关系者在行动自由上、尤其是对本身的目的行动的法律效果与机会加以理性计算这方面，拥有相对最大限度的活动空间。诉讼成为以和平手段进行利害斗争的一种特殊形式，使利害斗争受制于确定且不可侵犯的‘游戏规则’”。②

毋庸讳言，我们的传统思维方式与法治的逻辑思维方式有相当大的差距，我们的文化传统与法治所代表的现代文明也有不少格格不入之处，以至于一直有人认为法治不适合中国。但是，我们可以冷静地想一想：“中国人的现代化或西化（现在的时髦说法叫‘接轨’）的内在价值依据是什么？中国文化传统在什么地方让中国人不惜一切地想放弃它而去追求现代性？为什么大多数中国人愿意走向这种变迁之路？人们是无意识地盲从政府的行政推进、社会精英的倡导，还是也想通过现代化来告别传统，寻求未来的生活呢？”③ 在笔者看来，如果说在近代之初中国人主要是被动地卷入现代化，那么，至少从改革开放以来，中国人则更多的是在主动而自愿地追求现代化和民主、法治的现代社会生活。一方面，人们的眼界开阔了，可以通过比较来判断并选择不同的生活方式以及不同的社会制度之间的优劣，民众的权利意识（包括人权意识）和法治要求逐渐增强；另一方面，中国政府也不能不与时俱进，正如德国汉学家指出的那样：

> 1999 年 3 月全国人大通过的建立“社会主义法治国家”的声明对重视权利保护和权利意识的形成产生了积极的影响。国家—社会的

---

① 参见翟学伟《中国社会中的日常权威——关系与权力的历史社会学研究》，社会科学文献出版社 2004 年版，第 257 页。

② ［德］马克斯·韦伯：《法律社会学》，康乐、简惠美译，广西师范大学出版社 2005 年版，第 220—221 页。

③ 翟学伟：《中国人的关系原理——时空秩序、生活欲念及其流变》，北京大学出版社 2011 年版，第 355 页。

> 复杂关系不再单纯借助于政治路线，而是要求连续性和权利保障，国家也更致力于权利保护和社会关系的法律化，政府不再掩盖以往法律改革很少加强公民权利、而更多地扩大国家权力的事实。在公开讨论基础上进行的法律改革形成了新的权利意识，从而使更多的权利冲突得以解决。[①]

无论实际上已经做到什么程度，目前的中国政府已明确提出依法治国的施政纲领。如果要追求法治，不仅中国的政府官员和老百姓需要转换传统的思维方式和生活习惯，而且中国的学者首先需要培育并养成法律思维的习惯，至少中国民俗学者非常需要以法律推论和理性论证的方式看待本学科的重大问题，尤其是民间文艺的法律保护问题。尽管中国的民间文艺或民俗正在越来越多地进入公共文化甚至成为公共文化，但公共文化（public culture）并不等于公民文化（culture of citizen/civic culture）。[②] 在笔者看来，公共文化还需经过理性转化才能成为公民文化，正如公共场所需要经过理性化规则的自觉建构和严格规范才能变成公共领域。换言之，尽管中国的民间文艺或民俗正在逐步地、越来越多地进入公共场所或者在或大或小的范围内变成公共文化，但它们必须经过理性化的洗礼才能进入公共领域并且真正成为公民文化，“除了文化实践的（善、恶）内容需要接受合法性的普遍化检验，民俗的实践形式同样需要接受普遍化检验”[③]。这是中国民俗学或民间文学研究在目前甚至在相当长时间的未来需要认真思考和研究并且大有可为的重要方向。

根据法律学者的研究，在任何地方，随着从部落到现代生活、从身份到契约、从共同体到社会、从机械一体化到有机一体化、从亲属社会到城市社会的演化，法律都在增加。而且，这些趋势的持续会使无政府状态减

---

① ［德］托马斯·海贝勒、诺拉·绍斯米卡特：《西方公民社会观适合中国吗?》，卿志琼、吴志成编译，《南开学报》（哲学社会科学版）2005 年第 2 期。

② 吕微批注：就不同概念组之间的关系而言，以下指传统社会与现代社会：情理社会—法理社会，礼俗社会—公民社会，公共场所—公共领域；以下专指现代社会的公共生活：公共文化→公民文化。日常（私人）生活—公共生活的划分是现代社会的专有现象，在传统（礼俗、情理）社会中，私人生活与公共生活之间的关系是连续性的而不是非连续性的？所以胡塞尔“生活世界”（日常生活）的命题才指涉的是现代性问题而不是传统性问题，在传统社会中，“日常生活”的问题并不突出，正如贡斯当所言古代人的自由与现代人的自由。

③ 吕微：《民俗复兴与公民社会相联结的可能性——古典理想与后现代思想的对话》，《民俗研究》2013 年第 3 期。

少到历史最低点。[①] 显然，中国社会也处在这样一个整体发展的进程之中，中国的民间文艺或民俗也恰恰处在这样一个总体的发展框架之中。因此，“从政策性保护向法律化保护的转移”以及“制度的法律化”[②] 已经成为社会发展的一种整体趋势和外在条件，民间文艺的立法保护不仅是必要的，而且是必需的。

第二节　立法保护的外在反对意见

当然，建设法治社会的需求只能为立法保护民间文艺提供一种大环境或外在的必要条件。要论证立法的必要性和可行性，还需要讨论民间文艺立法保护的内在条件。因为即使处在需要法治的时代和需要立法的社会，仍然出现了从外在方面反对立法的观点。

1. 有学者认为，目前国内真正的民间文学作品著作权纠纷案并不多见，因此，可能恰恰由于有很大一部分现实生活尚未进入“现代”，所以才基本上不存在这种法律需求。对此，笔者至少有两个不同看法。首先，从单纯的事实层面来看，这样的案例并非罕见。除了中国第一起民间文艺作品著作权纠纷案、也是中国第一起少数民族文化权利纠纷方面的司法案例[③]——《乌苏里船歌》案——之外，在一些地区已经出现针对民间文艺而起的著作权或文化所有权纠纷案。[④] 还有个别情况是虽然上诉却由于无法可依而败诉[⑤]，当然，由于无法可依而未能诉诸法律途径解决的情况可

---

① 参见［美］布莱克《法律的运作行为》，唐越、苏力译，中国政法大学出版社 1994 年版，第 154 页。

② 参见穆欣《试论非物质文化遗产领域公益诉讼制度构建》，硕士学位论文，华中科技大学，2012 年，第 10 页。

③ 田艳：《〈乌苏里船歌〉案与少数民族文化权利保障研究》，《广西民族研究》2007 年第 4 期。

④ 参见郑树峰《黄自修诉南宁艺术剧院著作权纠纷案分析——以民间文学艺术作品的法律保护为视角》，硕士学位论文，兰州大学，2010 年；廖冰冰《广西民间文学艺术、非物质文化遗产法律保护状况之调查研究》，刘春田主编《中国知识产权评论》第五卷，商务印书馆 2011 年版；董新中《非物质文化遗产私权保护理论与实务研究》，知识产权出版社 2016 年版，第 65—73、215—232 页。

⑤ 例如，贵州“安顺地戏”状告张艺谋案，参见 2010 年 6 月 11 日《法制日报》报道：“著作权法规定不明，非遗保护陷入法律真空”；袁真富、胡琛罡：《从“安顺地戏”案看民间文学艺术保护的困境》，中国民间文艺家协会编《中国民间文艺权益保护》，中国文史出版社 2012 年版，第 196—212 页；戚怀全：《民间文学艺术的私权保护研究》，硕士学位论文，黑龙江大学，2013 年，第 4—5 页；董新中：《非物质文化遗产私权保护理论与实务研究》，知识产权出版社 2016 年版，第 90—101 页。

能更多。[①] 其次，从学理和法理层面来看，笔者尤其需要强调的是，无论已经发生的相关案例是多是少，甚至无论这种案例是有是无，立法的必要性并不来自这种已然的经验事实，而是需要依据先验的原则和原理。[②] 从一般的因果关系说，利益纠纷和冲突是因，诉诸法律是果，但我们不能说不发生案子（果）就没有利益纠纷和冲突（因）。在无法可依或有法不行的情况下，一方面，“由于缺乏必要的法律保障，因而针对民间文艺的维权最后往往不了了之”[③]；另一方面，现实的利益纠纷和冲突（因）也可能导致别的结果，比如私了，甚至“被和谐”或者以暴力的方式来解决。从法律原理的因果关系来看，有些权利必须首先经过法律上的承认才能得到法律上的保护，否则也就不成其为权利，于是在无法可依的情况下也就难以形成法律案件，毕竟，“权利必须通过法律上可接受的途径而不是简单的鼓掌来创造”[④]。这种法律原理的因果关系表现在事实层面就是：应该先有法律才有案子，而不是先发生了案子再来考虑是否为这些已经发生的案子立法。即使没有出现案例，也并不表明现实中就真的没有对相关法律的需求，更不表明我们就不应该通过私法对相关权利进行保护。事实上的情况往往是，由于缺乏针对非遗的民事权利的法律规定，“故而相关非遗主体难以以非遗的民事权利保护自己的合法利益”[⑤]。

2. 也有学者认为，中国民间文艺的民事立法模式不宜采用直接知识

---

① “2002 年发生的‘郭颂’案成为中国十大知识产权案件之一，这说明民间文学艺术的争议在我国屡有发生。”［梁志文：《民间文学艺术立法的集体权利模式：一种新的探讨》，《华侨大学学报》（哲学社会科学版）2003 年第 4 期］

② 正如国外学者所指出，法律话语本身在本质上是观念论式的，它并不“描述”世界。合同法并不描述签订合同的人们之间并不平等的世界；人权法也不描述这个不乏压迫的世界。因此，对传统知识法的论证并非基于“现实的”世界，而是基于一种有用的和可用的构想，这种构想有利于原住民社群的自主和自尊，并且也可能让他们在物质上受益［参见 Matin Chanock，“Branding Identity and Copyrighting Culture：Orientations towards the Customary in Traditional Knowledge Discourse”，in Christoph Antons（ed.），*Traditional Knowledge*，*Traditional Cultural Expressions and Intellectual Property Law in the Asia-Pacific Region*，Kluwer Law International BV，The Netherlands，2009，p. 192］。

③ 叶舒宪、苏永前：《对民间文艺权益保护的几点思考》，中国民间文艺家协会编《中国民间文艺权益保护》，中国文史出版社 2012 年版，第 34 页。

④ ［英］珍妮特·布莱克：《国际文化遗产法》，程乐、袁誉畅、谢菲、梁雪译，中国民主法制出版社 2021 年版，第 279 页。

⑤ 董新中：《非物质文化遗产私权保护理论与实务研究》，知识产权出版社 2016 年版，第 23 页。

产权化模式，因为这不但会给民间文艺和知识产权造成损害，也不适合于中国的国情[①]；关键是，这种立法模式还违背了民族、文化的自然发展和传承规律[②]，因为以数量庞大的民族、社群为基点确认私权的存在以及跨民族、跨地域地承认传统文化排他性私权的存在，不仅从立法技术的角度来看难以想象，而且在立法效果上也容易激化民族、社群之间的矛盾，不利于民族团结和国家稳定。[③] 所谓“容易激化”矛盾，其潜台词是并不否认民间文艺存在利益之争的“矛盾”。从法律上说，利益和权利不同，“立法上的价值判断并不能代表现实中的利益需求。利益的存在是第一性的社会现实[④]，不会因为法律上是否承认其为权利、提供何种方式的保护而改变”[⑤]。但是，在笔者看来，法律的作用恰恰在于通过把现实中的某些利益规定为合法的权利而在一定程度上规范现实的利益格局，并且使之趋向合理与公平。[⑥] 法律对现实利益的迫切要求做出分类，确定其保障的限度以及通过司法或行政过程对它们加以有效保障的方法。[⑦] 既然这些由不同的精神利益和经济利益产生的矛盾是存在的而且可能随着市场化、国际化进程的加快而愈演愈烈，那么，哪一种方式更容易激化这些矛盾呢？是法治途径、传统的行政干预和上访路径还是顺其自然？如果“从法律层面上说，公法重点保护非物质文化遗产的创造能力，通过对传承人的保护，以延续非物质文化遗产的生命力，而私法保护的是非物质文化遗产的具体形式”[⑧]，那么，是依靠行政手段甚至公法就足矣，还是也需要用法

① 参见廖冰冰《对民间文学艺术直接知识产权化立法模式之反思——从民间文学艺术和知识产权客体之比较展开的分析》，载刘春田主编《中国知识产权评论》第五卷，商务印书馆 2011 年版，第 307 页。

② 吕微批注：这里仍然强调传统的自然特性，而没有认识到自然传统朝向现代人为的必然性。

③ 参见廖冰冰《广西民间文学艺术、非物质文化遗产法律保护状况之调查研究》，载刘春田主编《中国知识产权评论》第五卷，商务印书馆 2011 年版，第 428、429 页。

④ 吕微批注：仍然是认识论而不是实践论的观点，正如索绪尔所言，一旦有了语言，通过语言看待自然就是我们无法摆脱的宿命。

⑤ 潘天怡、谭琪瑶：《著作权中的“人格权、财产权”二元分立论》，《知识产权》2012 年第 8 期。

⑥ 吕微批注：将自然的利益问题裁成一个自由的权利问题。以此，把传统的民俗实践纳入现代的法律框架，民俗才可能成为作为现代学科的民俗学的研究对象，就此而言，单纯经验性直观的语境研究还不能说已经把民俗置于了“朝向当下”的眼光之中。

⑦ 参见［美］罗斯科·庞德《通过法律的社会控制》，沈宗灵译，商务印书馆 2009 年版，第 41 页。

⑧ 蒋万来：《传承与秩序——我国非物质文化遗产保护的法律机制》，知识产权出版社 2016 年版，第 197 页。

律保护“主体在平等的民事关系中对传统文化进行开发与利用的私法上的权利义务关系”①？如果说“公法立足于社会本位，私法立足于个体本位”②，那么，非遗和民间文艺是否需要私法与公法的双重保护呢？其实，在一个权力无限扩张却缺乏法治的社会里，所谓顺其自然或听天由命只能导致丛林法则式的权力化游戏规则。即使从社会效率和成本效益上看，我们也可以说，法律是最具权威性和稳定性的有力武器，只有健全的立法保护才会使行政保护、财政支持和知识产权保护得到保证。③ 当然，如果要立法，民间文艺的权属范围和权利主体的确是很难处理的问题，但是，以民间文艺的难以确定性作为反对为其提供类知识产权保护的理由却值得推敲，因为从法理上说，客体所包含内容的广泛性与其作为整体是否可以成为法律关系客体并没有直接关系。④

3. 有学者认为，目前中国仍有一些地区的民族或民众热情好客，权利意识和谋利观念比较淡薄⑤，他们也许并不需要用法律手段来保护自己的民间文艺。⑥ 换言之，我们在讨论是否需要立法保护民间文艺时，至少

---

① 田艳：《传统文化产权制度研究》，中央民族大学出版社 2011 年版，第 55—56 页。

② 蒋万来：《传承与秩序——我国非物质文化遗产保护的法律机制》，知识产权出版社 2016 年版，第 285 页。

③ 参见张德财《非物质文化遗产法律保护研究》，硕士学位论文，华东政法学院，2007 年，第 5 页。

④ 参见管育鹰《民间文艺的知识产权保护问题》，载郑成思主编《知识产权文丛》第 13 卷，中国方正出版社 2006 年版，第 340 页。

⑤ 正如国外学者已经指出，现代著作权法的基础是自由的作者创作了具有独创性的作品。但是，绝大多数原住民的文化实践中并没有这种现代知识产权法意义上的排他性“权利”概念。他们的创造技巧常常是在某个部族的几代个体之间代代相传，这种关系的基础是敬重传统而非交换价值［参见 Christoph Beat Graber，“Can Modern Law Safeguard Archaic Cultural Expressions? Observations from a Legal Sociology Perspective”，in Christoph Antons（ed.），*Traditional Knowledge*，*Traditional Cultural Expressions and Intellectual Property Law in the Asia-Pacific Region*，Hague | London | New York：Kluwer Law International BV，2009，pp. 167 – 168］。

⑥ 例如，2002 年，俄罗斯在世界知识产权组织的一个代表曾说，“绝大多数民间文艺没有得到法律保护的主要原因在于其多数持有人贫穷而且受教育程度低，他们意识不到自己是知识产权的所有者，也不知道如何来保护”［参见 Valdimar Tr. Hafstein，“Politics of Origins：Collective Creation Revisited”，*Journal of American Folklore*，117（465），2004，p. 301］；埃里卡-艾琳·达伊斯（Erica-Irene Daes）也指出，原住民根本不把他们的遗产看作财产即拥有所有人并且用于获取经济利益的某种东西，而是视为集体和个人的责任［参见 Christoph Beat Graber，“Can Modern Law Safeguard Archaic Cultural Expressions? Observations from a Legal Sociology Perspective”，in Christoph Antons（ed.），*Traditional Knowledge*，*Traditional Cultural Expressions and Intellectual Property Law in the Asia-Pacific Region*，Hague | London | New York：Kluwer Law International BV，2009，p. 161］。

应该尊重民间文艺传承人和持有人自己的意见和选择。[1] 这种观点看似有理，实际上仍然是法律现实主义[2]的一种表现。因为是否需要立法，并非出于对已然的现实生活状况的归纳，也不需要等到社会中的所有人都同意，而是为了从公意和法理出发对应然的生活秩序所做的理性规定与合理规范。[3] 正如1950年中国颁布第一部《婚姻法》时仍有许多妇女并不觉得需要这样一部法律一样，甚至在今天，从统计学角度来看可能仍然并非所有中国人都觉得有此必要。如果仅仅以所有人的同意为标准，那么《婚姻法》可能永远都没有制定和实施的必要与可能。当然，所有制度建设都是为后代创造超越当下生活方式并且按照可以得到理性辩护的价值尺度给后人创造更好的生活条件，如果仅仅从一己的情怀出发为暂时缺席的后代设计制度，就是对后代尊严的最大侵犯，也是在对后人作恶。[4] 考虑是否立法，也要尽量避免从个人好恶出发，而是要站在客观论证和说理的立场；不是从私意和众意出发，而是从公意或普遍意志出发[5]，更需要从现代文明建设和法治建设的公平正义立场出发。无论非遗还是民间文艺，如

① 莱万斯基指出，原住民的世界观与西方知识产权观念有很大差异，因此应该最大限度地采用各地习惯法，但习惯法的局限在于它们在社群之外就难以得到承认和遵行［参见 Silke von Lewinski，“An Analysis of WIPO's Latest Proposal and the Model Law 2002 of the Pacific Community for the Protection of Traditional Cultural Expressions”，in Christoph Antons（ed.），*Traditional Knowledge, Traditional Cultural Expressions and Intellectual Property Law in the Asia-Pacific Region*，Hague | London | New York：Kluwer Law International BV，2009，p. 111］。

② 吕微批注：效果论。

③ 在这方面，私法的方式与公法的方式有所不同。例如，作为公法模式，太平洋示范法就让社群对协议的内容和结论具有完全的控制权，这些传统的拥有者自己来决定是否接受申请以及谁来进行协商，官方只能提出建议并且充当申请人的某种代理人［参见 Silke von Lewinski，“An Analysis of WIPO's Latest Proposal and the Model Law 2002 of the Pacific Community for the Protection of Traditional Cultural Expressions”，in Christoph Antons（ed.），*Traditional Knowledge, Traditional Cultural Expressions and Intellectual Property Law in the Asia-Pacific Region*，Hague | London | New York：Kluwer Law International BV，2009，p. 118］。吕微批注：在法理社会中，如果没有法律，反而无法保障即“尊重民间文艺传承人和持有人自己的意见和选择”的“应该”的权利。

④ 参见翟振明《“诉诸传统”何以毁坏学术传统——兼评刘小枫、秋风等的学术伦理》，《中国社会科学评价》2015年第2期。

⑤ “私意”“众意”和“公意”是卢梭在《社会契约论》中做出的区分。简言之，“私意”是个人的意志，“众意”是多数人的意志，“公意”是普遍的意志。只有“公意”才是法律和自由的基础。吕微批注：完全赞同！用民众自己在主观上把自己认同于公民的主观间客观性共识的实践标准，尽管处在国家的行政、法律和意识形态约束中，作为公民，我们每一个人，像理论家们一样，并不一定就认为我们的国家已经迈进或正在迈向公民社会；但是，我们每一个人，又一定希望自己都能够“作为”公民。——《民俗学的哥白尼革命》。

果只保护社会公众的利益而不保护相关保存者、传承人、群体和个人的利益，就会造成失衡和不公平状态。[①]

现代法理社会的决策和立法过程是一个非个人化的过程，它追求的法律关系具有权威性、可控性、确定性和充分的说理性，也就是谋求在理性的基础上并以正义为目标实现社会控制，因此，法律思维虽然承认存在着丑恶的东西，但并不认为丑恶的东西就是重要的，相反，立法的依据和出发点并非各种背离理想和不合乎理想的现象，而是控制并减少这些现象的发生。[②] 法治就意味着以形式上的公平性对待所有人，也就是以理性的和可预期的方式为公民的行为和官员的反应确立公开的标准。人们可以选择是否服从这些标准，至少可以凭借这些标准来判断是否服从。因此，只要遵守法制，人就全被当作自由的理性行为者而受到尊重。即便在行为的内容并无实质正义的地方，法治也具有实在的价值和独立的价值。[③] 所谓法治，也就意味着从以“法不允许即禁止”为原则的权力本位走向以“法不禁止即自由”为价值取向的权利本位。[④] 或者说，法治的精神在于，对于公权力而言，“法不允许即禁止”；而对于私权而言，“法不禁止即自由”。如果没有法治，就往往会把这种关系颠倒过来。

总之，立法当然要考虑现实需求，但这种需求却并非来自对已有情况的归纳值或者对人们的心理调查的平均值，而是来自理性的顶层制度设计和逻辑论证，在当代中国甚至未来的中国就表现为，从政策性保护走向法律化保护，推进制度的法律化。[⑤] 也就是说，我们不能满足于非物质文化遗产的自然状态和无序状态，而是“需要法律发挥其作用，恢复和矫正非物质文化遗产这种知识利用上的利益分配格局，确立一种正当秩序”并且“实现一种体现正义性的利益分配格局”。[⑥]

---

① 参见董新中《非物质文化遗产私权保护理论与实务研究》，知识产权出版社 2016 年版，第 51 页。

② 参见［美］罗斯科·庞德《通过法律的社会控制》，沈宗灵译，商务印书馆 2009 年版，第 58 页。

③ 参见 Neil MacCormick，“Natural Law and the Separation of Law and Morals”，in Robert P. George（ed.），*Natural Law Theory*：*Contemporary Essays*，Clarendon Press，1992，p. 123。

④ 参见俞睿《国家与社会关系视阈中的私人领域建构》，人民出版社 2014 年版，第 100 页。

⑤ 吕微批注：即通过法律保护进入公共生活的日常生活，而这同时也就是在保护未进入公共生活的日常生活的合法性，二者是统一的。

⑥ 罗宗奎：《非物质文化遗产的知识产权保护——以内蒙古自治区为例》，中国政法大学出版社 2015 年版，第 56 页。

4. 崔国斌、李冰青、孙昊亮、侯彦洁、赵海怡、钱锦宇等学者认为，无论非遗还是民间文艺，都是公共物品，因而不属于知识产权法保护的对象。[①] 针对这类观点，管育鹰的看法可以作为很好的讨论和回答：

> 但是我们需要注意的是，当知识产权法介入传统文化表达保护的问题时，这里的“保护”之意义就不在于防止现存的承载无形传统表达的有形物的流失，而在于对其中所含的无形表达本身所含的人文价值的认可尊重和经济利益的开发利用。国家从行政上对与民间文艺有关的活动进行管理是基于国家、社会的文化发展事业，也就是说在民间文艺上存在着社会公共利益。但是，公共利益源于个体利益，同时为个体利益服务；公益应该是建立在私益的基础上而不是凭空抽象出来的。在民间文艺这一领域首先存在的是某个群体、地区或民族对其传统文化表达的私益，只有那些对整个国家和中华民族至关重要的传统才上升为社会公共利益。如果不将传统文化表达视为相应群体的自然民事权利，仅以国家公法模式保护，鉴于公共资源的稀缺性，国家必然要考虑如何认定哪些民间文艺值得保护、进行重要性等先后排序、并决定保护措施及投入等问题，既耗费公共资源又无法避免遗漏；尤其是可能又为随体制、官员个人而产生的“寻租”现象增添一个借口，使真正需要保护的弱势群体的权利反而成为牺牲品。相反，如果明确传统文化表达首先是相应群体的私权，则只要权利人（保有人）主张有依据，其权利就可得到充分的法律保护；这样就能充分调动权利人的保存和发展 TCEs［传统文化表达］的积极性。[②]

换言之，如果遗产保护新理念的理性目的在于让民间文艺及其表达进

① 参见崔国斌《否弃集体作者观：民间文艺版权难题的终结》，载刘春田主编《中国知识产权评论》第五卷，商务印书馆 2011 年版，第 235 页；李冰青《对民间文学艺术作品的法律规制研究的反思》，载刘春田主编《中国知识产权评论》第五卷，商务印书馆 2011 年版，第 201 页；侯彦洁《论民间文学艺术作品与知识产权的关系》，载刘春田主编《中国知识产权评论》第五卷，商务印书馆 2011 年版，第 285 页；孙昊亮《非物质文化遗产的公共属性》，《法学研究》2010 年第 5 期；赵海怡、钱锦宇《非物质文化遗产保护的制度选择——对知识产权模式的反思》，《西北大学学报》（哲学社会科学版）2013 年第 2 期。

② 管育鹰：《民间文艺的知识产权保护问题》，载郑成思主编《知识产权文丛》第 13 卷，中国方正出版社 2006 年版，第 332 页；作者在该文中特别说明：“在本文中，民间文艺与传统文化表达（Traditional Cultural Expressions，即 TCEs）同义。”（第 330 页）

入有待建构和正在建构的公共领域，或者说是为了给民间文艺及其表达建构公共领域，那么，仅有公法保护仍然不足以达到这样的目的，而是需要让民间文艺及其表达以“私权”身份参与公共领域的积极建构，这样才能充分调动权利人的积极性。也许正因如此，另一些学者认为，公有领域并非法律的真空状态，其中的作品虽然是公共财产，但使用者必须尊重作者的人身权利，不得加以篡改、剽窃，或者以其他方式据为己有[①]，而且，传统文化的这种公有不是著作权法意义上的公有，仍是少数民族或传统社区整体或集团的“私有”，仍要受传统文化产权制度的保护。[②] 此外，公开状态和公有领域不能混为一谈。传统文化往往并非处于公有领域，而是处于公开状态，因而仍然带有权利，需要在经过权利人的许可之后方可使用，否则将会受到法律的制裁。[③] 在未经同意的情况下把传统文化知识置于公共领域，并不意味着这些知识持有人的权利的消灭，而是构成对其权利的侵犯。[④] 传统文化也好，民间文艺也好，都与非遗有重叠和交织之处，“表面看来，不赋予非遗私权保护，任何人都可以自由使用非遗为自己带来财富，这似乎是自由的。但是，对现代人而言，自由意味着一种在法治之下的受到保护、不受干涉或独立的领域。当任何人不受任何限制、任何约束地使用非遗的时候，对于非遗的保存者、传承人等真正的非遗权利人就是不自由的。特别是绝大多数非遗的保存者、传承人都是一个个体，甚至是文化程度较低、不知法律为何物的落后地区的个体”[⑤]。

在笔者看来，正因为民间文艺表达越来越多地进入了公共场所，我们才需要使这种公共场所转变为公共领域，才更有必要确定并保护民间文艺表达的集体文化权利。确定民间文艺表达的权利归属并且使所有权人得享利益，是法律公平正义价值在民间文艺领域的重要体现。[⑥]

---

① 参见韦之《著作权法原理》，北京大学出版社 1998 年版，第 88 页。

② 参见田艳《传统文化产权制度研究》，中央民族大学出版社 2011 年版，第 175 页。

③ 参见李丽《TRIPS 框架下传统知识保护法律制度的构建》，硕士学位论文，北京交通大学，2011 年，第 17 页。

④ 参见杨长海《反思与革新：非物质文化遗产的法律保护——以西藏传统文化表现形式为例》，九州出版社 2021 年版，第 67 页。

⑤ 董新中：《非物质文化遗产私权保护理论与实务研究》，知识产权出版社 2016 年版，第 26 页。

⑥ 参见刘燕涛《民间文学艺术权利归属问题研究》，硕士学位论文，中南大学，2010 年，第 13 页。

5. 目前，世界上保护民间文艺的大多是发展中国家[①]，至少提出保护要求的主要是发展中国家，而反对立法的则主要是发达国家[②]，于是，有学者认为，这是因为发展中国家的民间文艺资源丰富，而发达国家则相反。当然，我们不否认发展中国家保护民间文艺可能有国际战略上的考虑。在中国，像郑成思这样较早提出民间文学法律保护问题的知识产权学者，最初的着眼点也主要是从国际视野上来考虑问题。[③] 我们可以注意到，中国民俗学者们呼吁的保护大多出于本位主义的自然视角而不是出于法治的自由视角，考虑的是民间文学自身在现代化的影响下如何变化以及如何应对，但法律学者自20世纪90年代以来对民间文艺法律保护的呼吁则多从国际化和全球化的角度出发。也就是说，法律学者已经敏锐地觉察到，中国的民间文艺不再仅仅是藏在深山人未知的地方性知识，而且可能随着中国的国际化和全球化进程而（不得不）走向世界[④]。这就意味着，中国对民间文艺法律保护问题的提出，不仅受到国际立法的影响和启发，而且也表明民间文艺自身在全球化和国际化的形势下出现了权利纷争的新问题，民间文艺的传承人、持有人的权利意识也开始觉醒和不断增强。正如叶舒宪和苏永前已经指出，"在当下民间文艺权益保护的各种案例中，我们看到一种悖谬现象：呼声最高的往往是民俗学界，而最受媒体关注、从事工作最多的往往是法学界。这种现象其实不难理解，因为民间文艺权益不仅仅属于民俗学学理范围，更属于法理范围，从根源上来说需要依靠法律来保障。由于民间文艺的特殊性，比如同一部作品会涉及传承人、采录人、整理人等多种主体问题，因而要求研究者、保护者同时具备基本的民俗学知识和法律知识。另外，也需要民间文艺传承人、民俗学界与法学界的协同参与。这种跨界工作的复杂性也增加了民间文艺立法与维权的难度"[⑤]。正因为民间文艺立法与维权的这种跨界性质，所以，我们讨论立

① 参见韦之《著作权法原理》，北京大学出版社1998年版，第29页。

② 参见 Silke von Lewinski, "An Analysis of WIPO's Latest Proposal and the Model Law 2002 of the Pacific Community for the Protection of Traditional Cultural Expressions", in Christoph Antons (ed.), *Traditional Knowledge, Traditional Cultural Expressions and Intellectual Property Law in the Asia-Pacific Region*, Hague | London | New York: Kluwer Law International BV, 2009, p. 124。

③ 参见郑成思《谈民间文学作品的版权保护与中国的立法》，《中国专利与商标》1996年第3期。

④ 吕微批注：国际化、全球化不只是量的变化，而是法制化的质的变化。

⑤ 叶舒宪、苏永前：《对民间文艺权益保护的几点思考》，载中国民间文艺家协会编《中国民间文艺权益保护》，中国文史出版社2012年版，第32—33页。

法的必要性和可行性，主要并非考虑国际主义和民族主义的因素，而是需要考虑法理上的限定条件。

第三节　立法保护的限定条件

就国内的民间文艺保护而言，一些学者对“民间文学艺术”“民间文学艺术作品”“民间文学艺术表达”等基本概念的混同，不仅使学术研究中经常出现偷换概念和虚假讨论的现象，而且使价值追求和保护范围过于宽泛，使民间文艺作品的保护承载了很多不属于知识产权法的价值原则，其中有些价值原则甚至连其他部门法也无法实现。[①]

因此，为了尽量避免这些误区，我们首先需要厘清概念并对讨论对象做出限定。

1. 世界知识产权组织（WIPO）从法律保护的角度把“民间文艺”理解为世世代代由身份不明的人创作、保存和发展的作品，但在法律意义上，民间文艺包括大多由身份不明但被推定为某特定国家国民的作者创作，从该国种族群体的传统特有形式演变而来的所有文学和艺术作品。[②]在此，本书遵从法学界约定俗成的译法，将 Folklore 译成“民间文艺”或“民间文学艺术”，将 Expressions of folklore 译成“民间文艺表达”或“民间文学艺术表达”。因而，知识产权制度保护的对象只能是民间文艺表达，而不是民间文艺。[③] 但是，“表达”与“作品”仍然有所不同。正如张耕所指出：

> 《突尼斯示范法》、《保护文学艺术作品伯尔尼公约》（简称《伯

① 参见李冰青《对民间文学艺术作品的法律规制研究的反思》，载刘春田主编《中国知识产权评论》第五卷，商务印书馆 2011 年版，第 174、181 页。

② 参见世界知识产权组织编《著作权与邻接权法律术语汇编》（中英法对照），刘波林译，北京大学出版社 2007 年版，第 119 页。

③ 参见李冰青《对民间文学艺术作品的法律规制研究的反思》，载刘春田主编《中国知识产权评论》第五卷，商务印书馆 2011 年版，第 180 页；“由此可见，民间文学艺术的内涵和外延均大于知识产权客体的内涵和外延，知识产权客体的本质属性决定了其根本无法容纳民间文学艺术的有形表达形式，无法囊括为了特定的习俗或宗教目的进行的仪式与活动以及民族体育和民间游艺活动等行动表达，也根本无法涵盖作为口头表达的语言。”（廖冰冰：《对民间文学艺术直接知识产权化立法模式之反思——从民间文学艺术和知识产权客体之比较展开的分析》，刘春田主编《中国知识产权评论》第五卷，商务印书馆 2011 年版，第 294 页）

> 尔尼公约》)、安哥拉《作者权法》和多哥《版权、民间文艺及邻接权保护法》等均将民间文学艺术的保护纳入版权体系，因而在定义民间文学艺术时将其限定为“作品”；换言之，能够成为“民间文学艺术”的，必须已形成作品。《1982年示范法》以及WIPO现在的有关报告、国际会议文件或者网站中既没有使用“民间文学艺术作品”(works of folklore)术语，也没有将“民间文学艺术”的解释限定为“作品”，而是直接使用了“民间文学艺术表达”(expressions of folklore)术语。
>
> 其用意是避免使用版权法中的“作品”概念而使人误认为民间文学艺术只受版权法保护，从而为特别权利立法和其他知识产权立法保护民间文学艺术预留空间。从WIPO的观点看，民间文学艺术表达是上位概念，民间文学艺术作品是下位概念。民间文学艺术表达中除了构成作品以及通过某种有形载体表现出来的部分以外，还包括大量未通过有形载体表现出来，而是通过人们口传身授的方式世代流传的传统文化信息表达。
>
> WIPO使用“民间文学艺术表达”的概念，带来知识产权法学术语使用上的混乱，容易造成严重误解。因为“表达”(expressions)一词已被广泛使用在版权领域。在版权法上，版权保护两分法原则(the idea/expression dichotomy)已成为版权法上的公理，受到国际社会的普遍承认。该原则具体表述为版权法保护作品的“表达”(expressions)，不保护作品的“思想”(idea)。①

本书所谓保护针对的首先不是所有的民间文艺，而只是民间文艺表达。民间文艺表达当然必须具有一定的形式，但不一定是著作权法意义上的“作品”形式，或者说，“表达”的外延大于“作品”。②

2. 由于民间文艺衍生作品可以作为改编作品和演绎作品受到著作权法的保护，民间文艺作品的传承人和使用人的相关权利也可以实现③，所以，当代传承人或表演者个人在某个族群中的民间文艺表达或者收集整理

① 张耕：《民间文学艺术的知识产权保护研究》，法律出版社2007年版，第34—35页。

② 吕微批注：民间文艺大于民间文艺表达，民间文艺表达大于民间文艺作品？

③ 参见张秀丽《民间文学艺术作品的著作权群体权利主体研究》，硕士学位论文，辽宁大学，2013年，第24—25页。

者的作品大体能够受到知识产权法或著作权法的保护[①]，暂不属于本书讨论的范围。[②] 本书讨论的主要问题在于是否应该立法保护民间文艺表达的集体知识产权。[③]

3. 尽管目前中国仍然没有颁布保护民间文艺表达的公法，但毕竟已经间接地有一部并不完善的《中华人民共和国非物质遗产保护法》。[④] 尽管法治的一个重要方面在于用公法制约国家权力，但是，《非遗公约》的保护方式仅限于行政手段或公法上的维护、保存，并非真正的权利保护[⑤]。因此，本书只讨论对民间文艺表达集体知识产权的私法保护问题。[⑥]

一旦我们从外围进入民间文艺表达的私法保护问题本身，就会发现这的确是一个世界性的难题。正如国外学者已经指出，保护传统知识的权利是目前国际共同体面临的最复杂的问题之一，它考验着国家政府和国际机

① “因此，传承人或整理人对民间文艺的贡献，不在于他们的传承与整理行为，而在于他们在传承整理过程中对作品进行了自觉不自觉的再创作。因此，这二者应该属于著作权法意义上的作者。”（李冰青：《对民间文学艺术作品的法律规制研究的反思》，载刘春田主编《中国知识产权评论》第五卷，商务印书馆 2011 年版，第 215 页）

② “但可以肯定的是，民间文学艺术作品的改编者，只对改编作品有著作权，对原民间文艺不能取得著作权。”（管育鹰：《民间文艺的知识产权保护问题》，载郑成思主编《知识产权文丛》第 13 卷，中国方正出版社 2006 年版，第 334 页）

③ 张耕区分了民间文学艺术母型（即“体现特定群体文化品质或文化遗产特性的基本范式或程式”）与民间文学艺术子型（即“对民间文学艺术母型的再现、模仿、表演、汇编或演绎成果”），并且认为，“版权和特别权保护是对民间文学艺术母型的直接保护方式，民间文学艺术来源群体可以直接受益；邻接权保护、商标权特别是地理标志保护、专利权保护、反不正当竞争保护通常是对民间文学艺术子型的直接保护方式，但对民间文学艺术的母型却是间接保护方式，受益对象是民间文学艺术传承人、土著艺术家等，民间文学艺术来源群体不一定能直接受益”（参见张耕《民间文学艺术的知识产权保护研究》，法律出版社 2007 年版，第 40—41、148 页）。

④ 正如张邦辅所指出，“《非物质文化遗产法》侧重于行政主体对非物质文化遗产的静态保护，即以非物质文化遗产的保存和传承为重心，重在强调行政主体在保存和保护非物质文化遗产过程中的职责，同时也规定了对其传承人和相关单位的保护，但该法忽视了相关主体在非物质文化遗产保护和传承过程中应当享有的权利和承担相应的义务，这不利于相关主体对非物质文化遗产保护和传承的积极性。此外，该法只对行政主体在保存和保护非物质文化遗产的过程中的失职行为和不当行为规定了法律责任，未对其他主体侵害非物质文化遗产的行为规定法律责任。只有在赋予相关主体权利义务的同时设定侵权行为的法律责任，才能有效地保障非物质文化遗产的传承和发展”（《我国非物质文化遗产公益诉讼保护制度的构建》，《社会科学家》2013 年第 10 期）。

⑤ 参见杨鸿《民间文艺的特别知识产权保护：国际立法例及其启示》，法律出版社 2011 年版，第 3 页。

⑥ 吕微批注：区分公法保护和私法保护，非常重要！公法保护是道德的义务保护，私法保护才真正是法律的权利保护。

构的能力。[①] 正因如此，所以自20世纪60年代民间文艺被纳入知识产权保护视野之后，知识产权保护是否具有正当性就一直成为一个沉重的话题[②]，而且是国际上聚讼纷纭而又长期难有定论的问题。[③] 在立法问题上，知识产权保护的全球治理与国际法治的一个重要结果就是产生全球性法律及其地方化趋势，正如《联合国宪章》《世界人权宣言》等国际法规范同样构成知识产权保护领域的全球治理和国家法治的基础一样。[④] 也就是说，目前的国内立法大多已经不再是闭门造车，而是要参照国际示范法和国际惯例，把国际上普遍的立法标准和价值尺度加以民族国家化和地方化，而不是相反。[⑤] 由于"民间文艺"基本上可以被涵盖在"非物质文化遗产"或"传统文化知识"之中，所以本书在讨论国际、国内立法时从其外延交叉部分来立论和辨析，暂不讨论它们之间的差别。[⑥]

（1）首先，在国际文献中，一般知识产权法的"保护"使用的是protection一词，意在赋予特定主体以排他性权利，它保护的利益对象只能是特定主体的特定权利和利益，进而鼓励人们更多地创作作品；《非遗公约》和《文化多样性公约》中对民间文艺的"保护"使用的是safeguarding或conservation，侧重于使对象本身得到留存、维持、传承，不因人类行为而

① 参见 Brendan Tobin, "The Role of Customary Law and Practice in the Protection of Traditional Knowledge Related to Biological Diversity", in Christoph Antons (ed.), *Traditional Knowledge, Traditional Cultural Expressions and Intellectual Property Law in the Asia-Pacific Region*, Hague | London | New York: Kluwer Law International BV, 2009, p. 127。

② 张耕：《民间文学艺术的知识产权保护研究》，法律出版社2007年版，第229页。

③ 参见 Harriet Deacon and Rieks Smeets, "Intangible heritage safeguarding and intellectual property protection in the context of implementing the UNESCO ICH Convention", in Natsuko Akagawa and Laurajane Smith (eds.), *Safeguarding Intangible Heritage: Practices and Politcs*, London and New York: Routledge, 2019, p. 36。

④ 参见丁丽瑛《传统知识保护的权利设计与制度构建——以知识产权为中心》，法律出版社2009年版，第203页。

⑤ 正如国外学者所指出，在一个通过全球化而彼此相连的世界里，有关保护传统文化表达的种种争端不可能仅仅在国家层面或国家之下的层面上得以解决，而是自然而然地会成为国际讨论的一部分［参见 Christoph Beat Graber, "Can Modern Law Safeguard Archaic Cultural Expressions? Observations from a Legal Sociology Perspective", in Christoph Antons (ed.), *Traditional Knowledge, Traditional Cultural Expressions and Intellectual Property Law in the Asia-Pacific Region*, Hague | London | New York: Kluwer Law International BV, 2009, p. 169］。

⑥ 在WIPO和UNESCO的一些国际文件中，"民间文艺"、"民间文艺表达"和"传统文化表达"往往被当作同义词使用，有的学者甚至把这些概念与"民间文艺作品"当作同义词使用，参见杨鸿《民间文艺的特别知识产权保护：国际立法例及其启示》，法律出版社2011年版，第27—28页。

失传、消亡。因此，这两种“保护”的出发点、利益对象和目标完全不同。从法律意义上说，我们似乎可以做一个简单的二分法：即 safeguarding 是公法保护模式，protection 则是私法保护模式。二者在保护目的上的不同在于：safeguarding 主要为了保护非遗或民间文艺本身，而 protection 则是为了保护非遗表达形式或民间文艺表达群体或个人的利益。尽管从宗旨上说，《非遗公约》的出发点和归结点都是人权，而且也明确鼓励个人、共同体或群体的广泛参与，但毕竟采用的是公法保护模式，因此，它在公众参与机制上存在的不足是，授予国家对其领土上的非遗以专有权利，却在很大程度上忽视了个人、共同体或群体的权利。① 正因为《非遗公约》采用的是公法保护模式，所以，没有规定非遗的不当利用以及惠益分享机制和道德权利等解决不当利用的机制。②

当然，这些与其说是《非遗公约》的缺陷，不如说是公法保护模式本身的缺陷。正因如此，我们才需要以私法保护作为公法保护的补充和配合。如果只有行政（公法）保护，非遗保护还不能达到可持续发展和保持文化多样性的目的，因为公法保护无法调动个人、共同体或群体传承、发展非遗的积极性，只有私法保护措施才能以获取和惠益分享原则为核心，实现非物质文化遗产的内部保护。③

在某种意义上说，我们不能以私法的目的来要求和批评公法，反之亦然。公法和私法实际上各有目的，它们的分工应该明确。否则，我们就可能得出把不同层次混为一谈的结论。但是，我们面临的真正问题是如何处理公法与私法的目的冲突问题。正如有学者已经指出的那样：

> 立法是法治国家引起社会全面变革的正式举措，在没有一个清晰的立法目标的情况下，采用这样的举措，最常见的后果就是引起规范冲突，甚至造成法制乱象。所以在立法上对非物质文化遗产进行财产安排，是一个前景很不明朗的思路。事实是知识财产制度有可能促进非物质文化遗产的保护，也有可能损害它。这里并非只有单纯的立法

① 参见唐海清《非物质文化遗产的国际法保护问题研究》，博士学位论文，武汉大学，2010 年，第 47—48 页。

② 参见唐海清《非物质文化遗产的国际法保护问题研究》，博士学位论文，武汉大学，2010 年，第 49 页。

③ 参见袁晓波、崔艳峰《论非物质文化遗产获取和惠益分享原则》，《湖南社会科学》2013 年第 4 期。

> 技术问题，还有价值判断和平衡的问题，必须有清晰的目标作为指引。遗憾的是，在这个领域我们没有这种清晰的立法目标。如果说在非物质文化遗产的私法保护方面，法律确实存在空白的话，那么通过立法来填补空白的方式，目前很难在“口号”层面更进一步。然而随着经济的发展，文化资源化的趋势日益突出，非物质文化遗产来源群体对遗产的财产权利诉求也日趋强烈。在法律规则模糊或者碎片化的处境中，解决纠纷的压力就主要集中到了司法领域，集中到了法官身上。笔者更愿意强调的是，这种压力还将长期存在。在此情景下，“法官将如何面对这些压力”，成了当下迫切需要去探究的问题。但学界现在主要热衷于从立法的角度来探讨非物质文化遗产的私法保护问题，热衷于如何用现代法秩序的标准去整合非物质文化遗产背后的“地方性经验”（local experiences）。以这种思维构筑的制度，是建立在用法律的普适性来消解民间文化事象的特殊性的空想之上。这无疑是以手段为目的，为了保护而保护的立法。①

非遗的领域如此，民间文艺的领域同样如此。为了明确私法保护的目的，我们必须首先把公法保护的一些目的排除出去。② 比如，文化和文明多样性问题、民族利益问题、保护弱势文化问题，这些都是超出知识产权价值体系和私法保护能力的任务。③

（2）即使私法保护民间文艺表达是为了保护人的精神利益和经济利益而不是为了保护民间文艺本身，其中仍有立法目的问题，即立法的根本目的不是为了保护弱者，而是为了保障权利平等和分配正义。④ 正如刘银良

---

① 史青：《为了什么而保护？——对构建非物质文化遗产特别权利制度的反思》，《云南大学学报》（法学版）2014 年第 1 期。

② “我们不应该将知识产权法想象成解决社会问题的唯一的锤子，否则就会自觉或者不自觉地将所有的问题都想象成钉子。禁止文化冒犯、保护传统文化、消除贫困等，的确是人类所共同追求的目标。但是，这些目标不一定要通过知识产权法来实现。在知识产权法中引入上述陌生的社会政策，将破坏知识产权制度已有的平衡关系，导致新的混乱。”（崔国斌：《否弃集体作者观：民间文艺版权难题的终结》，载刘春田主编《中国知识产权评论》第五卷，商务印书馆 2011 年版，第 264 页）

③ 参见李冰青《对民间文学艺术作品的法律规制研究的反思》，载刘春田主编《中国知识产权评论》第五卷，商务印书馆 2011 年版，第 200 页。

④ “保护民间文艺属于分配正义的要求。”（邹昀：《国际法视野下的民间文艺保护研究》，硕士学位论文，湖南师范大学，2009 年，第 22 页）

所指出，从人权和伦理学的角度来看，在没有本土居民事先知情同意的情况下，就人为地把他们认定为“弱者”，然后为之提供一些“特权”并附加一定的“限制”（如要求本土居民不得擅自改变自己的服饰、住所或生活习俗等），这实际上可能已经侵犯了他们的自决权、平等发展权和要求被平等对待的权利。如果对传统知识赋予某种权利，就应该对其创造主体、创作主体或保存主体一视同仁，不论是不是本土居民，都给予同样保护。①

无论群体还是个人，即使在现实的某些方面处于弱势，但在民间文艺表达私法保护时都应该被看作平等的权利人，而不是弱者或者单纯受保护的对象。

（3）既然私法保护的目的是保护人的利益，这其中的人仍然有集体与个人之分。② 当民间文艺表达具有明确的个体作为传承人、表演者或创造者时，这些个人大体上可以受到著作权、邻接权或表演权的保护。③ 所以，在排除了公法保护的诸多目的以及个人能够受到著作权法保护的情况之后，民间文艺表达私法保护争议的焦点就在于：民间文艺表达有没有集体权利，如果有，那是一种什么样的权利？

第四节　集体文化权是集体人权吗

民俗学者一般都认为，集体创作是民间文艺的重要特征之一。但从法律上说，民间文艺表达的集体著作权是否成立，则是一个难题，也是争论的焦点。在这方面，崔国斌的观点很有代表性。他明确指出，所谓民间文

---

① 参见刘银良《传统知识保护的法律问题研究》，载郑成思主编《知识产权文丛》第13卷，中国方正出版社2006年版，第238—239、246、275页。

② 当然这其中仍然可以有进一步的区分。正如德国学者莱万斯基所指出，如今，学者们普遍认为，著作权法无法保护民间文艺本身，即使民间文艺得到著作权或邻接权的间接保护，其受益者也大多是人类学家、外来的研究者或民间文艺群体之外的其他人，而且这种保护也常常把群体成员排除在相关活动之外［参见 Silke von Lewinski, “An Analysis of WIPO’s Latest Proposal and the Model Law 2002 of the Pacific Community for the Protection of Traditional Cultural Expressions”, in Christoph Antons（ed.）, *Traditional Knowledge*, *Traditional Cultural Expressions and Intellectual Property Law in the Asia-Pacific Region*, Hague | London | New York: Kluwer Law International BV, 2009, p. 110］。

③ 参见宋慧献《民间文学艺术作品保护：全球化背景下的制度“怪胎”?》，载刘春田主编《中国知识产权评论》第五卷，商务印书馆2011年版，第169页。

学的集体性，不过是指最终版本上汇聚了纵向的集体智慧，这并不能成为在法律上区分民间文学和作家文学的关键因素，因为版权法上确认的共同作者地位所依据的核心原则是这些主体在创作过程中有共同创作的合意并做出实质性的贡献。版权法承认后续演绎者独立的著作权，同时又要求演绎者在使用演绎作品时，应当尊重在先作品的版权。所以，他认为，通过确立民间文学集体产权来维系所谓的集体创新机制是理论上的空想。[①] 也有国外学者指出，“如果是若干代人跨越几个世纪传承他们的文化遗产，这与合作作者的法律身份无关，因为版权立法中的合作作者身份仅仅适用于两个或两个以上的作者能够表明对某部作品有所贡献”[②]。笔者赞同上述观点，从普通版权法或著作权法的角度来看，民间文艺表达的集体著作权的确难以成立。[③]

既然如此[④]，民间文艺表达有没有集体财产权呢？有学者认为，虽然知识产权与所有权一样都是私人享有的财产权，但是，“民间文学艺术作品的主体无法确定、财产范围不确定、作品公有性等特点说明了民间文学艺术作品与知识产权属于两块不同的范畴，民间文学艺术作品不能作为知识产权的范畴，更谈不上用知识产权法予以调整的问题”。[⑤] 还有学者在研究非遗时从法理上推论说，“遗产当然应当是祖辈遗留下来的非物质文

---

① 参见崔国斌《否弃集体作者观：民间文艺版权难题的终结》，载刘春田主编《中国知识产权评论》第五卷，商务印书馆 2011 年版，第 264 页。

② Indunil Abeyesekere, “The Protection of Expressions of Folklore in Sri Lanka”, in Christoph Antons (ed.), *Traditional Knowledge, Traditional Cultural Expressions and Intellectual Property Law in the Asia-Pacific Region*, Hague | London | New York: Kluwer Law International BV, 2009, p. 345.

③ 国外学者在研究传统文化表达的法律保护时也指出，“集体作者身份”适用的条件是所有作者都有事先的同意，因此这个概念在某些案例中可能有助于对原住民文化财产提供更有效的保护，但我们不能忘记，传统文化表达通常是连续几代人贡献而非“共同创作”的结果［参见 Christoph Beat Graber, “Can Modern Law Safeguard Archaic Cultural Expressions? Observations from a Legal Sociology Perspective”, in Christoph Antons (ed.) *Traditional Knowledge, Traditional Cultural Expressions and Intellectual Property Law in the Asia-Pacific Region*, Hague | London | New York: Kluwer Law International BV, 2009, p. 174］。

④ 有学者认为，“固定要求和集体创作等特性不构成对民间文学艺术作品提供版权保护的障碍，因为《伯尔尼公约》并未把固定作为作品获得保护的一个必要条件，而是交给各国国内法决定，而我国《著作权法》则明确规定对于口述作品的保护；《伯尔尼公约》和我国《著作权法》也并未对作者的属性做出限制，因而集体作者并不必然地被排除在保护之外”（刘银良：《传统知识保护的法律问题研究》，载郑成思主编《知识产权文丛》第 13 卷，中国方正出版社 2006 年版，第 266 页）。

⑤ 侯彦洁：《论民间文学艺术作品与知识产权的关系》，载刘春田主编《中国知识产权评论》第五卷，商务印书馆 2011 年版，第 269、278 页。

化遗产。以这些遗产为基础，由现代活着的传承人创造的非物质文化财富在道理上自不应当再被叫做遗产。按常理而言，遗产至少当是故人的遗物。今人创造的财富即使基于或者源自遗产，但已经不再属于遗产”，因此，依照法学界公认的人格权不得转让的公理，既然故人已经不能成为权利主体也不能转让其人格权，所以非物质文化遗产权应当是人格权的说法就不能成立。① 在笔者看来，对于自动继承或传承某种民间文艺表达的群体而言，虽然他们不能继承或传承已经过世的先辈的人格权，但是，如果他们能够继承这种民间文艺表达的财产权，那么，按照中国实行的大陆法系传统，财产权与人格权就是密不可分的。②

关于财产权与人格权的密切关系，康德与黑格尔都做过哲学上的深刻阐述和理论论证，由此为现代文明的价值观和法治体系奠定了稳固的逻辑基础。对习惯于经验思维而不擅长逻辑思维的我们而言，康德与黑格尔说出的这些理性观点虽然显得陌生而异质，却是非常需要我们虚心学习而且值得我们深入理解，因为这些通过演绎逻辑推论出来的理性观点恰恰是现代价值观的理论基础和现代文明理念的组成部分，是我们进入现代文明所难以回避和无法绕过的思想关口。在康德看来，财产权需要区分“你的”和“我的”，而这种区分是人们行使自由意志的行为，所以，财产权能够实现并彰显人格，因而与人格权密不可分。虽然财产权的实现依赖于对“你的”和“我的”做出明确区分的自由意志，但是，一方面，这种区分不仅取决于个人的自由意志，更要取决于公共意志；另一方面，这种区分并不取决于自然状态的事实占有，而是取决于法律状态的理性占有。③ 换

① 参见郭禾《对非物质文化遗产私权保护模式的质疑》，《中国人民大学学报》2011 年第 2 期。

② “在［传统］民法的立场上看，财产并不构成人的属性，而是‘外在于人’的身外之物，其唯有依赖于法定权利，才能为人所享有”，但在康德、黑格尔的法哲学影响下，近代大陆法系一般将财产权也视为包含着人格权，“人格权是大陆法系现代民法为适应新兴的人的伦理价值的法律确认以及人的伦理价值的可支配性的需要而产生的。实在法上的技术，即将人的伦理价值视为外在于人的事物，并通过权利的纽带将其与人相连接，赋予了‘人格权’概念以成立的可能”（张翔：《自然人格的法律构造》，法律出版社 2008 年版，第 165—166、121 页）；英国的著作权法中起初不保护作者基于作品而产生的精神权利（moral rights），不过，“英国从开始的坚决拒绝著作人格权制度逐渐演变到在其成文法中可以看到著作人格权的影子，然而在实践中法官又倾其所能不给予著作人格权保护”（张娜：《著作人格权在英国的历史演进》，载刘春田主编《中国知识产权评论》第五卷，商务印书馆 2011 年版，第 49 页）；相关讨论，参见潘天怡、谭琪瑶《著作权中的“人格权、财产权”二元分立论》，《知识产权》2012 年第 8 期。

③ 参见罗宗奎《非物质文化遗产的知识产权保护——以内蒙古自治区为例》，中国政法大学出版社 2015 年版，第 37 页。

言之，一方面，要在法律意义和理性意义上使“我的”和“你的”之间的区分得到保障，就不能单纯从个人的自由意志出发宣称“我的”和“你的”，而是需要让这种区分得到每个人的自由意志的相互承认和彼此认可，也就是需要得到公共意志的承认和认可；另一方面，在康德看来，在没有法律保护和保障的自然状态下也可能有外在区分出“我的”和“你的”财产意义上的占有，但这种事实仅仅是暂时的和偶然的，因为它随时随地都可能发生改变并且可能由于各种各样的原因而不再是事实。法律上对“我的”和“你的”这种财产占有的区分和认定，不是也不能根据直接观察到的经验事实，而是需要在特定的前提条件下、根据实践理性公设和公共意志进行判定和推论才能得出的逻辑结果。所以，康德说：“把某种外在东西当作他自己的来拥有，这只有在一种法权状态中，在一种公共立法的强制权之下，也就是在公民状态中，才是可能的。”① 对于康德这句重要的话，沈叔平译为“要使外在物成为自己的，只有在法律的状态中或文明的社会中，有了公共立法机关制定的法规才可能”②，剑桥大学的标准英译本译为“It is possible to have something external as one’s own only in a rightful condition，under an authority giving laws publicly，that is，in a civil condition”③。这些翻译与康德的德语原文有些出入，但意思还是接近的。④换言之，法权状态也是公民状态和文明状态最重要的标志，它们完全不同于无法可依或有法不行的自然状态，民间文艺之所以需要从单纯的公共场所进入公共领域，恰恰因为它需要从无法可依的自然状态（公共场所）进入有法可依的法权状态和文明状态（公共领域）。法律代表着权威的公共意志，只有这样的公共意志才能约束每一个人，并且给所有人提供安全的客观保障，而且只有这样的法治状态才是文明状态，也只有在这样的文明状态或文明社会中，才可能存在“我的”与“你的”之间的财产权和人格权，这些权利才能获得非偶然的、永久性的区分和保障。也就是说，只有摆脱自然状态的混乱无序及其丛林法则的野蛮性并且进入法治的文明状

① Immanuel Kant，*Die Metaphysik der Sitten*，Leipzig：Verlag von Felix Meiner，1919，S. 64.

② ［德］康德：《法的形而上学原理——权利的科学》，沈叔平译，商务印书馆2012年版，第67页。

③ Immanuel Kant，*The Metaphysics of Morals*，translated by Mary Gregor，New York：Cambridge University Press，1991，p. 77.

④ 康德的德语原文是：Etwas Äußeres als das Seine zu haben，ist nur in einem rechtlichen Zustande，unter einer öffentlich-gesetzgebenden Gewalt，d. i. im bürgerlichen Zustande möglich。

态和文明社会，财产权和人格权才能得到真正的保障和客观的维护。在自然状态下，我们只能是动物式地生存和苟活，甚至可能过着连动物都不如的生活，只能得过且过或者苟且偷生，因为人在无法无天的自然状态下堕落起来比动物还野蛮，尤其“当社会的权力机构结成彼此配合、相互包庇的庞大利益链时，就会变成任何个人都难以应对和驯服的利维坦”①，不受约束的公权力这头巨型怪兽常常会做出远超于动物的恶行，把人性中的恶激发出来，让人性中的善难以立足和无处存身，从而必然造成互害的人间惨剧和人道主义灾难。因此，“如果人们只有面包而没有法则，那么，面包带来的将不是满足与安宁，恰是血腥与毁灭。哪里没有法则，哪里的面包就沾满人类自己的血泪”②。所谓的混乱无序，并不是说在自然状态下完全没有自发的社会秩序和道德秩序，而是说其中缺乏法治秩序。一方面，在自然状态下当然也有自发的秩序和习俗，但这些秩序和习俗恰恰因为是自发的，所以仅仅部分地非出自理性的目的，它们不一定遵循理性的规范，甚至往往缺乏财产权和人格权的观念，因而也不是为了维护人的自由、尊严和权利。由于没有法治的约束，所以自然状态必然会时多时少地表现出人的野蛮性和人性中的残酷性；处在自然状态下的人们当然也有小确幸式的幸福和快乐，但经常并且更可能面临着难以避免的人为苦难和人道主义灾难，甚至必然可能遭遇人间炼狱。由于在自然状态下的人仍然是精神上的野蛮人，所以从根本上说，人们生活在一种比动物还凶残的互害模式之中，所谓的人为苦难和人间炼狱虽然主要是由不受约束的强权者和公权力造成的，却也是每个人咎由自取和难辞其咎的，因为每个人的野蛮、愚昧、怯懦、沉默和恐惧都是这些人为苦难和人间炼狱的一部分成因。即便是所谓的底层民众，如果以非道德的准则来相互对待就一定会造成社会的互害模式与恶性循环。如果说自由也意味着不能仅仅把人当作手段，而是在把人当作手段的同时也必须当作目的，那么，自然状态下的人们往往仅仅把人当作手段或工具，因而他们或者不知道自己有自由，或者知道自由却遇到各种阻力而不能使用自己的自由，不仅往往无法让自己的自由潜力发挥出来，甚至常常误会、误用自己的自由，由此变成了与自由长期隔膜甚至一直隔绝的野蛮人而又浑然不觉。正如我的朋友朱仁宗先生

① 户晓辉：《日常生活的苦难与希望：实践民俗学田野笔记》，中国社会科学出版社 2017 年版，第 182 页。

② 黄裕生：《站在未来的立场上》，生活·读书·新知三联书店 2014 年版，第 140 页。

在2022年4月1日发微信朋友圈所说："在崇尚丛林法则的环境里，人人都成了野兽。大部分人至死都不明白自己的野蛮所在，只有少数人开始向往文明。"另一方面，在某些自然状态下，即便有所谓的法律，那也主要是刑法，也就是主要为了惩罚犯罪行为，甚至仅仅沦为权力的工具而不是自由的工具，因为这种法律常常仅限于经验上和事实上的实用目的，不仅压根儿就没有财产权和人格权的概念，更不用说为了维护并保障每个人平等的财产权和人格权。换言之，这样的法律既没有制约权力的公法，也没有保护权利的私法，甚至根本不是在自由和权利让渡基础上通过契约建立起来的现代法，而是往往让权力凌驾于法律之上，根本就无法把权力关进法律和制度的笼子里，因而与康德所谓的法治在性质和目的上完全不同，根本不能混为一谈。因为康德所谓的法治恰恰是为了维护并保障财产权和人格权，也就是以维护并保障每个人的自由、尊严和权利为根本目的和终极目的。在社会达尔文主义式自然生存环境中，由于只有弱肉强食的丛林法则而没有真正的法治秩序，所以，哪怕是少数强者的自由、尊严和权利也无法得到根本的保障，因而即便是他们也很难说就能够真正作为人而生活，更不用说能够过上好生活了。要想过上好生活，首先意味着作为人而生活并且过上人的正当生活。哈贝马斯之所以说康德揭开了现代的大幕，正是因为康德以严密的逻辑论证告诉我们，如果仅仅停留在单纯的自然状态下，人的自由、尊严和权利就得不到尊重和保障，人就难以成为真正意义上的人。所谓现代性，所谓现代，所谓全球化，并不能仅仅在时间和空间的意义上来理解。从联合国教科文组织的三个公约以及由此带来的全球遗产保护实践来看，现代性、现代和全球化更是意味着全球的人类文化都需要进入现代，而进入现代指的并非单纯在时空意义上生活在现代，而是指需要接受现代性和现代价值观的熏陶和洗礼，也就意味着我们都需要向康德所谓理性的目的王国迈进，这是遗产保护和非遗保护潜在的深意所在，也是这些保护实践的人文价值和人道价值所在。对人而言，没有比作为人来生存和生活更重要和更紧迫的事情了，而要真正地成为人，就必须具有自由、尊严和权利，而且需要生活在每个人的自由、尊严和权利都得到相互尊重和客观保障的法治状态之下，这种法治状态和理性的自治状态就是康德所谓理性的目的王国。在这个王国中，每个人都是法治的臣民又是法治的主人，既是自己的主人又是自己的仆人。其实，这也就意味着每个人都需要同时做自己的有限理性的主人和仆人，因为法治和自治的统治者是每个人都具有的有限理性，而不是每个人也都同样具有的感性。从逻辑上来看，只有在理性的目的王国中，人才能真正作为人而生存和生活，人的自由、尊严和权利才能得到相互承认和客观维护，而这样的目的王国至少需要人自身的内在立法（道德）和外在立法（法律）共同建构和维护。也就是说，这样的目的王国是有门槛和入场券的。不进入这个门槛，人的自由、尊严和权利就难以得到平等的尊重和客观的保障，这也就意味着人难以真正作为人而生存和生活，而是在很大程度上只能作为动物而生存和生活。尽管我们常常想当然地认为这种动物式生存意义上的生活已经是人的生活，但无数的弱肉强食和丛林法则现象已经必然地昭示出这样的自然状态只能是动物式的生存甚至往往连动物的生存都不如。反之，要想获得理性的目的王国的入场券，就需要首先作为理性的人而生存。生存在自然状态下的人并非没有理性，而是不知道、不觉悟自己的理性与自由。“有限性带来的种种弱点常常会使人忘却与悬搁自己的自由。这使维护人的自由的事业变得更为复杂。”① 无论是不知道如何使用自己的理性与自由、懒得使用自己的理性与自由还是不敢使用自己的理性与自由，都是放弃使用自己的理性与自由，其结果就是屈从于自己的感性和任意性而沉沦于、满足于自然状态，也就无法进入自治与法治的目的王国。对于长期习惯于、沉沦于自然状态的人来说，仅仅理解这样的现代理念就已经十分困难，更不用说去实践它们了。然而，问题恰恰在于：只有进入自治与法治的目的王国，财产权和人格权才能真正得到保障和维护，而且人才能真正成其为人。

与康德的看法相似，黑格尔也把法治看作调节并保障人与人之间的人性关系和人道关系所必需的客观东西，因为“自然状态是粗野、暴力和不公正的状态。人必定会由这样一种状态进入国家群体之中，因为只有在国家群体中，法的关系才具有现实性”②，所以，“那种把人不当作个人来尊重、或侵犯个人的自由领域的行为，是违法的”③。黑格尔同样把财产权和人格权联系起来，因为它们都与人的自由意志密切相关，“法和自由的

① 黄裕生：《站在未来的立场上》，生活·读书·新知三联书店 2014 年版，第 145 页。

② ［德］黑格尔：《黑格尔全集（第 10 卷）：纽伦堡高级中学教程和讲话（1808—1816）》，张东辉、户晓辉译，商务印书馆 2012 年版，第 340 页。

③ ［德］黑格尔：《黑格尔全集（第 10 卷）：纽伦堡高级中学教程和讲话（1808—1816）》，张东辉、户晓辉译，商务印书馆 2012 年版，第 289 页。

外在领域构成财产权，即把一个无主的物归属于我的权力和我的意志之下。占有是外在的、偶然的方面，即任意获取的方面。财产权本身的这个方面是普遍的方面，即占有是我的意志的一种表现，我的意志作为某种绝对的东西必须得到他人的尊重”①。也就是说，占有不是特殊的，而是普遍的。毋宁说，占有不能只有特殊性，而且必须具有普遍性。占有意义上的“我的”不能仅仅出于我自己的自由意志，而且需要得到他人的自由意志的尊重和相互认可。正因为财产的占有与自由意志必然具有内在关联，所以，我们才需要保护民间文艺表达的财产权和人格权，以此推动和促进中国社会的法治化与文明化进程，并且重新思考和对待文明与野蛮之间的理性分野问题。

当然，这里的关键问题在于集体能否获得民间文艺表达的财产权，对此仍有争议。史青指出，非遗法律保护主要有两个面向：一是非遗的保存和继承；二是防止其被不正当利用。所谓的法律空白主要出现在后一个面向上。非遗行政保护的目标是保养非物质文化遗产，也就是要保养创造和承载非遗的普通民众，鼓励他们继续这样生活下去，但这些目标本身和对非遗设立知识产权没有必然联系，因此，构建非遗特别权利制度缺乏清晰的、可预期的立法目标。② 这种观点正确地指出了对非遗的财产权设立与保养非遗的目标没有必然联系，却试图以此否认非遗财产权本身的存在，同样也不能令人信服。换言之，对民间文艺表达设立财产权固然不一定有助于甚至不能保养民间文艺表达本身，但这并不表明民间文艺表达这种财产就没有主人，更不能由此表明没有必要设立这种财产权。因为设立财产权的根本目的是保护财产主人的文化权利。正如有些学者在论述非遗保护时所指出：

> 文化权利是非物质文化遗产保护的核心法律问题，是相关国际公约得以形成的法律基础。在非物质文化遗产领域，相关文化权利具体表现为：一是文化遗产专属和支配权利，即对专属于自己的非物质文化遗产管理和控制的权利，是为自身文化享有权；二是文化身份认证

① ［德］黑格尔：《黑格尔全集（第10卷）：纽伦堡高级中学教程和讲话（1808—1816）》，张东辉、户晓辉译，商务印书馆2012年版，第289页。

② 参见史青《为了什么而保护？——对构建非物质文化遗产特别权利制度的反思》，《云南大学学报》（法学版）2014年第1期。

> 权利和文化表达选择自由，即有权维护自己的文化身份和文化尊严，表达和信奉其语言、宗教、传统、习俗等，是为文化表达选择权；三是文化传统生存与发展权利，即有权对其文化传统享有利益，平等享有文化的各种表现形式和利用各种传播手段，以维护自身文化存在，促进传统文化繁荣，是为文化生存、延续的发展权。①

这就需要我们对文化权利的性质做一番讨论和辨析。

国际人权学界一般将人权划分为三代：第一代人权是公民权利和政治权利；第二代人权是经济权利、社会权利和文化权利；第三代人权是集体权利或团体权利，其中包括发展权和自决权。② 虽然这种说法影响很大，而且也大体符合国际上对人权认识的发展历程，但由于它割裂了人权的统一性和相互依存性，并且具有把基本人权与生存权和发展权混为一谈的取向，所以也遭到一些学者的批评。③ 对我们而言，更重要的问题在于，集体权利是否就是人权？如果是，我们就可以赞同这样的看法："由于集体人权的概念已经被提出，对民间文学艺术的保护，正可以说是保护集体人权的一个方面"④；如果不是，那么，保护民间文艺表达就不能说是保护人权的一部分内容。

尽管《世界人权宣言》、《经济权利、社会权利和文化权利国际公约》与《公民权利和政治权利国际公约》等国际文件都对"文化权利"的概念做了界定和保护，而且它们的颁布也被认为是国际人权发展的重要里程碑，但我们必须注意加以区分的是：文化权利被认为既是集体权利，也是个人权利。从法理上来看，作为个人权利的文化权利是人权⑤，而作为集体权利的文化权利则不能称为人权。⑥ 对此，有些人权学者和法学家已经

① 王吉林、陈晋璋：《非物质文化遗产的权利主体研究》，《天津大学学报》（社会科学版）2011 年第 4 期。

② 参见杨春福等《经济、社会和文化权利的法理学研究》，法律出版社 2014 年版，第 56 页；Rebecca M. M. Wallace, *International Law: A Student Introduction*, Third Edition, London: Sweet & Maxwell Limited, 1997, pp. 205 – 206。

③ 参见郭道晖《人权理论的困惑与质疑——关于人权、主权、生存权诸问题的探讨》，《岳麓法学评论》2001 年第 2 卷。

④ 苏如飞：《国际法视野下的民间文学艺术保护——兼论主体制度的构建》，《西南交通大学学报》（社会科学版）2009 年第 6 期。

⑤ 吕微批注：正如作为个体权利的妇女权益属于人权，见下文。

⑥ 也有人认为，"文化权本身具有三重维度的形态，是主权、人权、私权的重要组成部分"（穆欣：《试论非物质文化遗产领域公益诉讼制度构建》，硕士学位论文，华中科技大学，2012 年，第 12 页）。

做出提示和论证。[①] 这些提示和论证对我们思考民间文艺表达的私法保护问题至关重要。

(1) 警惕人权的扩大化。也就是说，要防止把本来不属于人权范围的权利或没有必要称为“人权”的权利贴上“人权”的标签。[②] 我们也不能仅凭人权而为民间文艺表达的私法保护建立规范性和统一性。[③]

(2)“集体人权”概念的特殊内涵。在过去，古典人权主体仅限于个人，排斥集体。随着普遍人权概念的生成，集体作为人权的主体不仅是必要的而且是可能的。[④] 所谓集体人权，主要是指以国家和民族的发展权为核心、包括其他相关权利的权利系统。集体人权的主体主要指主权国家、国家或政治意义上的民族（不是社会文化或人类学意义上的民族）和作为整体的人民，而不能被泛化为各种集体和社会团体。[⑤] 换言之，集体人权的“集体”几乎仅限于指民族国家意义上的大民族，而非人类学意义上的小民族或族群，因此也不适用于民间文艺的“集体”概念。

(3) 这种观点实际上只是对“集体人权”概念的外延做了进一步的明确限定。如果从法理的内在逻辑上来看，“集体人权”的概念根本不能成立。华燕已经指出两个原因：（一）人权属于无差别的自然人，而与他们的性别、年龄、担当何种角色、从事何种职业无关。集体基于特殊角色和身份，所以不能作为人权的主体；（二）人权先于宪法、国家，具有前国家性、具有优于立法的地位，而集体成为法律主体，却是源于法律的拟制。人权是法律存在的目的，是先于、优于法律的存在，而集体的“人格”却是法律拟制的结果。[⑥] 我们否认“集体人权”的存在，但并不否认

① 例如，美国著名人权学者杰克·唐纳利就对除了自决权之外的群体人权（group human rights）或集体人权提出了七点质疑，参见 Jack Donnelly, *Universal Human Rights in Theory and Practice*, Third Edition, Ithaca and London: Cornell University Press, 2013, pp. 49 - 51。

② 参见张文显《人权·权利·集体人权——答陆德山同志》，《中国法学》1992 年第 3 期。

③ 正如国外学者已经指出，从理论上来看，人权视点固然可以为国际法的碎片化提供一个反思立场，但是，如果认为人权能够在元层次（meta level）上重建全球法律的规范性统一，那就有些天真了［参见 Christoph Beat Graber, “Can Modern Law Safeguard Archaic Cultural Expressions? Observations from a Legal Sociology Perspective”, in Christoph Antons (ed.), *Traditional Knowledge, Traditional Cultural Expressions and Intellectual Property Law in the Asia-Pacific Region*, Hague | London | New York: Kluwer Law International BV, 2009, p. 170, note 62］。

④ 参见李海星《论普遍人权的主体开放性》，《长安大学学报》（社会科学版）2004 年第 3 期。

⑤ 参见张文显《人权·权利·集体人权——答陆德山同志》，《中国法学》1992 年第 3 期。

⑥ 参见华燕《“集体人权”的虚幻——对“集体人权”概念的检讨》，《齐齐哈尔大学学报》（哲学社会科学版）2012 年第 3 期。

集体权利的存在，也不否认立法保护集体权利的必要性和可行性，只不过集体权利不是人权就意味着集体权利只是法律拟制和保护的权利，不具有人权本来就先于法律的那种普遍性和绝对性。①

（4）集体权利不同于群体权利。群体权利是指同类人群中的每个人都同样享有的权利。例如，妇女、未成年人、老人、残疾人权益保障法中所确认的权利，它实际上属于个人权利范畴，而非集体公有权利，也不存在要求个体权利服从群体权利的问题。②

从法理上说，无论是集体权利还是群体权利③（即使它最终还是需要落实和体现为个人权利），都已经不能被称为人权。因此，社会群体因其特殊性而享有人权，这种权利并不是集合性的，最终在法律上享有权利的仍旧是该群体中的个人，因而这种特殊人权并不是集体人权。④严格地说，即便个人因为是特殊社会群体中的一员而享有特殊的权利，这种权利也不再是人权，而只是法定保护的权利。由此看来，文化权利只是依据人权推演出来的法定权利，即只是法律拟制的权利。

（5）权利不同于利益。虽然权利与利益密切相关，法定权利就是法律所保障的利益，但权利不等于利益，有时，公民行使权利还可能牺牲自己的利益。个人的利益在特定条件下可以被牺牲或放弃，但个人权利和人权则不容放弃，更不容侵犯。也就是说，个人可以放弃行使自己的权利，但不能放弃应享有的基本权利与人权的资格，否则也将失去做人的资格和做公民的资格。因为个人权利和人权不仅仅是某一个人的权利和利益，而是每个人即所有人的权利。对一个人的权利的侵犯，就是对每个人的道义权利或法定权利的侵犯，从而也是对法治的侵犯。一个人可以牺牲自己的某

---

① 因此，有些国际公约也认可原住民有权保持自己的制度结构和习惯法体系，但前提是这些制度和体系应该符合国际上公认的人权标准，参见 Brendan Tobin，"The Role of Customary Law and Practice in the Protection of Traditional Knowledge Related to Biological Diversity"，in Christoph Antons（ed.），*Traditional Knowledge*，*Traditional Cultural Expressions and Intellectual Property Law in the Asia-Pacific Region*，Hague | London | New York：Kluwer Law International BV，2009，p. 138。吕微批注：集体权利从属于人权但不是人权本身。

② 参见郭道晖《人权理论的困惑与质疑——关于人权、主权、生存权诸问题的探讨》，《岳麓法学评论》2001 年第 2 卷。

③ 从词义上说，"集体"一般具有共同的目的、任务和相对固定的组织形式，而"群体"则相对缺乏共同的目标而且组织形式相对松散。但在法律上，也有学者把"集体权利"（collective rights）与"群体权利"（group rights）当作可以相互替换的同义词使用。由于权利与义务均需由稳定的、具有共同身份的组织形式来行使或承担，所以，本书主要使用"集体权利"一词。

④ 参见方立新、夏立安编著《人权法导论》，浙江大学出版社 2007 年版，第 23 页。

些利益，却不能因而否定个人权利，否则就等于否定了法和法治。[①] 这也就意味着，保护民间文艺表达的权利不完全等同于保护民间文艺表达的利益。[②] 即使现实生活中的有些集体可以放弃或者自愿放弃自己在民间文艺表达上的某些利益，但法律仍然需要赋予并保护他们的权利及其应得的利益。他们有了权利资格，同样也可以选择放弃行使权利的机会。但如果没有权利资格，则根本没有行使权利的机会。法律恰恰是要同时追求公正获益的权利资格（实质正义）和平等获益的权利机会（程序正义）。

(6) 集体权利不同于个人权利。[③] 集体权利与个人权利是两种不同性质与不同主体的权利，不是多数人与少数人、集体主义与个人主义的关系，而是整体与个人、住房与砖墙的关系。集体权利不等于个人权利之和。因此，不能按少数服从多数的原则，让个人权利服从集体权利，也不能为了集体权利而否定个人权利。[④] 对于本来就强调集体而忽视个人的中国文化传统而言，明确这一点尤其显得重要和必要。尽管在个人权利尚未得到充分保护之时提出集体权利有可能导致进一步压制、遮蔽甚至取代个人权利的现实性，但是，我们并不能因此就忽视集体权利的法理依据及其必要性。

既然集体的文化权不是人权，而是法律拟制和规定的权利，这种权利就不是先于法律的绝对权利，也就是说，一方面，文化权利只有相对的普遍性，另一方面，文化权利仍然可以甚至必须由是否符合人权的普遍标准来加以判定[⑤]。否则，人类普遍价值体系就无法存在，就会失去判断是非

---

① 参见郭道晖《人权理论的困惑与质疑——关于人权、主权、生存权诸问题的探讨》，《岳麓法学评论》2001 年第 2 卷。

② 吕微批注：也许，重要的还不在于“权利”和“利益”在概念上的区分，而在于从目的论还是从效果论的角度立论，因为，综合权利与利益两个角度的立论也可以是追求“至善”的目的论的律法诉求。

③ 国外有学者认为，集体权利是防御外人的，而内在的个体化的权利则是维护自身的。也就是说，传统的财产观念在族群内部比较弱，而在对外时则比较强。因此，文化遗产和文化知识的产权问题是对商品化的反应。文化能够成为财产的观念显然不是习惯法的一部分，而是对商品化的矛盾反应的一部分［参见 Matin Chanock, “Branding Identity and Copyrighting Culture: Orientations towards the Customary in Traditional Knowledge Discourse”, in Christoph Antons (ed.), *Traditional Knowledge, Traditional Cultural Expressions and Intellectual Property Law in the Asia-Pacific Region*, Hague | London | New York: Kluwer Law International BV, 2009, pp. 186 – 187］。

④ 参见郭道晖《人权理论的困惑与质疑——关于人权、主权、生存权诸问题的探讨》，《岳麓法学评论》2001 年第 2 卷。

⑤ 吕微批注：集体权利、文化权利都是“拟制”的相对性准则，人权是“颁布”（被给予）的绝对性法则，合于法则的准则当然也在被保护之列。

善恶的普遍标准，这就等于摧毁了国际社会以及人类大家庭的基础。[①]

正因如此，文化权利的行使必须遵守国际法的规定，并且以尊重基本人权、人格尊严与价值为基础和前提。一方面，当文化权利与其他基本人权之间有明显的、激烈的冲突时，需要让基本人权优先；当文化权利与其他基本人权之间没有明显的冲突时，可以让文化权利优先。[②] 另一方面，尤其需要我们注意的是，人权大家族中的不同类别具有不同的逻辑层次和优先顺序。所谓的生存权和发展权不完全等同于基本人权并且不能优先于基本人权，"任何以其他权利，比如生存权、发展权来取代前面这些基本人权，或者把生存权、发展权放在优先于基本人权的地位上的做法，都是对人的尊严的威胁与否定。因为基本自由权本身就包括生存权与发展权，而生存权与发展权却不包含自由权，因此，如果把生存权或发展权置于那些基本自由权之上，那么，结果很可能会是：人们虽然拥有了生存权，却是生活在牢笼里面，而牢笼里不管多么安逸，却永远都没有人的尊严；同时，虽然人们可能的确置身于发展当中，却发现是'被发展'了，因为那并不是人们所愿意看到的发展，比如环境的迅速恶化、贫富的极度悬殊、社会公义的极度稀薄，等等"[③]。

这些原则也同样适用于民间文艺表达的法律保护。[④]

第五节　特别知识产权的特别之处

民间文艺表达的集体权利不是一般的文化权利，而是一种特别的文化权利即特别知识产权（suigeneris IP）。由于民间文艺表达的主体状态不是一般意义上的作者身份不明、没有主体，而是主体不特定[⑤]，所以，相对

---

① 参见雅努兹·西摩尼迪斯《文化权利——一种被忽视的人权》，黄觉译，《国际社会科学杂志》（中文版）1999 年第 4 期。

② 参见唐海清《略论非物质文化遗产国际人权法保护中的权利冲突——以文化权利与其他基本人权的冲突为视角》，《法学评论》2013 年第 1 期。

③ 黄裕生：《站在未来的立场上》，生活·读书·新知三联书店 2014 年版，第 216 页。

④ 有学者指出，涉及传统知识保护的权利可能与其他权利（比如，本土居民的自主权或自决权等）相冲突。因此，从人权角度出发为保护传统知识辩护并不能够保证产生确实的正面效果（参见刘银良《传统知识保护的法律问题研究》，载郑成思主编《知识产权文丛》第 13 卷，中国方正出版社 2006 年版，第 276—277 页）。

⑤ 参见宋慧献《民间文学艺术作品保护：全球化背景下的制度"怪胎"?》，载刘春田主编《中国知识产权评论》第五卷，商务印书馆 2011 年版，第 159 页。

于主体明确的个人权利尤其是个人的著作权来说，民间文艺表达的集体权利才是一种需要特别创设的新型权利。[①]

那么，民间文艺表达的集体权利究竟是一种什么样的特别权利呢？

1982 年，世界知识产权组织（WIPO）和联合国教科文组织[②]通过的《保护民间文艺表达免受非法利用与其他损害行为的国家法律示范条款》(*Model Provisions for National Laws on the Protection of Expressions of Folklore Against Illicit Exploitation and Other Prejudicial Actions*) 被称为最早采用"民间文艺表达"这一术语的立法之一，也是第一份以"知识产权类型的特别保护"方式保护民间文艺的草案。它的第二条款把"民间文艺表达"界定为由特定社群或者能体现该社群传统艺术诉求的个人所发展和保有的成果。有学者指出，其中至少有两点不同于普通著作权法保护的"作品"：（一）民间文艺表达的形成过程是"发展与保有"，而普通作品的形成过程是"创作"；（二）"发展与保有"民间文艺表达的主体是社群或者能体现社群诉求的个人，而非著作权法意义上的独立作者，因此这种主体应该表述为来源主体，而且它的基础是群体性而非个人身份。更为重要的是，来源主体与其民间文艺的关系仍然应该被确认为创作关系。[③]

笔者认为，与普通作者的权利相比，这种特别权利的特别之处至少表现在如下几个方面。

首先，它不是普通版权法或著作权法意义上的作者权利，而是民间文艺表达作为无形知识意义上的"产权"。也就是说，它淡化了创作的意味，突出了保有和发展的意味。

---

① 国外学者指出，保护"共同体知识权"（community intellectual rights）是《原住民权利法案》（*The Indigenous Peoples Rights Act*，IPRA）的一部分，它经历了一场立法挑战，所以迟至 2003 年才开始履约［参见 Christoph Antons，"Introduction"，in Christoph Antons（ed.），*Traditional Knowledge, Traditional Cultural Expressions and Intellectual Property Law in the Asia-Pacific Region*，Hague | London | New York：Kluwer Law International BV，2009，p. 9］。

② 实际上，国外学者已经指出，这两个组织的立法目的有矛盾之处：世界知识产权组织内部的讨论试图在私人产权的框架中保护传统文化表达，而联合国教科文组织有关文化多样性和非物质文化遗产的倡议要保护的是公共利益而非私人利益［参见 Christoph Beat Graber，"Can Modern Law Safeguard Archaic Cultural Expressions? Observations from a Legal Sociology Perspective"，in Christoph Antons（ed.），*Traditional Knowledge, Traditional Cultural Expressions and Intellectual Property Law in the Asia-Pacific Region*，Hague | London | New York：Kluwer Law International BV，2009，pp. 169 - 170］。

③ 参见杨鸿《民间文艺的特别知识产权保护：国际立法例及其启示》，法律出版社 2011 年版，第 110—113、227 页。

其次，它不是个人的权利而是集体的权利。这种集体权利当然也要考虑个人，但它与普通版权法中独立的个体作者权利的不同之处在于，民间文艺表达的集体权利仅仅从个人保有和发展了集体的传统诉求和传统形式的角度来看待个人，也就是仅仅从集体的角度来看待个人的民间文艺表达，实际上仍然偏重的是集体动力和集体利益；正因如此，即便并非集体中的每个成员都平均用力，即便他们也并非都为民间文艺表达传统做出等额的贡献，但整个集体仍然可以拥有这种集体权利，而且这种集体权利不能被分割为个人权利；[①] 当然，权利的行使方式并不影响权利的性质，集体权利有三种行使方式：通过持有权利的集体中的个人、通过集体本身或者通过持有权利的集体的代表机构。这三种方式都是为了集体的利益而非个人的利益。[②] “相对于个人权利而言，集体权利的行使主体产生的过程比较复杂，需要法律和制度加以保障，如果集体代表滥用权利，群体中的个人利益就很可能受到侵害，造成权利冲突。对于集体代表的产生，必须有一套合理科学公正的法律和组织制度。”[③] 正如德国学者莱万斯基在分析太平洋社区保护传统文化表达示范法时指出的那样，所有这些不同的民间文艺表达形式必须满足下列三个条件才能成为受保护的对象。

（1）它们必须是创造性的智力活动的产物。值得注意的是，这种活动包括个人的创造性和集体的创造性。个人的表达代表着集体的身份并且属于这个群体。个人创作了某个民间文艺表达并不意味着该个体也是保护的受益者。当个人的创作满足下面两个条件时，它就被看作一个集体创作的过程，因此，该集体而非个人控制着这种民间文艺表达的使用，也就成为保护的受益者。

（2）这些表达形式必须是某个集体的文化身份、社会身份和文化遗产所特有的，恰恰是这些特点才是需要保护民间文艺表达的理由，才是该集体真正的表达。

---

① 冰岛民俗学者哈夫斯坦曾提出一种社会创作的概念（a social concept of creativity），它强调集体的动力，也就是个人再创造的集体起源（communal origination through individual re-creation），参见 Valdimar Tr. Hafstein，“Politics of Origins：Collective Creation Revisited”，*Journal of American Folklore*，117（465），2004，p. 310。

② 参见 Miodrag Jovanovic，“Cultural Rights as Collective Rights”，in Andrzej Jakubowski（ed.），*Cultural Rights as Collective Rights：An International Law Perspective*，Leiden：Brill，2016，p. 21；Miodrag A. Jovanovic，*Collective rights：A legal theory*，New York：Cambridge University Press，2012，p. 9。

③ 韩缨：《浅论集体权利的若干问题》，《长春工业大学学报》（社会科学版）2006 年第 3 期。

（3）该集体或其中的个人有权利或责任按照习惯法和习俗来保持、使用或发展这些表达形式。这个条件既反映了民间文艺作为活态遗产的共同特征，也是民间文艺需要被保护的理由。也就是说，民间文艺对某个集体来说不仅是特有的，而且是仍然被实践着的和被发展着的。否则，假如民间文艺对该集体不再重要，也就无须保护。

草案条款建议保护民间文艺表达的受益者是集体而非个人。但只有集体受到委托按照自己的习惯法和习俗来管理、关心并保护自己的民间文艺时，它们才能被认可为受益者。① 这其实符合权利与义务对等的法律原则。②

最后，在保护期限方面，普通著作权在作者去世几十年后即自动解除，而民间文艺的集体权利则随该集体的彻底消失（如果有这么一天的话）而自动解除。③ 在笔者看来，这种设权思路的特别之处也在于综合了

---

① 参见 Silke von Lewinski，"An Analysis of WIPO's Latest Proposal and the Model Law 2002 of the Pacific Community for the Protection of Traditional Cultural Expressions"，in Christoph Antons（ed.），*Traditional Knowledge, Traditional Cultural Expressions and Intellectual Property Law in the Asia-Pacific Region*，Hague｜London｜New York：Kluwer Law International BV，2009，pp. 112－113。

② 莱万斯基还指出，利用相关的习惯法来确定保护的受益者是一个好办法，因为如果某人不一定是该民间文艺的保管人却被抽象地确定为保护的受益者，那么这种做法对该社群就没有多少助益。由于确定真正保管人时的情况复杂，所以立法时最好给各地的习惯法留有足够的余地（参见 Silke von Lewinski，"An Analysis of WIPO's Latest Proposal and the Model Law 2002 of the Pacific Community for the Protection of Traditional Cultural Expressions"，in Christoph Antons，ed. *Traditional Knowledge, Traditional Cultural Expressions and Intellectual Property Law in the Asia-Pacific Region*，Hague｜London｜New York：Kluwer Law International BV，2009，p. 114）；也有学者指出，在发展中国家的语境中，政府在国内立法时对习惯法的重要性往往只是口头上重视，实际上认为习惯法老套而过时，只能助长地方主义的分裂倾向而与新型"现代"民族国家不相协调［参见 Christoph Antons，"The International Debate about Traditional Knowledge and Approaches in the Asia-Pacific Region"，in Christoph Antons（ed.），*Traditional Knowledge, Traditional Cultural Expressions and Intellectual Property Law in the Asia-Pacific Region*，Hague｜London｜New York：Kluwer Law International BV，2009，p. 50］；不过，有学者进一步指出，当代法而非习惯法将更好地保护原住民（作为现在和将来的文化创造者）的利益［参见 Matin Chanock，"Branding Identity and Copyrighting Culture：Orientations towards the Customary in Traditional Knowledge Discourse"，in Christoph Antons（ed.），*Traditional Knowledge, Traditional Cultural Expressions and Intellectual Property Law in the Asia-Pacific Region*，Hague｜London｜New York：Kluwer Law International BV，2009，p. 193］。

③ 正如莱万斯基所指出，保护民间文艺表达的需要植根于它作为活态文化遗产的重要性，因此在逻辑上顺理成章的是，一旦保护被认可，那么它就与这种民间文艺实践在该社群中作为文化遗产的活态生存同生共在［参见 Silke von Lewinski，"An Analysis of WIPO's Latest Proposal and the Model Law 2002 of the Pacific Community for the Protection of Traditional Cultural Expressions"，in Christoph Antons（ed.），*Traditional Knowledge, Traditional Cultural Expressions and Intellectual Property Law in the Asia-Pacific Region*，Hague｜London｜New York：Kluwer Law International BV，2009，p. 120］。

集体的文化权利和个体的知识产权两种设权模式，或者说，在于为了保护集体的文化权利而借用并改造个体的知识产权保护模式。

正如法学研究者们已经论述的那样，权利概念本身并不限于个人主义的社会和政治理论[①]，而且像农村土地集体所有和归国家所有的自然资源权、知识产权、股权之类的做法，就是把集体作为民事权利主体[②]。因此，主体的集体性并不能影响该事物的私权属性。[③]

2004 年 12 月 22 日，中国的《著作权集体管理条例》正式通过。从世界范围来看，著作权集体管理组织大体上分民间性的私人团体和官方或半官方的机构两种类型。[④] 从本质上来看，集体管理组织应当是一个市场经济的主体而非行政管理组织。然而，中国现行法对集体管理组织的法律定位偏于行政化，限制过严、过死，负面问题丛生。由于中国在实行集体管理制度过程中出现了定位偏差的问题，已经过多地干预了市场经济的自由发展，在此基础上不加限制地再赋予集体管理组织延伸性的权力，会将过度行政化和垄断化的著作权集体管理制度所带来的不利后果无限放大。[⑤]也有学者指出，运用公有领域付费制度（domaine public payant）保护集体权利是一种可取的办法。这种办法不能保护相关集体的完整性，因为它对民间文艺表达的使用没有限制。[⑥]

鉴于国内学者已对民间文艺特别知识产权的集体立法途径和方案做出不少专门的论述和研究[⑦]，而且关于目前已有的民间文艺特别知识产权国

---

① 参见［加］L. W. 萨姆纳《权利的道德基础》，李茂森译，中国人民大学出版社 2011 年版，第 191 页。

② 参见管育鹰《民间文艺的知识产权保护问题》，载郑成思主编《知识产权文丛》第 13 卷，中国方正出版社 2006 年版，第 343 页。

③ 参见李丽《TRIPS 框架下传统知识保护法律制度的构建》，硕士学位论文，北京交通大学，2011 年，第 16 页。

④ 参见管育鹰《民间文艺的知识产权保护问题》，载郑成思主编《知识产权文丛》第 13 卷，中国方正出版社 2006 年版，第 344 页；国外的相关研究参见 Daniel Gervais, ed. *Collective Management of Copyright and Related Rights*, Hague | London | New York: Kluwer Law International BV, 2006。

⑤ 卢海君、洪毓吟：《著作权延伸性集体管理制度的质疑》，《知识产权》2013 年第 2 期。

⑥ 参见 Indunil Abeyesekere, "The Protection of Expressions of Folklore in Sri Lanka", in Christoph Antons (ed.), *Traditional Knowledge, Traditional Cultural Expressions and Intellectual Property Law in the Asia-Pacific Region*, Hague | London | New York: Kluwer Law International BV, 2009, p. 349。

⑦ 相关论著，参见管育鹰《知识产权视野中的民间文艺保护》，法律出版社 2006 年版；张耕《民间文学艺术的知识产权保护研究》，法律出版社 2007 年版；黄玉烨《民间文学艺术的法律保护》，知识产权出版社 2008 年版。相关的学位论文和单篇论文也有许多，这里不再一一列举。

际立法实践，也有学者做了专题研究[①]，本书不再赘述。也许有学者会说，在目前的情况下，即使制定了保护民间文艺特别知识产权的法律，也未必会产生多少实效，也可能像有些法律条文一样被重重举起又被轻轻放下。[②]所幸，国外学者已经对这个问题做了精彩的回答："只要某特定规则在其体系内有效，而且该体系作为整体继续起作用，那么这条规则可能不起作用，但是这条规则在该司法体系中的有效性不会消除。法律的有效性不等于能够被执行或实施；不起作用的规则仍然是规则，但是不存在的规则绝不是规则。因此，规则的存在是其功效的一种直接保障。"[③]

第六节　立法前景展望

无论民间文艺表达形式的私法保护还是非遗的私法保护，都限定在比较专门、比较特定的范围之内，因而并不影响对民间文艺或非遗本身的合理使用与传播。一方面，所谓合理使用，主要包括如下情况：

(1) 不具有获利意图，也未超出传统或习惯范围的使用；

(2) 为个人学习、研究或欣赏而使用；

(3) 为介绍、评论或者说明某一问题使用；

(4) 为报道时事新闻，在报纸、期刊、广播、电视节目或者新闻纪录片中使用；

(5) 为学校课堂教学或者科学研究，翻译或者少量使用，应披露来源，且不得损害相关权益人的经济利益；

---

① 参见杨鸿《民间文艺的特别知识产权保护：国际立法例及其启示》，法律出版社 2011 年版。

② 即便在国际上，虽然特别法已经被一些国家和世界知识产权组织的示范条款采纳，但在实践中仍然没有得到成功的履约和应用，参见 Silke von Lewinski，"An Analysis of WIPO's Latest Proposal and the Model Law 2002 of the Pacific Community for the Protection of Traditional Cultural Expressions"，in Christoph Antons（ed.），*Traditional Knowledge*，*Traditional Cultural Expressions and Intellectual Property Law in the Asia-Pacific Region*，Hague | London | New York：Kluwer Law International BV，2009，p. 110；中国的法学研究者甚至提出，为了让法律发挥实效，应该"从立法控制模式（包括行政控制模式）转变到司法保障模式"（参见张千帆《权利平等与地方差异：中央与地方关系法治化的另一种视角》，中国民主法制出版社 2011 年版，第 93 页）。

③ ［加］L. W. 萨姆纳：《权利的道德基础》，李茂森译，中国人民大学出版社 2011 年版，第 54 页。

(6) 国家机关为执行公务使用;

(7) 图书馆、档案馆、纪念馆、博物馆、美术馆等为陈列或者保存的需要而收藏;

(8) 免费表演非遗相关内容，应当披露来源，且不得以歪曲贬损的方式使用;

(9) 对设置或者陈列在室外公共场所的非遗进行临摹、绘画、摄影、录像;

(10) 其他在不损害相关权益人的人格利益和经济利益的情况下的合理使用。①

在上述这些情况下使用民间文艺表达形式或非遗，只要不损害相关权利人的合法权益，就无须获得相关权利人的同意，也无须支付报酬。

另一方面，民间文艺的母题、素材、主题、思想等内容即便进入公共领域，也不受现有版权法的保护②，由于它们不属于民间文艺表达形式，所以也同样不受特别知识产权法的保护。

从更加抽象和宏观的方面来看，“在家长制专制皇帝统治之下，古代中国没有民法，只有刑法和行政法”③。中国的法律数千年来都以刑律为主，国家权力一直至高无上，私权概念在法律中非常罕见甚至根本不存在。即便是宪法，对国家权力的限制也很少，公民权利的实现常常得不到保障。④ 因此，私法保护民间文艺表达在中国尤其必要。既然国际社会对非物质文化遗产赋予权利进行保护形成了共同的意志⑤，那么，对民间文艺表达的私法保护也同样需要形成共同的意志。如果说公共领域是独立于中国传统的“官”“民”二分社会结构的第三领域（尽管在目前的中国现实中这种三分结构仍然不是十分明朗，而是需要我们加以建设的领域），

① 董新中:《非物质文化遗产私权保护理论与实务研究》，知识产权出版社 2016 年版，第 59 页；参见梁志文《民间文学艺术立法的集体权利模式：一种新的探讨》，《华侨大学学报》（哲学社会科学版）2003 年第 4 期。

② 参见杨长海《反思与革新：非物质文化遗产的法律保护——以西藏传统文化表现形式为例》，九州出版社 2021 年版，第 63 页。

③ 王毓铨:《王毓铨史论集》，中华书局 2005 年版，第 699 页。

④ 参见俞睿《国家与社会关系视阈中的私人领域建构》，人民出版社 2014 年版，第 194 页。

⑤ 穆欣:《试论非物质文化遗产领域公益诉讼制度构建》，硕士学位论文，华中科技大学，2012 年，第 11 页。

那么，中国民间文艺或民俗进入公共领域则具有突破传统的官民二元对立的重大理论意义和现实意义。此外，这种突破还意味着中国民间文艺或民俗只有在经过转型并且进入公共领域之后才能与公民社会发生关联。既然中国民间文艺或民俗不能不进入公共领域，那么，中国民间文艺或民俗也就不能不与中国的公民社会建设发生关联。

就本书的论题而言，恰恰因为公共领域是由私人利益组成的，或者说公共领域中包含私人利益①，所以才需要在公共领域中以法律的形式保护私人利益。这里的“私人”既包括个人，也包括集体意义上的“私人”。因此，“公共性应当贯彻一种建立在理性基础上的立法”②。这种立法既包括私法，也包括公法。国外学者指出，尊重传统社群可能仍然不能把它们当作当代社会理性的合同签约方和当代有创新能力的创造者来加以尊重。③这就说明，仅仅依靠公法仍然不能完全达到真正尊重和保护传统社群的目的。在笔者看来，诉诸私法途径恰恰是用权利和义务对等的方式把不同社群的民众当作自由的理性行为者加以对待和尊重的最佳选择。在这个逐渐学会理性自治的过程中，民众也可以经历从臣民成长为公民的历练。换言之，从礼俗社会向法理社会的转变，表现在个人身份层面上就是从中国传统上的子民、草民、平民、黎民、叛民、暴民、顺民转变为公民的过程，体现在意志层面上就是从任意意志向自由意志的过渡，体现在法律层面上就是从无法可依到以私法保护个人和集体的权利，这在中国必定是一个道路既阻且长的过程。所以，“在一个个人的自由及其生而具有的自然权利可被任意侵害与欺凌的社会里，在一个满街还都被视为草民的社会里，如果学者们不是把如何确立和维护个人的自由权利这一涉及立国之本的问题，而是把如何获得实质平等这一首先是社会政策层面上的问题，当做这个社会要解决的根本问题，那么，这样的学者要么是在转移这个社会的［根本］问题，要么就是对人之为人的自由还缺乏真正的意识。这样的学

---

① 吕微批注：私人的权利和利益才是公共领域的“人权”原则。

② ［德］哈贝马斯：《公共领域的结构转型》，曹卫东、王晓珏、刘北城、宋伟杰译，学林出版社 1999 年版，第 57 页。

③ Matin Chanock，“Branding Identity and Copyrighting Culture：Orientations towards the Customary in Traditional Knowledge Discourse”，in Christoph Antons（ed.），*Traditional Knowledge*，*Traditional Cultural Expressions and Intellectual Property Law in the Asia-Pacific Region*，Hague | London | New York：Kluwer Law International BV，2009，p. 192.

者本身还有待自我启蒙或者‘被启蒙’”①。尽管多数学者仍然对启蒙没有感觉、缺乏兴趣甚至可能在所谓后现代思潮的影响下反启蒙，但我们仍然需要看到，“在还没有启蒙或启蒙还没有完成的国家或民族里，无权阶层不仅在有权阶层的权力意识里是草民，而且它在自己的意识世界里也没有拒绝强加给它的草民身份。因此，在前启蒙—前现代的社会里，只有统治者与被统治者，只有官僚与草民。换言之，前启蒙的社会是一个‘草民社会’，而不是一个‘公民社会’。启蒙（思想启蒙与制度启蒙）是草民社会向公民社会迈进的根本性前提。因为只有通过启蒙，才能真正确立起公民人格。只有当社会精英，特别是学界精英、政界精英与商界精英都确立了公民人格［时］，现代性的民主政治才可能真正建立，进而才能通过制度本身去带动共同体所有成员的自我启蒙，完成公民人格的确立与担当”②。在现实中，我们常常自觉不自觉地把“老百姓”一词挂在嘴边并且常常在自我意识里以“老百姓”自居，却很少意识到这个词是专制时代对庶民的称谓，它指的是统治阶层以外的人民。我们自称是“老百姓”，实际上就是默认自己是被管束、被统治的对象或者是被施舍恩惠的对象，就基本上忽略或放弃了最基本的国家公民权利。“老百姓”是无权无势的、没有清晰面孔却依附于统治者的群体的代称，它与现代公民身份是格格不入的。正因如此，我们并不能认为“老百姓”到了公共场所就好像自然而然地直接成了“公民”。民俗学需要为从“老百姓”到“公民”、从草民社会到公民社会的艰难转变创造理论条件和实践条件，遗产保护新理念的理性目的恰恰也在于推动中国社会的观念启蒙和公民化进程。

正如哈贝马斯所指出，尽管马克斯·韦伯用各种世界宗教加以证明的理性化过程（Rationalisierungsprozesse）首先只在欧洲才导致了一种理性主义的形式（eine Form des Rationalismus），但这种理性主义也是现代性的总体特征。③ 这种理性主义或理性化的实质是形式合理性取代实质合理性的过程，也就是理性化越来越占据并控制着社会生活的各

---

① 黄裕生：《站在未来的立场上》，生活·读书·新知三联书店2014年版，第206页。

② 黄裕生：《站在未来的立场上》，生活·读书·新知三联书店2014年版，第232页。

③ 参见Jürgen Harbermas，*Theorie des kommunikativen Handelns*，*Band 1*：*Handlungsrationalität und gesellschaftliche Rationalisierung*，Frankfurt am Main：Suhrkamp Verlag，1981，S. 222。

个方面。[①] 近代以来的中国社会也处在这样一个发展过程之中。笔者认为，公民社会就是这种发展过程的必然形态之一，因此，我们才有理由断言："公民社会的概念虽然是从外面引进的，但是这个概念所包含着的内容却是任何一个现代社会所不可或缺的。所以公民社会并不是什么理想的社会，而是一个在现代化过程中必然要出现的一个现实的社会。不管每个国家自身有多少特色，它所要实现的公民社会的内容大体上都是一样的。"[②]

公民社会当然离不开公共领域。有学者把哈贝马斯所谓公共领域概括为如下特征：（一）推理性和讨论性；（二）批评性和批判性；（三）平等性和开放性；（四）强调公众意见和公众舆论的形成；（五）强调理性的守护和展示。[③] 中国民间文艺或民俗既然要进入公共领域，就不能不接受这些特征的洗礼和熏陶，也就是说，中国民间文艺或民俗也需要自觉地学会以公共领域的方式在公共领域中生存，这样才能活得更好，活得更自在。进而言之，在进入公共领域的同时，未来的中国民间文艺或民俗还应该学会如何适应公民社会的要求，养成新的文化传统和文明习性。这其中就包括学会守护公民社会的法律并且运用法律保护自己的私权和公共利益，因为法律构成道德的底线，"蕴含在法理型权威这个概念中的法治含义对公民社会的出现是尤其重要的。就是在那种情况下，公民社会才最有可能成为一种积极意义上的对抗性环境，才能有利于公共领域利益的表现"[④]。因此，如果说"在小事情上都没有学会使用民主的老百姓怎么能在大事情上运用民主"[⑤]，那么，民间文艺表达的私法保护，就是让中国的普通民众首先学会在小事情上运用民主并且促使其权利意识觉醒的一条良好途径。权利需要经过争取和斗争才能得到，正如德国著名法学家耶林（Rudolf von Jhering，1818—1892）在其名著《为权利而斗争》中所说，一方面，并非公法而是私法才是一个民族政治发展的真正学校，因此，"'你必须到斗争中去寻找你的权利'，权利从它放弃准备斗争的瞬间也放

① 参见刘莹珠《论马克斯·韦伯的"合理性"概念》，《中共中央党校学报》2013 年第 4 期。

② 李景鹏：《中国公民社会成长中的若干问题》，《社会科学》2012 年第 1 期。

③ 参见李佃来《公共领域与生活世界——哈贝马斯市民社会理论研究》，人民出版社 2006 年版，第 96—98 页。

④ ［美］戈兰·海登：《公民社会、社会资本和发展：对一种复杂话语的剖析》，载何增科主编《公民社会与第三部门》，社会科学文献出版社 2000 年版，第 96 页。

⑤ ［法］托克维尔：《论美国的民主》，董果良译，商务印书馆 2009 年版，第 118 页。

弃了它自身”①；另一方面，耶林提醒我们注意权利背后的利益，由此改变了整个权利理论。他认为，权利就是受到法律保护的利益，并非所有的利益都是权利，只有为法律所承认和保障的利益才是权利。② 正因如此，我们才主张应该寻求对民间文艺表达的集体权利进行私法保护的合理途径。

① ［德］鲁道夫·冯·耶林：《为权利而斗争》，胡宝海译，中国法制出版社 2004 年版，第 73、102 页；Rudolf von Jhering，*Der Kampf ums Recht*，Herausgegeben und mit einem Anhang versehen von Hermann Klenner，Freiburg-Berlin：Rudolf Haufe Verlag，1992，S. 73，S. 100。

② 参见［美］罗斯科·庞德《通过法律的社会控制》，沈宗灵译，商务印书馆 2009 年版，第 52 页。

第 五 章

遗产时代的中国民俗学

遗产时代尤其是非遗时代给中国民俗和民俗学带来前所未有的新问题，也让民俗的与时俱进和移风易俗有了不同于以往的新维度和新标准。实践民俗学的立场能够让我们更深入、更准确地理解这些新问题、新维度和新标准。

第一节 非遗保护：民俗学的实践理性

无论在国际、国家还是地方层面，民俗学者都是非遗保护的核心力量，并且在理念、思路和方法上都做出了重要贡献。① 尽管《非遗公约》以联合国教科文组织的名义发布，但其中的概念、理念、思路和方法主要是由民俗学者提供的。非遗保护实际上主要是由民俗学者发起并推动的实践行动，这项实践行动与以往的民俗学研究有一个显著的区别在于，它不是为了对不同地区、不同民族的非遗做经验的认识和归纳，也不是单纯为了对它们进行登记、注册或保护，而是为了从实践原则和自由意志出发来展开并创造新的实践。②《非遗公约》本身就是实践原则、伦理律令（ethical imperative）③ 或

---

① 参见安德明《非物质文化遗产保护：民俗学的两难选择》，《河南社会科学》2008 年第 1 期。

② 参见户晓辉《〈保护非物质文化遗产公约〉能给中国带来什么新东西——兼谈非物质文化遗产区域性整体保护的理念》，《文化遗产》2014 年第 1 期。

③ Laura Pineschi, "Cultural Diversity as a Human Right? General Comment No. 21 of the Committee on Economic, Social and Cultural Rights", in Silvia Borelli and Federico Lenzerini (eds.), *Cultural Heritage, Cultural rights, Cultural Diversity: New Developments in International Law*, Leiden · Boston: Martinus Nijhoff Publishers, 2012, p. 35.

自由意志的内在目的[1]，而世界各地保护非遗的活动则是在《非遗公约》的实践原则指导下对自由意志的贯彻或实现。

也就是说，保护非遗不是对既有的东西进行经验性归纳和认识，而是要按照《非遗公约》规定的实践原则和自由意志从无到有地开辟崭新的实践。非遗保护的目的之一就是以特定的实践原则和自由意志“把曾经备受冷落的活动主体邀请回来”[2]，让不同民族、不同文化的非遗显现出来，在国际视野下彰显其价值并尽可能提升其可见度[3]。正如吕微所指出：

> 提出“非物质文化遗产”的概念，就其实践的意义来说，原本就是要在国家间通过开展一场多元的民族民间文化的保护运动并形成制度，以保障每一个共同体都能够平等地行使其文化选择的自主权利，进而保障每一个人的文化认同的“人权”。参与制订“非遗”公约的专家们多是国际知名的民间文学—民俗学家（以此可以说“非遗”保护是民间文学—民俗学学者的实践创举，以及民间文学—民俗学学科的理论骄傲），由于“首义者”多是民间文学家、民俗学家，所以“非遗”保护最初使用的概念是“民间创作”，其所指的内容（对象、范围），也多是民俗或民间文化（包括民间文学、民间信仰）的传承。[4]

正因为民俗学者和民间文学研究者在国际非遗保护过程中起着至关重要的作用，所以，我们可以从民俗学的几个层次来观察这个过程，并且反

① 真正的意志以自身为内在目的，因而本来就是自由的和普遍的，正如黑格尔所说：“意志是真正和绝对自由的，这会是它的所愿，或者说，它的内容无非就是它自身。它只会在它自身有意愿并把自己当作对象。因此，纯粹意志并不为了它的特殊性而希求某个特殊内容，而是意志本身在它的行为中就是自由的，并且获得自由，或者说，出现了普遍意志”（［德］黑格尔：《黑格尔全集（第10卷）：纽伦堡高级中学教程和讲话（1808—1816）》，张东辉、户晓辉译，商务印书馆2012年版，第304页）。

② 高丙中：《民俗文化与民俗生活》，中国社会科学出版社1994年版，第11页。

③ 参见《联合国教科文组织〈保护非物质文化遗产公约〉基础文件汇编》，外文出版社2012年版，第41页；联合国教科文组织非遗处印发：Basic Texts of the 2003 Convention for the Safeguarding of the Intangible Cultural Heritage，2012 Edition，p. 54。

④ 吕微：《我们的学术观念是如何转变的？——刘锡诚：从一位民间文学—民俗学学者看学科的范式转换》，施爱东、巴莫曲布嫫主编《走向新范式的中国民俗学》，中国社会科学出版社2015年版，第22—98页。

思非遗保护与民俗学的互动互促关系。

第一，联合国教科文组织在1989年11月15日通过的《保护传统文化和民俗倡议书》[①] 所使用的关键词还是folklore，其中也特别强调政府在民俗保护过程中应该起决定作用。这种传统“民俗”概念常常带有贬义，而且在西方民俗学观念中指的往往是被收集的死物，而在世界各地的许多本土民族看来，民俗则是活生生的和不断演进的传统，包含了文化遗产的所有方面。[②] 因此，从某种意义上说，《非遗公约》使用的“非物质文化遗产”概念也是世界各地本土民族的民俗观念与西方民俗观念进行对话和视域融合的结果。[③]《非遗公约》倡导的非遗与传统意义上的民俗有根本区别。[④] 在《非遗公约》中，个人、共同体或群体直接被看作非遗的重要组成部分，他们不仅是非遗的守护者，也是非遗的创造者和支持者。[⑤] 因此，“非遗”概念是一种列举式、开放式并且有足够弹性的描述而非严格

---

① 英文是Recommendation on the Safeguarding of Traditional Culture and Folklore，通常被译为《保护民间创作建议案》。安德明早就指出，folklore在中文中对应的翻译应该是众所周知的“民俗”或“民间文学”，而不是所谓的“民间创作”。这样的翻译，对中文社会正确理解联合国教科文组织在相关问题上的本意带来了不必要的困难（《非物质文化遗产保护：民俗学的两难选择》，《河南社会科学》2008年第1期）。相关讨论，参见巴莫曲布嫫《非物质文化遗产：从概念到实践》，《民族艺术》2008年第1期。

② 参见Silke von Lewinski（ed.），*Indigenous Heritage and Intellectual Property：Genetic Resources，Traditional Knowledge and Folklore*，Second Edition，Hague｜London｜New York：Kluwer Law International BV，2008，p. 346。

③ 比较而言，欧洲多为物质文化遗产，而亚洲、非洲和美洲则以非物质文化遗产为主。因此，《非遗公约》也是对后者的兼顾和倾斜。

④ 参见户晓辉《〈保护非物质文化遗产公约〉能给中国带来什么新东西——兼谈非物质文化遗产区域性整体保护的理念》，《文化遗产》2014年第1期；另外，岩本通弥也指出，《非遗公约》中关于“非物质文化”的定义与民俗学的“文化”理解方式有很大差异，因为该定义对“文化”的理解方式衍生于人类学曾经对象化的所谓未开化社会的封闭的小宇宙，是基于极端属地主义的“文化”认识，但民俗学研究的是文明社会的“文化”问题，也就是超越了国家、民族或地域、集团的文化及其要素（参见［日］岩本通弥《围绕民间信仰的文化遗产化的悖论——以日本的事例为中心》，吕珍珍译，《文化遗产》2010年第2期）。

⑤ 参见Britta Rudolff and Susanne Raymond，“A Community Convention? An Analysis of Free，Prior and Informed Consent Given under the 2003 Convention”，*International Journal of Intangible Heritage*，Vol. 8，2013，p. 155；也有学者批评说，《非遗公约》虽然承认共同体、群体和个人在非遗的生产、保护、维护、传播和再创造过程中的重要作用，却没有把这些主体放在履约的核心位置，参见Sabrina Urbinati，“The Role for Communities，Groups and Individuals under the Convention for the Safeguarding of the Intangible Cultural Heritage”，in Silvia Borelli and Federico Lenzerini（eds.），*Cultural Heritage，Cultural Rights，Cultural Diversity：New Developments in International Law*，Leiden · Boston：Martinus Nijhoff Publishers，2012，p. 220。

的定义，因为它本来就不是为了认识，而是为了给未来的实践提供一个起点[①]，让以往被“民俗”忽视的共同体及其非遗闪亮登场并且得到新的价值体认。[②]

第二，非遗的价值不同于传统民俗的价值。根据《非遗公约》的精神和理念，非遗的价值不仅可能是对原本不太有价值的民俗进行价值提升，而且是从全球化视野对传统民俗赋予新的价值和普遍价值（不仅是民族的文化遗产，同时也是人类的文化遗产），其中的关键是为非遗赋予人类实践的普遍价值。[③]

第三，非遗保护的实践不在于认识既有的民俗，而在于通过保护实践改变“民俗”本身的存在方式或者产生新的民俗实践。岩本通弥、菅丰、才津裕美子等日本民俗学者已经敏锐地觉察到这一点。[④] 这也从实践上表明，民俗或非遗本来就不是客观的认识对象，而是民众和学者主观的实践过程和实践成果，具有政治性和政治价值。民俗的实践和民俗学的实践关乎人们的生活品质和政治身份。

第四，非遗保护的实践进一步彰显出“民俗”本来就是一个“政治

① 参见 Tullio Scovazzi，“The Definition of Intangible Cultural Heritage”，in Silvia Borelli and Federico Lenzerini（eds.），*Cultural Heritage*，*Cultural Rights*，*Cultural Diversity*：*New Developments in International Law*，Leiden · Boston：Martinus Nijhoff Publishers，2012，p. 200。

② 国际层面的法律用语在概念使用方面可谓煞费苦心。例如，为了避免使用 native（土著）之类带有贬义色彩的词，国际法领域采用了 indigenous peoples（本土民族或当地民族）这样的术语。尽管对这样的术语很难给出一致同意的定义，而且这些本土民族或当地民族本身往往也自认为不需要这种定义，但为了立法的实践需要，仍然要有基本的定义。对于保护主体而言，术语的选择具有重要的规范意义并且触及本土民族在国际法和自决权（right of self-determination）条件下的法律身份和认可问题，参见 Silke von Lewinski（ed.），*Indigenous Heritage and Intellectual Property*：*Genetic Resources*，*Traditional Knowledge and Folklore*，Second Edition，Hague | London | New York：Kluwer Law International BV，2008，pp. 10－15，p. 70。

③ 2009 年获得诺贝尔经济学奖的埃莉诺·奥斯特罗姆提出把人类遗产看作公地（the Commons）的理念，认为政治上成熟的和负责任的公民都应该关心这些人类公共的遗产，洛德斯·阿里斯佩（Lourdes Arizpe）也提出了“全球文化公地”（global cultural commons）的概念，参见 Marie-Theres Albert，“Heritage Studies-Paradigmatic Reflections”，in Marie-Theres Albert，Roland Bernecker，Britta Rudolff（eds.），*Understanding Heritage*：*Perspectives in Heritage Studies*，Berlin & New York：Walter de Gruyter GmbH，2013，p. 9，p. 12。

④ 参见［日］才津裕美子《民俗“文化遗产化”的理念及其实践——2003 年至 2005 年日本民俗学界关于非物质文化遗产研究的综述》，西村真志叶译，《河南社会科学》2008 年第 2 期；［日］菅丰《日本现代民俗学的“第三条路”——文化保护政策、民俗学主义及公共民俗学》，陈志勤译，《民俗研究》2011 年第 2 期。

用语”①。这也就意味着，非遗保护让我们更清楚地看到了民俗以及民俗学长期被忽视的政治属性和实践属性。正因如此，我们始终不能忘记，文化的最终指向是“人”而非文化样式本身。② 也就是说，民俗学应该关注非遗保护如何改变民众的生活以及如何造福于民众的生活，否则就可能单纯对当地民众的生活秩序造成干扰甚至破坏。与此同时，我们也要警惕文化遗产化可能导致信仰的资源化、商品化、观光化。③ 正因为非遗保护是实践活动，由此对民众的信仰、尊严和文化权利造成的影响和干预等问题才可能浮出水面，才需要我们以实践理性的自由意志加以实践地对待，而不是像许多学者那样从现实经验中进行单纯的归纳和实证。换言之，非遗保护不仅是一种地缘、身份和权力的实然政治，更是一种以民主参与的公民社会为旨归和游戏规则的应然政治。

第五，保护非遗终究是为了人④，而且，作为被保护的传统承载者的个人、共同体或群体在履行《非遗公约》的过程中被赋予突出的角色。⑤ 因此，在某种程度上说，文化就是人，人就是文化，对一方采取某种措施必然会影响到另一方。⑥ 正因为有了实践理性的自由意志，我们才能看见“人”（person）或人格，才能想起尊重人以及人的文化权利，才能看到以往被我们忘却和忽视的人权、责任伦理和道德义务。⑦《非遗公约》规定的保护

① 参见［日］岩本通弥《以“民俗”为研究对象即为民俗学吗——为什么民俗学疏离了“近代”》，宫岛琴美译，《文化遗产》2008 年第 2 期；王晓葵、何彬编《现代日本民俗学的理论与方法》，学苑出版社 2010 年版，第 33—34 页；［日］菅丰《日本现代民俗学的“第三条路”——文化保护政策、民俗学主义及公共民俗学》，陈志勤译，《民俗研究》2011 年第 2 期。

② 参见李琦、王天祥《命名与质疑——“非物质文化遗产”概念的社会学解读》，《美术大观》2008 年第 8 期。

③ 参见［日］岩本通弥《围绕民间信仰的文化遗产化的悖论——以日本的事例为中心》，吕珍珍译，《文化遗产》2010 年第 2 期。

④ 户晓辉：《〈保护非物质文化遗产公约〉能给中国带来什么新东西——兼谈非物质文化遗产区域性整体保护的理念》，《文化遗产》2014 年第 1 期。

⑤ 参见 Silke von Lewinski（ed.），*Indigenous Heritage and Intellectual Property*：*Genetic Resources*，*Traditional Knowledge and Folklore*，Second Edition，Hague | London | New York：Kluwer Law International BV，2008，p. 422。

⑥ 参见安德明《非物质文化遗产保护：民俗学的两难选择》，《河南社会科学》2008 年第 1 期。

⑦ 威廉·洛根指出，世界遗产话语和实践的主流趋势已经从以狭隘的技术为中心转向以伦理为基础的途径，虽然许多实践者继续认为自己的工作只是技术性的，但实际上遗产保护实践包含基本的哲学问题和伦理问题，参见 William Logan，“Learning to Engage with Human Right in Heritage”，in Marie-Theres Albert，Roland Bernecker，Britta Rudolff（eds.），*Understanding Heritage*：*Perspectives in Heritage Studies*，Berlin & New York：Walter de Gruyter GmbH，2013，p. 36，pp. 41 - 42；其他欧洲学者的新近研究，参见 Laura Pineschi，“Cultural Diversity as a Human Right?（转下页）

始终以尊重和保护非遗传承人的权利和利益为中心，这就同样要求以民主的方式保护和管理非遗，最终走上由当地民众全面管理和自主发展的道路①。

第六，《非遗公约》用确保非遗个人、共同体或群体的权益和参与为核心的实践原则以及以国际人权文书为前提的自由意志，推动了一系列社会实践活动，不仅要为非遗的发展提供条件，更重要的是保护特定群体的文化权利、公民权利、政治权利、经济权利和社会权利。② 最重要的是必须贯彻人权保护的原则，只有符合国际人权法律文件规定的非遗，才能受到国家和国际社会的承认和保护，反之，则不仅不应予以承认和保护，还有义务制止。③ 也正因为从实践理性的自由意志出发，非遗保护的实践中才可能出现权力与权利的划分问题以及公权和私权的分界问题。

可以说，非遗保护的所有这些实践特点都为民俗学反思自己的学术出发点和学科性质提供了难得的契机。

第二节　返回民俗学的实践理性起点

既然非遗保护行动实际上是民俗学自身生长和发展出来的可能性，或者说，既然民俗学把自身的一部分实践可能性变成了非遗保护的现实，既然非遗保护本来就不是认识和研究而是实践，那么，它就不仅是从外部激发了民俗学的内在实践意识，而且从内部彰显出民俗学本身的实践属性。换言之，如果说由《非遗公约》带来的非遗保护是民俗学自身在全球化时代演化出来的新的实践形式，那么，这种实践形式就不是外在于民俗学自

（接上页）General Comment No. 21 of the Committee on Economic, Social and Cultural Rights", in Silvia Borelli and Federico Lenzerini (eds.), *Cultural Heritage, Cultural rights, Cultural Diversity: New Developments in International Law*, Leiden · Boston: Martinus Nijhoff Publishers, 2012; Diane Barthel-Bouchier, *Cultural Heritage and the Challenge of Sustainability*, Oakland: Left Coast Press, Inc., 2013, Chapter Two: Is Heritage a Human Right?

① 参见程翠英《民有　民治　民享——非物质文化遗产保护与开发中的主体研究》，《武汉文博》2010 年第 1 期。

② 参见蔡建芳、刘雪斌《论非物质文化遗产法律保护的哲学基础》，《中共山西省委党校学报》2008 年第 6 期。

③ 参见郭玉军、唐海清《非物质文化遗产的国际人权保护研究——以〈保护非物质文化遗产公约〉为视角》，《法律科学（西北政法大学学报）》2009 年第 6 期。

身的性质，而是民俗学内部本来就应该具备的实践属性。[①] 尽管从世界范围来看，民俗学自产生以来越来越向客观主义和实证主义研究范式靠拢，但是，由民俗学自身生长出来的非遗实践已经从事实上表明，民俗学并不仅仅是以客观主义和实证主义为范式的经验科学，而且是一门通过回归生活世界而能够让人们过上好生活的实践科学，它要引入自由意志和价值考量，它要考虑的不仅有实然，而且有应然（学科理想或内在目的）以及如何让应然变成实然。在这方面，我们的确需要做一番“理论的辨正”[②] 和反思。

根据亚里士多德的分类，科学分为理论科学和实践科学，前者为了纯粹的认识和知识，后者为了更好地生活和行动。理论科学是用来“想”的，而实践科学是用来“做”的，只是这种“做”既是 making 也是 doing，因此实践科学又分为制作科学（the Sciences of making）和行为科学（the Sciences of doing），它们研究的事物，其变化的原因都不在自身，而主要在于人的主观意图和目的。[③] 也就是说，无论制作还是行为，都是人按照主观意图和目的进行的实践，因此，实践科学与伦理学密切相关。这正是马克思说的，“最蹩脚的建筑师从一开始就比最灵巧的蜜蜂高明的地方，是他在用蜂蜡建筑蜂房以前，已经在自己的头脑中把它建成了。劳动过程结束时得到的结果，在这个过程开始时就已经在劳动者的表象中存在着，即已经观念地存在着。他不仅使自然物发生形式变化，同时他还在自然物中实现自己的目的，这个目的是他所知道的，是作为规律决定着他的活动的方式和方法的，他必须使他的意志服从这个目的”。[④] 我们可以补

① 德国学者早就指出，“民俗学”事实上不仅是有关民众的学术信息，同时也是民众启蒙和改善民间文化的一种手段。因此，在“民俗学”这个名称刚出现时就有实践和应用的问题，参见 Helmut Möller，Dieter Narr，Eschenau，und Hermann Bausinger，“Aus den Anfängen der Volkskunde als Wissenschaft”，*Zeitschrift für Volkskunde*，60. Jahrgang 1964，S. 241。

② 早在 1931 年，罗绳武就精辟地指出，“没有哲学的头脑决不能产生科学的体系。理论是记述工作的向导。客观主义者与试验主义者不过是抛弃传统的哲学观点而建树自己新哲学观点罢了……因而我们在有着新的前途的民俗学初有萌芽时，与其让它蒙蔽在所谓客观主义的自觉的或不自觉的某种意识形态的处置之下，以染色式歪斜或萎缩其结论，不如事前从事于理论的辨正，以此为此项学术新的展示的有益的指针”（《民俗学之社会史的研究》，王文宝编《中国民俗学论文选》，中国民间文艺出版社 1986 年版，第 40 页）。

③ 参见 Aristotle，*The Nicomachean Ethics with an English Translation* by H. Rackham，London and New York：Harvard University Press，1934，Introduction，p. xv；户晓辉《亚里士多德模仿说的目的论》，载《中国社会科学院文学研究所学刊》（2011），中国社会科学出版社 2012 年版，第 377 页。

④ ［德］马克思：《资本论》第一卷，人民出版社 2004 年版，第 208 页。

充的是，人的实践不仅受主观目的驱使，而且受意志的规定。换言之，认识从事物的实然出发，力求依照实然来认识事物；实践则以应然为出发点，不仅从应然“认识”实然，而且从根本上是根据应然创造出实然。实践的本质在于目的先行、理念先行、意志先行，所以，本书讨论的新理念才对实践至关重要，因为“实践的能力完全从它自身内在地规定自己。它的规定的内容属于它，而且它把这些规定认作自己的。但这些规定首先只是内在的，因而与外在的实在性是分开的，但它们必将变为外在的并实现自身。这是通过行动进行的，通过行动，内在的实践规定获得一种外在性，即一种外在的特定存在。反过来，也可以这样来看，即一种现成的外在性得到扬弃，被变得与内在的规定相一致”①。实践的自由意志以自身为内在目的和“内在的规定”，因此，自由意志也就是理性的实践目的和自由理念。

以此来看，首先，民俗或民间文学不是为了想，而是为了做，它们是民众在日常生活中的实践行为。民俗学也同样如此。具体而言，英语 folklore 中的 lore 和德语 Volkskunde 中的 kunde 都不是自然科学意义上的精确知识或科学，而是消息和传说，是人们在生活世界中的实践理解和意义领会。其次，德国浪漫派最初为民俗学制定的动机和出发点就不是为了理论认识而是为了去实践，也就是从实践的自由理念出发，把人和研究对象都看作有机体，即在把他们当作手段的同时也把他们当作目的。这也就意味着，民俗学本来就应该是一门实践科学而不是像自然科学或社会科学那样的实证科学。换言之，像自然科学或社会科学那样的实证科学，必然把研究对象当作物或客体。如果我们仍然以客观认识的态度对待民众，那么，民众就仍然难以成为真正的主体。因为从根本上说，客观认识态度中的人只能被当作“物”或对象。更重要的原因在于，真正的主体是具有自由意志的人格存在（das Person-Sein）。正如沃尔夫冈·仁茨所指出，人格存在无法从经验材料中加以把握。② 也就是说，人格存在不是从经验材料

---

① ［德］黑格尔：《黑格尔全集（第10卷）：纽伦堡高级中学教程和讲话（1808—1816）》，张东辉、户晓辉译，商务印书馆2012年版，第302页。

② 参见 Wolfgang Senz，*Transzendentalphilosophie und Volkskunde. Zur Transzendentalphilosophie als Fundament des Vergegenwärtigens*，Unter Mitarbeit von Brigitte Senz，Frankfurt am Main：Peter Lang GmbH，2006，S. 9；正如美国著名教士和思想家哈里·爱默生·福斯迪克说，民主的基础是确信普通人具有不普通的能力［参见 Hans-Horst Skupy（Hrgs.），*Das große Handbuch der Zitate*，Gütersloh：Bertelsmann Lexikon Verlag GmbH，1993，S. 125］。这就意味着，民主实践的前提是先验（转下页）

中归纳出来的，而是自由意志的实践设定和条件还原。只有实践理性的意志可以先验地[①]把民众当作人格主体来对待。既然实践理性只诉诸人的意志，民俗学实践和实践民俗学依靠的就是人的意志而非心理。心理可能随外界环境的变化而变化，但意志则能够独立决断并且以自身为内在目的。既然从田野的经验观察中无法归纳出人格平等和自由理念，民俗学实践和实践民俗学就不再采取这种认识论的路径，而是把自由意志用于田野实践并由此开辟新的实践，即促成人格平等和自由理念的实现。民俗学的对象并非现成的，而是民俗学实践和实践民俗学试图实现的目的或“先验对象”。因此，岩本通弥说，“民俗学要调查日常行为及其人际关系，更意味着要把‘常民’直接视为民俗学的‘先验对象’”。[②] 所谓“先验对象”并非与现实生活中具体的民众直接对号入座，而是从“先验的”自由理念出发，把现实生活中具体的民众看作有独立人格和自由意志的人。没有对独立人格和自由意志的先验设定，人的主体性就会落空，人的实践活动就会失去人性特征。这意味着，民俗学实践和实践民俗学的前提是把民众看作公民的自由意志。换言之，把民众看作公民，以公民社会为先验的语境条

（接上页）地设定每个人都具有理性判断、思考和行动的意志能力，就是给每个人提供这样的机会，也就是让每个人都具有理性判断、思考和行动的权利和责任。同样，“认可民的公民身份或者把民看做西方自然法意义上的自然人就意味着，先验地认可民的人权，而不论或者忽略经验中的民的其他一切社会角色、地位或身份的差异。如果说公民概念有人权的先验设定而民概念还缺乏这种设定，那么，从民到公民的转换首先就包含着对民的人权的先验认定。与人权一样，人的自由也是一种先验的设定，无论现实中人们的其他能力有多大差别，无论人们的地位、角色和身份实际上必然有何等不同，他或她都被认定具有自由行为的能力和实现人权的权利，舍此，不仅无以对他或她的行为问责和归罪，也不能让他或她成为有尊严的人”（户晓辉：《从民到公民：中国民俗学研究“对象”的结构转换》，《民俗研究》2013 年第 3 期）。

① 在康德的意义上说，实践理性本身就是纯粹的和先验的，因而本来无须再称为“先验的实践理性”，但本书为了强调理性的实践应用的先验性，有时也加“先验”一词。它指的不仅是在时间上先于经验，而且主要是条件上的先验还原。正如吕微所指出：“对实践现象的经验研究与先验认识的区别就在于：前者是对‘事实‘是’如何’的描述，而后者是对‘事情‘应’如何’的论述。而后者作为对前者进行价值判断的道德标准并不能从前者对‘人性’的经验性描述中归纳、分析或抽象出来，而只能通过对前者的存在条件的先验还原而给予”（《民俗复兴与公民社会相联结的可能性——古典理想与后现代思想的对话》，《民俗研究》2013 年第 3 期）；“民俗学的人文理想，不仅不能用社会科学的方法予以经验的证明，更不能用社会科学的方法加以先验地阐明，也就是说，不能用‘准’（或‘类’）自然科学的方法从研究对象的经验事实中把学科的先验理想推论出来”（《民俗学的哥白尼革命——高丙中民俗学实践“表述”的案例研究》，《民俗研究》2015 年第 1 期）。

② ［日］岩本通弥：《“都市民俗学”抑或“现代民俗学”？——以日本民俗学的都市研究为例》，西村真志叶译，《文化遗产》2012 年第 2 期。

件是当今民俗学实践和实践民俗学的自由理念与实践理性起点。只有从实证科学转向实践科学，民俗学才能从以往的见物不见人转而回头重新看见人，只不过这时看见的不仅是经验中呈现出来的人，而且是具有独立人格和自由意志的人。也就是说，民俗学实践和实践民俗学不是像以往的实证民俗学那样从田野观察的经验中对人及其民俗进行归纳，而是从实践理性的自由理念出发，确立把人看作人格存在的实践意志，把民俗和民俗学研究都看作具有独立人格和自由意志的人的实践活动。[①] 民俗学者的田野调查也是一种实践，是对民众实践的再实践和再构建。

非遗保护实践也再次表明，民俗是民众凭自由意志在日常生活中进行的实践行为，实践者有道德责任，而学者的研究又是凭自由意志对实践的实践，民俗学所谓的田野调查不是为了认识客观的、现成的物或对象，而是人与人之间交往、理解和对话的实践行为，学者同样有道德责任。这就再次彰显出民俗学长期被遮蔽了的实践科学属性。也就是说，无论民众的民俗实践还是学者对民俗实践的研究或者所谓的非遗保护，都是凭自由意志进行的实践行为，其中包含各个实践主体的实践目的和道德责任。如果仅仅从实证科学的角度研究民俗或非遗，那就会忽视甚至遮蔽民众、学者、行政官员或文化工作者作为实践主体的自由意志和道德责任，扭曲民俗或非遗的实践本质，从而与民俗学的初衷和非遗保护的目的渐行渐远甚至背道而驰。

从现实层面来看，中国的非遗保护实践暴露出种种问题，例如，对非遗或民俗文化本身往往缺乏真正的尊重和重视，使它们变成地方政府单纯牟利和取得政绩的工具，各级政府和某些学者以主导和包办的形式剥夺民众的主体地位和各项权利，等等。这些问题既表明某些体制和观念的严重滞后，也表明以往学者对民俗学的认识有误区，中国需要新的民俗实践和民俗学实践，民俗学需要返本开新。

---

① 当然，从学科自我认识的历程来看，我们对民俗学的实践理性起点的认识和觉悟是当代才可能发生的事情，因为“任何一门科学都有一个发生和臻于完善的过程，而其开端和发生的进程同作为完备科学的进程是不相同的……所以，科学在臻于完备以前，必须经过从个别到一般、从特殊到普遍的过程，必须主动地反作用于经验材料，对之进行加工改造，而这也就是任何一门科学的开端和发生的进程。只有当科学的这个经验的发生进程积累了足够的经验材料和概念材料时，才会出现把所有这些材料结合为一个统一整体（理论体系）的必要性和可能性，也就是说，只有到了这个时候，科学就不再从经验材料开始而从原理、原则或公理开始，其进程也就不再是经验的认识过程而是逻辑的认识过程了”（杨祖陶：《康德黑格尔哲学研究》，武汉大学出版社2001年版，第356页）。

从思想层面来看，《非遗公约》重新激活了民俗学的实践意识和自由理念，也给我们重拾求民主、争自由的学科理想并且重新领会民俗学的学科性质提供了启示。[①] 实际上，联合国教科文组织在全世界推行的非遗保护实践恰恰是从德国浪漫派为民俗学设定的自由理念出发的，也是对德国浪漫派为民俗学设定的自由理念的回忆和回返、贯彻和延续。[②] 换言之，《非遗公约》提倡并推行的普世价值观与民俗学求民主、争自由的内在目的是同一个目的，其要旨在于：建立、普及并落实对普世价值的实践公识及其制度保障。“所谓普世价值，也可以说就是普遍价值，是人类为了维护自身与完善自身而应当追求也必须追求的理念与希望。它们之所以是普世的或普遍的，就因为只要人类要维护自身与完善自身，它们就是不可或缺的。”[③] 如果要想真正进入现代，我们就不仅不能拒绝普世价值，而且需要把普世价值落实到我们的所有实践之中。

因此，遗产时代的民俗学才要返回民俗学的自由理念或实践理性起点。尽管民俗学者们不一定都认同这种转向，但实践转向是学科整体的应然，是学科本然的、客观的内在要求，而不是个人的主观意愿。正因为民俗学本来就是一门实践科学，所以，日本民俗学之父柳田国男才认为，民俗学既是知识、又是技术，而且必须是济世助人的、将人类生活导向幸福未来的知识。[④]

第三节　实践民俗学也是“公共”民俗学

只有从实践理性的自由理念出发，我们才能进一步理解，非遗保护并非只是公共民俗学的延伸和发展，好像它们都仅仅属于应用民俗学。[⑤] 毋宁说，非遗保护和公共民俗学都是民俗学内在实践目的的部分实现，也都

① 参见户晓辉《为民主、争自由的民俗学——访日归来话短长》，《民俗研究》2013 年第 4 期；户晓辉《发端于自由民主理念的中国现代民间文学研究——以胡适与康德、杜威的侨易关系为例》，《民间文化论坛》2022 年第 1 期。

② 参见户晓辉《返回民间文学的实践理性起点》，《民族文学研究》2015 年第 1 期。

③ 黄裕生：《站在未来的立场上》，生活 · 读书 · 新知三联书店 2014 年版，第 198 页。

④ 参见［日］柳田国男《民间传承论与乡土生活研究法》，王晓葵、王京、何彬译，学苑出版社 2010 年版，第 331、189—190 页。

⑤ 美国民俗学者科申布莱特-吉布丽特在 1988 年就批评说，学院民俗学课程总是固守纯粹民俗学与应用民俗学的二分法并且一直拒绝考察它们自身根本无可回避的应用性，参见 “Mistaken Dichotomies”, *Journal of American Folklore*, No. 101, April-June 1988; Robert Baron and Nick Spitzer (eds.), *Public Folklore*, Jackson: University Press of Mississipi, 2007, pp. 31 - 32。

是民俗学实践属性的进一步彰显。

美国公共民俗学虽然在当初兴起时曾备受争议，但由公共民俗学引发了对民俗学研究是否固有公共性的讨论以及对（纯粹）学院民俗学与应用民俗学二分法的广泛质疑。[①] 目前，美国公共民俗学已蔚为大观而且与学院民俗学逐渐发生交融[②]，美国民俗学会有一半以上的会员在学院之外从事公共民俗学事业[③]，这也进一步表明，民俗学本来就具有实践属性。尽管美国公共民俗学已经被介绍到中国，但笔者必须指出，我们往往只看到他们的协商和妥协，却看不到他们为什么能够协商和妥协以及凭什么来协商和妥协。也就是说，我们主要关注和强调的往往只是他们的一些具体做法和技术细节（尽管这些细节也非常重要），却忽略了其中最重要而且中国最缺乏的实践理性起点和自由理念。实际上，美国公共民俗学之所以能够开展协商、妥协等一系列民主操作细节，恰恰是因为他们具有共同的民主大前提和公民社会的自由理念，因为他们已经凭借这种自由理念建立了 fairplay（公平游戏）的游戏规则和制度保障。美国公共民俗学恰恰昭示出民俗学的实践前提在于实践理性的自由理念，也就是从公民社会的自由理念出发进行民俗实践和民俗学的实践。

① 1987 年，美国民俗学会的年会专题讨论公共民俗学的这些问题。以此次会议论文为主结集而成的著名文集，参见 Robert Baron and Nicholas R. Spitzer（eds.），*Public Folklore*，Washington and London：Smithsonian Institution Press，1992；1996 年第 2 次印刷，第 3 版：Robert Baron and Nick Spitzer（eds.），*Public Folklore*，Jackson：University Press of Mississipi，2007。

② 正如罗仪德所说，“在过去的 35 年里，伴随着学术领域的扩大和多样化，民俗学界发生的最主要的变化就是我们所谓的公共民俗学的发展。总的来说，公共民俗学家所受到的学术训练跟其他大学教员一样，而他们的工作也同样是有教育意义的，只不过他们的指导对象是普罗大众，包括孩童，并非以大学生或者大学里的同事为主。他们的工作地点是社区和公共场所（图书馆，公立学校，博物馆，艺术或者文化机构），而不以大学为主”，“对我而言，美国的学院派民俗学家和公共民俗学家们携手共事。他们受训于一样的学术机构（这使得这些机构显得尤为重要），他们拥有相同的视角、价值观并且专注于他们的事业，只是他们的教学方式不同”，“如今，公共民俗学早已成为民俗学的一部分，创造出足够多的优异成果（也为民俗学家提供工作机会），使它成为民俗研究领域不容置疑的组成部分。在今天的美国，公共民俗学不再是奇怪的新事物，也不再需要被辩护。事实上，许多公共民俗学家和学院派民俗学家在他们的职业生涯中经常身份互换，交叉工作。比如，一个学院派的民俗学家可能在他的休假年参加到某个公共民俗学的项目中，或者一个公共民俗学家受聘于某个大学，从他作为一名公共教育者的独特经验的视角出发教授民俗学。这样经过时间的洗礼，位于公共民俗学与学院派民俗学之间的那堵墙已经慢慢坍塌”（［美］罗仪德、游自荧：《美国公共民俗学的过去、现在和未来——美国民俗学会理事长 Timothy Lloyd（罗仪德）访谈录》，丁玲译，《民俗研究》2013 年第 6 期）。

③ 参见 Robert Baron and Nick Spitzer，“Cultural Continuity and Community Creativity in a New Century：Preface to the Third Printing”，in Robert Baron and Nick Spitzer（eds.），*Public Folklore*，Jackson：University Press of Mississipi，2007，pp. ix – x。

由此来看，民俗学实践和实践民俗学在很大程度上就是“公共”民俗学。只不过，本书所谓“公共”民俗学不仅指美国以共同体为主、提倡自下而上的民主文化参与的所谓公共民俗学①，而是主要指民俗学实践和实践民俗学本身在各个实践环节都具有以自由理念为目的和规范的公共性与政治性。也就是说，民俗学实践本来就具有公共性与政治性，只是这种公共性与政治性一直隐而未彰而已。比如，从民俗学的调查、收集、整理和改编到学术表述，一直都具有公共性与政治性，只是到了晚近才有学者对此做出越来越多的关注和反思。② 这也就意味着，民俗学本来就应该是实践民俗学，本来就是“公共”民俗学。换言之，实践民俗学本来就具有公共性，甚至

---

① 实际上，public folklore 的全称是 public sector folklore（公共部门民俗学，参见网址 http://en.wikipedia.org/wiki/Public_folklore，2022 年 7 月 7 日）；美国著名的公共民俗学者德博拉·柯迪希反问道，有什么民俗（学）不是公共的呢？公共民俗学就是承诺进行广泛的民主文化参与的职业［public folklore as an occupation committed to broadly democratic cultural participation，参见 Debora Kodish，“Imagining Public Folklore”，in Regina F. Bendix and Galit Hasan-Rokem（eds.），*A Companion to Folklore*，West Sussex：Wiley-Blackwell，2012，p. 579］。笔者认为这种理解精辟而到位；美国的公共民俗学在刚刚起步的 20 世纪 60 年代曾被认为是一种应用民俗学，但随着实践和认识的深入，这种观念早已发生了变化，参见安德明《美国公众民俗学的兴起、发展与实践》，《民间文化论坛》2004 年第 3 期；杨利慧《美国公众民俗学的理论贡献与相关反思》，《广西民族学院学报》2005 年第 5 期；正如罗伯特·巴龙所指出，自从 20 世纪 80 年代末期以来，大多数在学院外实践的民俗学家更喜欢将自己的工作称为公众民俗，而不是应用民俗，公众民俗学家拒绝应用民俗学家对待社区的自上而下的方法，认为民俗学家不应将某种特殊的意识形态议程强加在社区头上。如果仅仅把公共（众）民俗学理解为应用民俗学，那就可能像学院派民俗学家多尔逊那样认为“社会改革不关民俗学家什么事儿，即他无需准备去改造那些制度，如果他变为一个激进主义者，他将成为一个拙劣的学者和民俗学家”（参见［美］罗伯特·巴龙《美国公众民俗学：历史、问题和挑战》，黄龙光译，《文化遗产》2010 年第 1 期）。

② 这方面的文献很多，就笔者所见，例如，美国的《西部民俗学》1993 年第 52 卷发表的两篇文章：Susan Ritchie，“Ventriloquist Folklore：Who speaks for Representation?”；Amy Shuman，“Dismantling Local Culture”；美国的《民俗研究杂志》1999 年第 36 卷第 2—3 期合刊发表了专题会议文章讨论美、德两国公共民俗学的差异（德国并没有“公共民俗学”）：Roger D. Abrahams，“American Academic and Public Folklore：Late-Twentieth-Century Musings”；Christel Köhle-Hezinger，“Cultural Brokerage and the Public Sector：Response to Roger Abrahams”；Hermann Bausinger，“Disengagement by Engagement：*Volkskunde* in a Period of Change”；本迪克斯和威尔兹直接指出，民俗学者从来不只是呈现文化，而是也发明文化，他们的功能是生产性的而非单纯地复制（参见 Regina Bendix and Gisela Welz，“‘Cultural Brokerage’ and ‘Public Folklore’ within a German and American Field of Discourse”，*Journal of Folklore Research*，Vol. 36，Nos. 2/3，p. 120）；恰恰因为民俗学的收集、改编是实践行为，国际法学界才在近年来开展了对这些行为的知识产权进行间接保护的工作，参见 Silke von Lewinski（ed.），*Indigenous Heritage and Intellectual Property：Genetic Resources，Traditional Knowledge and Folklore*，Second Edition，Hague | London | New York：Kluwer Law International BV，2008，pp. 393 - 397。

本来就应该是“公共”民俗学。[①] 在这方面，我赞同菅丰的如下想法：

> 作为我们必须摸索的一个方向，可以提倡以民俗学的知识和见解为基础的在现实社会中的直接的实践——公共民俗学。

> 笔者所主张的公共民俗学虽然也包括上面所提到的公共部门的公众民俗学，但并不仅限于此，而是进一步注重学院派民俗学者从事社会实践的一种民俗学方法。公共民俗学不只是从属于政府及其相关团体等公共部门的专业人员所承担的学问，也是从属于大学等机构的学院派民俗学者同样必须承担起来的一种方法。

> 如果作为一个民俗学者不具备形成实践前提的规范的实践思想，民俗学者在地方上的实践就如同那些无清醒认识地参与文化保护政策的民俗学者的实践那样，将不可能产生对地方上的文化和居民来说具有可喜意义的结果。为此，民俗学者在地方进行实践活动之际，首先必须奠定根植于地方规范的思想。当然，这样的实践不是为了我们学者而进行的，也不是为了行政组织等公共部门而进行的，它应该是为了生活在地方上的、长期以来承担这个文化的人们而实行的。也就是说，这种实践活动，应当是在以重视地方为目的的地方主义以及以重视生活者为目的的生活者主义这些实践思想的基础上而展开。

> 对地方的生活者作为保护和活用文化的合法性存在加以尊重，在尊重他们所拥有的价值的基础上，这一类民俗学者将是不可或缺的：这就是直接从事地方文化的保护和活用之实践活动的民俗学者——公共民俗学者。

> 建立新的公共民俗学，可以说是现在的民俗学者的使命。[②]

---

① 正如高丙中所指出，“民俗不是个人现象，公共性恰恰是民俗所内在地具有的基本属性”，民俗学的研究也同样如此，因此，“我们可以更多地投入关于民俗的公共性的知识生产”（《日常生活的现代与后现代遭遇》，《民间文化与公民社会：中国现代历程的文化研究》，北京大学出版社 2008 年版，第 49 页）。

② 以上引文均见［日］菅丰《日本现代民俗学的“第三条路”——文化保护政策、民俗学主义及公共民俗学》，陈志勤译，《民俗研究》2011 年第 2 期。

不过，笔者与菅丰的不同之处在于：（一）本书主张的实践民俗学虽然也是新的“公共”民俗学，却不是民俗学的“第三条道路”，而是必由之路；不是说实践民俗学应该分出一部分公共民俗学，而是说，实践民俗学本来就是“公共”民俗学。（二）作为“公共”民俗学的实践民俗学不仅发生在公共领域，而且发生在民俗学的一切领域。（三）作为实践民俗学“实践前提的规范的实践思想”，不仅是“植根于地方规范的思想”，而且主要指实践理性的自由理念。也就是说，实践民俗学放弃实证科学的客观认识范式及其对理论与应用的划分，从实践理性的自由意志看待民众的民俗实践并以此进行民俗学自身的一切实践。实践理性的自由意志既是实践民俗学的前提，又是实践民俗学的内在目的。

我们通常都说，一旦失去理想，人就没有希望。同样，如果非遗保护实践和民俗学实践像目前这样缺乏实践理性的自由理念，即吕微所谓“公民社会的先验语境”而一味地迁就于中国的具体国情，那么，它就很难开辟出新的民俗实践和新的文化政治结构，就很可能会任凭目前的行政制度和积重难返的传统观念把非遗保护同化为一本念歪的经。民俗学的研究也会一直跟随所谓的中国现实而亦步亦趋、唯命是从，根本无心、无力去开启它本应以自由理念开启的民主、平等的文化关系和新的理想现实。相反，实践民俗学恰恰不是要匍匐在现实的脚下，而是要用自由意志引导并改变现实，开辟并创造崭新的现实。[①] 具体而言，实践民俗学不是在等待外在的现实社会出现了公民社会之后再去对它进行田野调查和描述，而是从公民和公民社会的自由意志看待民众的实践，并由此促成公民社会的实现。因此，“今天我们民俗学要有一个新的机会，我们要为我们新的国家变换到一个新的认同、新的形象来做出我们的贡献，就是怎么样结合‘公民’概念来做”[②] 和行动。

实际上，从实践理性的自由理念来看，历史和文明的整体进程已经体现出实践目的论趋势。换言之，历史的进程也是民俗学学科实现自身目的的过程。公民社会既是民俗学的实践前提和隐秘渴望，又是民俗学的自由意志和内在目的。在这方面，民俗学的内在目的恰好与中国社会的内在目的是一致的，甚至就是同一个目的。也就是说，公民社会正在变成中国的

---

① 正如罗仪德所说，“今天的美国民俗学家关注更广泛多样的现象，部分是因为这些现象过去并不存在”（［美］罗仪德、游自荧：《美国公共民俗学的过去、现在和未来——美国民俗学会理事长 Timothy Lloyd（罗仪德）访谈录》，丁玲译，《民俗研究》2013 年第 6 期）。

② 高丙中：《从民间到公民——民俗学在其中的作用》，《中国民族报》2004 年 3 月 19 日。

现实，尽管对中国而言，这个实现过程可能还很漫长和艰难，但它是一个必然会实现的过程。英语 civilization（文明）的字面意思也可以理解为“公民化”。这意味着，传统的民风正在经历也需要经历理性化的洗礼和筛选，这是一个由各种彼此有别的、不一定平等的礼仪向平等的、尊重人格的现代文明规范看齐的过程，在人的层面上也表现为从臣民到公民的演变过程。这种国际范围内的“移风易俗”不是为了某个民族国家特殊的政治利益，而是为了从实践理性的自由理念来看待并实现不同文化、不同习俗的实践价值，这也可以说是人类学家阿尔君·阿帕杜莱（Arjun Appadurai）所谓“草根全球化”（grassroots globalization）① 的题中应有之义。

由于中国文化传统缺乏现代价值观的真正启蒙与根本洗礼，目前的行政制度也不利于以《非遗公约》精神开展非遗保护，尤其是根深蒂固的官本位观念阻碍了其他各项工作的开展，因此，我们需要借助非遗保护实践引入公民社会的自由理念。“公民社会最本质性的特征，在于坚持尊重公民的自主意志的原则，换言之，在于尊重自由的价值。自由的原则是抽象的，它除了主张‘自己的自由之存在取决于对他人的自由的尊重’之外，并不建构任何其他东西，即建构不出任何包揽无遗的有约束力的社会与政治的主导理念。”② 从某种意义上说，《非遗公约》正是公民社会的自由理念在非遗保护实践中的贯彻和体现。如果不贯彻和体现这种自由理念，我们就很难避免在保护实践中出现一些违背《非遗公约》精神的现象。这就从反面表明，在非遗保护的实践中，如果不能保障个人、共同体或群体的程序权（procedural rights），他们的主权或实体性权利（substantive rights）也就很难得到落实和保障。③

实践民俗学在当代中国有其紧迫性和必要性，当然正因如此也有很大的开展难度。实践民俗学需要确立实践理性的自由理念，首先借助非遗保护贯彻现代价值观，尊重民众的主体性，将他们对自己非遗的选择权、参

---

① 参见 Kristin Kuutma，“Concepts and Contingencies in Heritage Politics”，in Lourdes Arizpe and Cristina Amescua（eds.），*Anthropological Perspectives on Intangible Cultural Heritage*，Switzerland：Springer，2013，p. 8。

② 高丙中：《“公民身份”的理论取向和现实意义》，《学习时报》2003 年 9 月 1 日。

③ 参见 Laura Pineschi，“Cultural Diversity as a Human Right? General Comment No. 21 of the Committee on Economic，Social and Cultural Rights”，in Silvia Borelli and Federico Lenzerini（eds.），*Cultural Heritage*，*Cultural rights*，*Cultural Diversity*：*New Developments in International Law*，Leiden · Boston：Martinus Nijhoff Publishers，2012，p. 44。

与权、受益权等各项实践权利写入非遗保护的立法并且体现在从国家到地区的各个实践环节上，建立违法的监督和惩罚机制；另外，也需要凸显民俗实践的道德责任和伦理维度，使抽象的、蒙面的人民变回具体的、有血有肉的个人，防止为了保存过去而牺牲现在和未来以及为了物而忽视个人的观念和做法，从而实现民俗学求民主、争自由的自由理念与隐秘渴望。民俗学在许多国家从一开始就是民主实践的组成部分，它是一门通过对民俗和生活世界的理解最终推动民众过上好生活的实践科学，应该致力于推动民俗生活的正当化和由臣民转变为公民或自由人的社会进程。[①] 要实现这样的学科目的，民俗学就需要在非遗保护和民俗研究的各个环节发现现代价值，认真贯彻让民众平等对话和广泛参与的自由理念。

第四节　陕北年俗文化的现代价值内涵

我们以陕北年俗文化为例来简要地说明如何看待并挖掘非遗与传统民俗的现代价值。2006 年，陕西省绥德县的陕北秧歌和延安地区的安塞腰鼓被列入第一批国家级非物质文化遗产名录。2008 年，陕西省榆林市、延安市的陕北民歌被列入第二批国家级非物质文化遗产名录。

2019 年 2 月 15—20 日，笔者参加了由中国民间文艺家协会、陕西省文联联合举办的“2019 我们的节日 · 陕北过大年——榆林年文化考察调研采风暨中国年俗文化传承与创新研讨会”，在榆林、绥德、清涧、米脂、神木高家堡等地考察了陕北年俗文化活动。

2 月 16 日是农历正月十二，我们在傍晚来到绥德县崔家湾镇朱家寨村参加当地搭火塔、转九曲和放鞭炮的年俗文化活动。这里人头攒动，男女老少纷纷走出家门，来到路口和戏台等公共场所共同营造并感受红红火火的年节气氛（参见图 5 - 1）。笔者从村里的食堂师傅和派出所所长那里了解到，本次活动主要由朱家寨村筹办，2 月 19 日即正月十五的活动将由崔家湾村筹办。两个村子在暗中比赛，看谁出的钱更多，办的阵势更大。

陕北年俗当然少不了家文化，甚至可能以家文化为主，但其中已经不仅仅有家文化，而且超越了家文化。在举办年俗活动时，人们不再只是宅

① 参见户晓辉《从民到公民：中国民俗学研究“对象”的结构转换》，《民俗研究》2013 年第 3 期。

图5－1　绥德县崔家湾镇朱家寨村年俗文化活动（户晓辉拍摄）

在家里，也不限于一家一族的往来，而是在大家共同营造的年节仪式和公共活动中才能分享并体验到更加浓郁的节日气氛，正所谓“独乐乐”不如“与人乐乐”。除了仪式程序之外，现场的人群略显自发和无序，但这种年俗活动向当地所有人开放，并且潜在地邀请人们平等参与和共同分享。正像中国其他地方的年俗一样，陕北的年俗文化正在逐渐从家庭走向公共领域。在这种公共领域的年俗活动中，一家、一户、一族的意识暂时被弱化，人们对家族和熟人圈子之外的陌生人有了平等相待的意识和觉悟，这正是萌发现代意识和现代价值的契机。

能够体现潜在的现代意识和现代价值的还有大秧歌。陕北秧歌分大场子和小场子。我们在榆林市、米脂县看到的都是在过街及广场上扭的大场子秧歌，也叫大秧歌。扭秧歌的女子以鲜艳的扇子、妩媚的喇叭裤和舒展的步态展现婀娜的身姿，无论长相是否俊俏，都散发着女人的娇柔气息；男子则以左右平移的笑脸来夸张地表达喜悦的心情。在鼓声震天和唢呐入心的节奏中，男男女女变换着各种阵势，大幅度扭着身体，两性之间不乏调情逗趣和阴阳互补。秧歌队列中还穿插着跑旱船、跑毛驴和蛮婆、蛮汉的扮相表演者，他们的打情骂俏和相互挑逗为秧歌表演平添了诙谐情趣和节日气氛（参见图5－2）。“陕北秧歌中的丑角与观众之间始终处于一种平等的、无距离的交流互动状态。这种无舞台、开放性的民间表演是全民参与式的，达到了融入式、共享性的瞬间体验的艺术效果。”① 表演者之间以及他们与观众之间的交互关系正如伞头秧歌中的对唱比拼一样，“我不计较你在表演时说的伤心话、伤人语是因为我不把你看作现实角色的他或她，所以也就不把这些话当真，我知道在民间文学体裁叙事表演行为的对抗中我们都已经不是现实中的各种角色，我们都已经从他或她变成了你，我与他或她的关系都已经变成了我与你的关系”②。这就进一步表明，尽管秧歌表演的现场常常是与观众相对隔离的，而且表演者在现实中可能有这样那样的矛盾纠葛和利益冲突，但从表演现场的内在关系来看，秧歌表演的基础并非现实中不平等的角色区隔，而是人与人之间平等的人格关系。它的潜在前提是个人之间的相互尊重，而不是彼此伤害和算计，更不

图5－2　绥德县非遗传承秧歌队表演的男扮女装“蛮婆”（户晓辉拍摄）

---

① 于丽：《论陕北秧歌的社会文化功能》，《咸阳师范学院学报》2021年第1期。

② 户晓辉：《民间文学的自由叙事》，社会科学文献出版社2014年版，第153页。

是用任何形式的集体埋没个人。由此看来，“陕北秧歌在历史传承中不断修正变革，口口相传，是家族、社区、街坊自发性参与的民俗文化活动。秧歌活动将平时缺少联系的村民、街坊聚集到一起，成为乡村共同体联系和交流的特殊形式。这种富于共同价值取向的群体民俗行为，巩固了社会安全阀机制，增强了乡村社会成员之间的向心力和凝聚力，维护了乡村共同体的社会关系和社会秩序”①。

陕北秧歌和信天游都具有势不可当的爆发力与倔强劲儿，它们释放了压抑已久的生命力和憋闷气，它们的红火劲儿仿佛足以让周围荒凉僻静的古老山村翻天覆地。在场的每个观众无不受到这种炽烈气氛和冲天激情的感染与感召。在榆林非遗传承秧歌队的表演快结束时，我们一起来的不少人也情不自禁地加入了秧歌表演，手舞足蹈地跳起来（参见图5-3），连笨手笨脚的笔者也在心里跟着这种生命力节奏跃跃欲试。陕北的闹秧歌和年俗活动堪称陕北人的狂欢节。在这个时刻，人们宣泄出被压抑已久的狂欢情绪，表达出对神圣性和宗教性的不懈追求以及对个人自由和尊严的渴望。这些看似迂阔而辽远甚至不当吃、不当喝的东西，却是与我们每个人最切近的东西。事实上，这些在感觉上离我们较远的东西，恰恰是在精神上离我们最近的东西，是我们真正地成人、做人不可或缺的东西。

图5-3　在榆林非遗传承秧歌队的表演快结束时，我们一起来的不少人都情不自禁地加入了表演（户晓辉拍摄）

① 于丽：《论陕北秧歌的社会文化功能》，《咸阳师范学院学报》2021年第1期。

年俗文化中的陕北秧歌也是一种信仰仪式。正像多数中国人一样，陕北人在年俗文化的艺术表演中是大胆的、泼辣的，但在日常生活的现实中又是惯于隐忍和偏于保守的。陕北年俗文化表达的是一代代陕北人的信仰和希望，这种信仰和希望与陕北人的社会理念和社会现实有明显反差：在年俗文化中的陕北人具有艺术审美的超越性，而在现实中却显得情感保守有余，理性反思不足。他们更多地把现实中难以实现的愿望寄托在对神仙的信仰与对生命的希望之中，而疏于以制度建设和体制改革的现实保障方式实现自己的生活理想。甚至在某种程度上说，恰恰是艺术与现实的明显反差造就了包括民歌和秧歌在内的陕北年俗文化直接、直白却不直露的奔放力与冲击力，也让笔者在其中体味到柔韧、苍凉、酸楚、凄惶、惆怅、悲情、无奈又无助的复杂况味。笔者看到和感受到的不仅是陕北人的个性，更是包括笔者自己在内的国人的共性。

笔者不否认陕北秧歌和陕北民歌中具有凝重的生命力和信仰力基调以及乐观幽默的生活态度，并且在其中也常常能够感受到一种直摄心魄的震撼，但更想在此基础上强调它对当代社会和谐与社会治理可能具有的精神文明价值。世世代代生活在相对贫瘠和荒凉之地的陕北人，不仅没有只生产眼泪和悲伤，反而产生了如此赤诚和炽烈的热情与希望，尤其是产生了理性信仰的自由潜力。在笔者看来，陕北年俗文化的自由潜力至少具有三个层次。

一是不屈不挠的生命意志。尽管这是各地年俗共同具有的原始底色，但它在陕北年俗文化中体现得尤其强烈而显豁。正如在陕北信天游中，“那些充盈着青春激情的人，常常要直面自由生命不得正常伸展的悲苦境遇。于是，信天游作为人类渲泄生命自由性情的最好方式，便成了陕北人生活的必要组成”①。

二是自由意志。陕北人在包括秧歌在内的年俗文化中以象征和替代的方式实现了他们在现实中实现不了的东西，得到了他们在现实生活中难以得到的东西。所以，陕北的年俗文化和信天游一样，在很大程度上满足了表演者与欣赏者的共同需求，同时也体现了陕北人不为外物所役、所限的自由意志。正如王二妮在陕北民歌《一对对鸳鸯水上漂》中所唱：

① 高杰：《陕北信天游源流疏》，《延安大学学报》1998 年第 4 期。

一对对那个鸳鸯水上漂
人家那个都说是咱们两个好
你要是有那心思咱就慢慢交
你没有那心思就呀嘛就拉倒
你说那个拉倒就拉倒
世上那个好人有那多少
谁要是有那良心咱就一辈辈的好
谁没有那良心就叫野雀雀掏
山呐在水在人常在
一对对鸳鸯水呀嘛水上漂
你在那山呐我在沟
拉不上话话招呀招那个手
山呐在水在人常在
一对对鸳鸯水上漂
说山挡不住那云彩树挡不住那风
神仙佬家也挡不住人呐想人
宁叫那玉皇大帝的江山乱
万不能叫咱二人关系那个断

“谁要是有那良心咱就一辈辈的好，谁没有那良心就叫野雀雀掏”“宁叫那玉皇大帝的江山乱，万不能叫咱二人关系那个断”——这实际上表白并宣示了一种不受外界和他人干扰而单凭“良心”来自己做决定的自由意志。这种表白和宣示不仅表现在陕北民歌和信天游中，也表现在包括秧歌在内的陕北年俗文化中。

三是精神的超越性。陕北年俗文化中的秧歌比平日里的广场秧歌更具有仪式化和神圣化色彩，是陕北人平素沉闷的时间流中突起的狂欢时刻，是凝聚着陕北人日常生活憧憬与希望的乌托邦。陕北年俗文化潜在地展示了陕北人突破物质条件的限制和社会条件的束缚所释放出来的自由精神，这也是一种“富贵不能淫，贫贱不能移，威武不能屈”的自由意志。就拿信天游来说，“信天游是陕北人自由天性的结晶，是陕北人敢说敢干，咋想咋说，咋说咋唱的天性的真实展现。它从形式、语言到内容都是自由的、开放的，每一个陕北人都可以把自己知道的话，自己想表达的感情，自己创造出来的字句格式加到信天游中，以此来表达自己的无限情感”[①]。也就是说，“陕北‘人’创造了自由世界的恋歌信天游，信天游折射出了陕北‘人’从自身之内开启的基于自由的绝对尊严——绵延起伏的黄土，斜阳脉脉的荒原，也许他们一无所有，但是他们无可替代”[②]。

笔者一直对陕北民歌和陕北年俗情有独钟，其主要原因就在于它们具有这样三个潜在的精神层次。

从实践理性的立场可以看出，包括秧歌在内的陕北年俗文化潜在地具有邀请在场的每个人不分年龄和性别而平等参与并由此达致共舞、共建、共筹、共享的现代文化价值内涵，这与现实中的某些官本位与不公平现象形成强烈反差。如果说恰恰是这种反差造就了陕北年俗文化的某些传统，一旦缩小这种反差就可能危及这种传统的存亡，那就宁叫这种传统断，也不要叫一代代陕北人空期盼。具体而言，尽管吸引并邀请普通人的平等参与和共同欣赏、尊重个人的文化权利只是陕北年俗文化的潜在属性，但这种潜在属性恰恰是陕北年俗文化需要深入挖掘才能发扬光大的现代价值内涵。进而言之，陕北的年俗文化固然遵循着特定的仪式程序和习俗规矩，而且其中的现代文化价值内涵仍然是自发的和隐性的，但是，我们有必要让陕北年俗文化中的这些现代价值内涵从潜在走向显在、从规矩走向规范、从礼俗秩序走向法理秩序、从集体权力回归个人权利，把它们从艺术和文化领域推广到全社会的观念领域和制度领域，逐步建立公平、公正、民主和更加符合人性的制度程序来保障每个普通人在日常生活的现实中实现自己过上好日子的朴素愿望。现在更为重要和更为紧迫的问题是让陕北年俗文化的传承与创新从感性的自发阶段走向以理性目的论为旨归的自觉阶段，让它们的现代价值内涵和自由潜力在现实的公共领域和制度设计中更充分地展现出来并且努力为这种实现创造正义程序和制度条件。尽管这样的实践在目前的中国难免会遇到不解、误解和重重阻力，甚至可能被认为“超前”，却很有必要尽快开展起来，因为只有这样才能“把乡村建设为不仅有好山好水好地方的风景，而且有好人好事好制度的家乡，让乡村能够留住年轻人并且能够

---

① 冯金磊：《自由中的反抗：漫谈信天游》，《四川教育学院学报》2011 年第 1 期。

② 惠嘉：《信天游词文本研究：以体裁学为视角》，陕西师范大学出版总社 2019 年版，第 149 页。

承载他们的青春、梦想和希望”①。

陕北年俗文化也能够表明，只要有机会，普通民众完全具有自己选择合理生活方式的意愿、能力和权利。切实把陕北年俗文化中的现代价值内涵和自由潜力发扬光大并且进一步融入日常生活的公共文化建设和制度设计，是贯彻并落实社会主义核心价值观的重要途径。

① 户晓辉：《日常生活的苦难与希望：实践民俗学田野笔记》，中国社会科学出版社 2017 年版，第 333 页。

第六章

民俗博物馆实践愿景*

在遗产时代，尤其是随着遗产观念的转变，一方面，作为遗产收集、分类、保护和展示空间的博物馆对作为全球化现象的遗产的兴起产生了重要影响①，另一方面，遗产的全球化观念也能够使作为民俗实践重要场域的民俗博物馆在根本理念、遗产价值观、展示方式和观众参与程度等方面发生重要转变。

第一节 从旧博物馆学到新博物馆学

从民俗博物馆发展的历史来看，民俗学的浪漫理想与现实诉求经历了一个由合到分、再由分到合的过程。具体而言，欧洲大规模的民俗收集始于19世纪，为此才建立了各门文化科学和各种类型的博物馆。② 德语地区的民俗博物馆则以各个地方的家乡博物馆为主。显然，民俗博物馆为了收集、整理并展示民俗的需要应运而生，而且，在最初的相当长一段时间里，不仅“作为收集对象的民俗常常被认为是人类活动的无用的产品。就像废弃的邮票、空酒瓶等在某种意义上代表废物一样，民俗在历史上也被

---

* 本章据笔者2017年11月11日在中国传媒大学“博物馆与文化遗产：民俗学的观点”专题研讨会上的发言稿修改而成，感谢王杰文教授的参会邀请，也感谢现场三位对话者——刘晓春教授、王晓葵教授和王韶华副教授——的讨论与批评。

① Rodney Harrison, *Heritage: Critical Approaches*, London and New York: Routledge, 2013, p. 69.

② 参见 Cristoph Asendorf, *Batteries of Life: On the History of Things and Their Perception in Modernity*, Translated by Don Reneau, Berkeley: University of California Press, 1993, p. 50；德语原著的书名是《生命力的电池：论物的历史及其在19世纪的感知》（*Batterien der Lebenskraft. Zur Geschichte der Dinge und ihrer Wahrnehmung im 19. Jahrhundert*, Gießen, 1984）。

如此看待”[①]。与此相应的是，民俗博物馆被视为历史遗留物的储藏室和陈列馆，这里主要是物的叙事和“物的语言”（Die Sprache der Dinge）[②]，人们在这里听到的仿佛总是历史上的余音绕梁，体会到的仿佛也只是感觉上的怅然若失。所以，在这个历史阶段，民俗博物馆最典型地体现了民俗学的现实诉求与浪漫理想相互分离的学科征候。民俗博物馆不仅与民俗学研究一起经历了长期见物不见人的发展过程，而且本身在民俗学研究中也没有得到应有的重视，更少得到理论的反思。在经验实证研究倾向的主导之下，民俗学者们往往关注和批判的是民俗博物馆将民俗孤立化和非语境化的具体做法，只是近几十年来才开始重新考虑再语境化的问题。但无论如何，这种问题意识聚焦的仍然是作为物的民俗，而不是作为物的主人和使用者的民众。

放眼整个世界博物馆的历史与现状，我们似乎也不应单独苛求于民俗博物馆的研究与实践。因为从旧博物馆学到新博物馆学的发展历程在总体上也是从物到人回归的过程，不仅实物在博物馆里的中心地位逐渐被虚拟物体和智能物体（smart object）取代，而且也同样体现为一个转变过程：从见物不见人，到逐渐看见人，直至看到大写的人。我们可以比较半个多世纪以来《国际博物馆协会章程》（*The Statutes of the International Council of Museums*）在界定“博物馆”时的措辞变化：

> 1961 年：
>
> ICOM shall recognise as a museum any permanent institution which conserves and displays, for purposes of a study, education and enjoyment, collections of objects of cultural or scientific significance.
>
> （国际博物馆协会将把为了某种研究、教育和欣赏的目的而保存、展示、收集具有文化重要性和科学重要性的物品的任何常设机构确认为博物馆。）
>
> 1974 年：
>
> A museum is a non-profit making, permanent institution in the service

① ［美］阿兰·邓迪斯：《民俗解析》，户晓辉编/译，广西师范大学出版社 2005 年版，第 5—6 页。

② Wolfgang Kaschuba, *Einführung in die Europäische Ethnologie*, München: Verlag C. H. Beck, 2006, S. 224.

of the society and its development, and open to the public, which acquires, conserves, researches, communicates, and exhibits, for purposes of study, education and enjoyment, material evidence of man and his environment.

（博物馆是一个为社会及其发展服务的、非营利常设机构，向公众开放，为教育、研究和欣赏之目的征集、保存、探究、传播并展示人及其环境的物质证据。）

1989 年：

A museum is a non-profit making, permanent institution in the service of society and its development, and open to the public which acquires, conserves, researches, communicates and exhibits, for purposes of study, education and enjoyment, material evidence of people and their environment.

（博物馆是一个为社会及其发展服务的、非营利常设机构，向公众开放，为教育、研究和欣赏之目的征集、保存、探究、传播并展示人民及其环境的物质证据。）

1995 年（2001 年的措辞与此相同，只是增加了几个逗号）：

A museum is a non-profit making permanent institution in the service of society and of its development, and open to the public which acquires, conserves, researches, communicates and exhibits, for purposes of study, education and enjoyment, material evidence of people and their environment.

（博物馆是一个为社会及其发展服务的、非营利常设机构，向公众开放，为教育、研究和欣赏之目的征集、保存、探究、传播并展示人民及其环境的物质证据。）

2007 年：

A museum is a non-profit, permanent institution in the service of society and its development, open to the public, which acquires, conserves, researches, communicates and exhibits the tangible and intangible heritage of humanity and its environment for the purposes of education, study and enjoyment.

（博物馆是一个为社会及其发展服务的、非营利常设机构，向公众开放，为教育、研究和欣赏之目的征集、保存、探究、传播并展示人类及其环境的有形遗产和无形遗产。）①

从1961年根本不出现“公众”和“人”的字眼，到1974年出现了“公众”（public）和“人”（man），再到1989—2001年间出现了“公众”和“人民”（people），直到2007年出现了“公众”和“人类”（humanity），其中的重点转移和问题意识的变化至少包括：从物到人，从物质证据到有形遗产（物质遗产）再到无形遗产（非物质文化遗产），从泛泛而谈的人到具有人性的人。人的因素在逐渐增强并且得到越来越多的强调和重视。因此，近年来才逐渐发展出以人为中心的博物馆学（people-centered museology）。人们越来越认识到：博物馆的中心不是物，而是文化，博物馆是人与物、人与人发生文化对话的实践场域。

与其他博物馆相比，民俗博物馆的不同之处还在于它的去精英化色彩和平民化倾向。恰恰在民俗博物馆里，民俗学最初的两种实践动机——自由民主的浪漫理想与经世致用的现实诉求——不仅可以得到认识的统一，而且应该得到实践的结合。

第二节　审美启蒙的公共领域

博物馆类似一个凝视装置，它以特定的方式吸引并决定着观众如何凝视以及凝视什么。民俗博物馆所展示的民俗之物固然常常已经被抽离了具体的语境和文化环境，但恰恰因为这样，它们在民俗博物馆里才可能得到观众的重新审视和深入审思。例如，民俗博物馆常常要陈列过去的生活用品和生活用具。近年来，笔者曾参观过属于私人的民俗博物馆（参见图6－1和图6－2）和笔者的家乡博物馆（参见图6－3）。黑龙江省哈尔滨市双城区杏山镇石人湖民俗博物馆属于哈尔滨双城区杏山镇党委书记徐世英个人，藏品是他本人多年的收集和收藏，位于偏僻之地，平日可能很少有人问津；新疆生产建设兵团第七师一二三团团史陈列馆是一二三团史志办主任韩子猛一手弄起来的，展出的主要是他自20世纪80年代以来在

① 参见网址：Development of the Museum Definition according to ICOM Statutes（1946—2001）http：//archives. icom. museum/hist_ def_ eng. html，2017年10月22日。

该团收集并收藏的有关实物。2017 年 4 月，他告诉笔者，这个博物馆可能将并入即将新建的兵团一二三团团史文化展览馆。这个展览馆计划建 6 个展厅和一个多媒体资源库，收集衣物、生产工具、生活用品、器械等实物 3800 件，纸质文献资料 10000 万字，珍贵图片 6500 张，电子资源 2000 万字，1000 分钟视频等。① 笔者在参观自己家乡博物馆时就深切地感受到，这些物品好像一下子让笔者回到了过去，可又难以承载笔者的复杂感受。这种博物馆多半只能引起怀旧和凭吊过去的思绪，却盛不下历史的细节，容不了一个家庭的日常生活及其未来。它能够唤起笔者的某种怀旧思绪，却无以寄托笔者的理性反思。博物馆要迎接和面对的观众，可能人数有限，却并不单一。即便有些人单纯为了消遣和娱乐，在博物馆里也会获得非同寻常的体验。对于像笔者这样曾经使用过或者见过类似用具的观众，甚至那些尽管没有使用过也没有见过类似用具却对它们充满好奇和遐想的观众，都会想象它们曾经的那个世界，这些用具为观众与那个过往世界的照面提供了契机和媒介，也就为不同观众进行不同的记忆联想和理解意义上的对话展示了平台。

当然，民俗博物馆展示的是历史之物却并非历史本身，因为历史并非过去了的东西，因为过去了的东西恰恰是不再演历的东西，但它也不是单纯今天的东西，因为单纯今天的东西也不会演历。相反，历史是从将来得到规定并且穿过现在的往事和曾经的存在。② 正如海德格尔指出的那样：

> 在博物馆里保存着的“古董”，例如家用什物，属于某一“过去的时间”，然而在“当前”还现成存在。既然这种用具还不曾过去，那它在何种程度上是历史的呢？大概只因为它成为了历史学兴趣的对象或古董收藏的或方志学的对象吧？但诸如此类的用具只因为就其本身而言就以某种方式是历史的，所以它才能成为历史学对象。问题重又提出来：既然这种存在者还不曾过去，那我们有什么道理把它称为历史的呢？或许因为这些“物件”属于今天仍现成存在却具有“某种过去的东西”“于其自身”吧？那么这些现成的东西究竟现在还是

① 参见一二三团史志办《一二三团建设“二十二兵团纪念馆及多媒体资源库”项目实施方案》2017 年 3 月 4 日。

② 参见［德］海德格尔《形而上学导论》，熊伟、王庆节译，商务印书馆 1996 年版，第 44 页。

图 6－1　黑龙江省哈尔滨市双城区杏山镇石人湖民俗博物馆展出的部分农具（户晓辉拍摄于 2017 年 9 月 1 日）

图 6－2　河北省馆陶县博物馆展出的老风车（户晓辉拍摄于 2016 年 3 月 11 日）

不是它们曾是的东西呢？这些“物件”显然有了变化。那些什物在“时间的进程中”变得朽脆蛀蚀了。即使在现成存在于博物馆里的期

图6-3 新疆生产建设兵团第七师一二三团团史陈列馆展出当年的生活用品（户晓辉拍摄于2016年3月26日）

> 间，流逝也继续着；但那使这些什物成为历史事物的过去性质并不在这一流逝中。那么在这种用具身上又是什么过去了呢？什么“物件”过去曾存在而现在不再存在？它们现在却还是某种确定的用具，但却不被使用了。然而，假使它们今天还被使用——不少手摇纺车就是这样——那它们就不再是历史的吗？无论还在使用或已不使用，它们反正不再是它们曾是的东西了。什么“过去”了？无非是那个它们曾在其内来照面的世界；它们曾在那个世界内属于某一用具联系，作为上手事物来照面并为有所操劳地在世界中存在着的此在所使用。那世界不再存在。然而一度在那个世界之内的东西还现成存在着。但作为属于世界的用具，现在仍还现成的东西却能够属于“过去”。但世界不再存在意味着什么？生存着的此在作为在世界之中的存在实际存在着，而世界只有以这种生存着的此在的方式存在。①

这就意味着，民俗博物馆的展示仿佛是从未来的自由立场向过去和现在的器物和生活用具投射的一束光线。这束光线不仅可以为这些器物和生

① ［德］海德格尔：《存在与时间》（修订译本），陈嘉映、王节庆译，生活·读书·新知三联书店1999年版，第430页，重点原有。

活用具找回那个已经失落了的、曾经的世界，更是为了让它们重新斩获另一个世界，使它们获得新的存在方式和价值含义。因此，一方面，民俗博物馆“不应该仅仅采取‘过去时’的方式来展现一个民俗资料构成的世界，而更应该考虑这些民俗资料和现在的地域史、地方史的有机联系。也就是说，必须给这些民俗资料赋予现在的意义与价值。过去的展示都是把地方上由历史而形成的民俗世界与民俗认同除掉了，没有把与特定的土地和大地相关联的人民形象投射在民俗文化这个屏幕上，因此造成了走到哪里都是一样的民俗展示的现况”①，但另一方面，如果说把某物视为艺术就意味着从自由的立场来看②，那么，日常生活用品进入博物馆就意味着从现在和未来的自由立场把它们变成艺术品。观众进入博物馆就仿佛进入一种仪式的阈限状态，博物馆在时间和空间上为观众提供一种阈限区域(liminal zone)③，博物馆的神奇空间使其中的物与人结成一种新型关系，这是一种类似于博物馆语法的修辞关系④。这也就意味着，只有站在自由的立场来看待这些日常生活用品，我们才能把它们看作博物馆中的艺术品。当然，观众在博物馆中可以获得审美、娱乐、怀旧等各种体验。博物馆中的凝视，与其说来自观众的眼光，不如说来自投注在展品身上的那一束光。或者说，投注在展品身上的那一束光才是现代性的凝视之光，它照亮展品，使博物馆中的农具或日常用品脱离实用性，使观众有可能以无功利的审美来看待并且反思它们。恰恰是这种审美的启蒙需要观众运用先验的反思判断力，即把特殊归摄于普遍的能力，达至审美共通感（sensus communis)，建构一种具有共同感的叙事（a consensual narrative)，让原本只能以单数形式存在的记忆也能够以复数的形式存在⑤，进而培养观众对公共事务的感受性和关乎主体间交往的实践理性的德性⑥。这实际上是为

---

① ［日］大冢和义：《博物馆展示的理念与评价的方法》，陈文玲译，参见王晓葵、何彬编《现代日本民俗学的理论与方法》，学苑出版社2010年版，第341页。

② 参见 Harm-Peer Zimmermann, *Ästhetische Aufklärung. Zur Revision der Romantik in volkskundlicher Absicht*, Würzburg: Verlag Königshausen & Neumann GmbH, 2001, S. 291。

③ 参见 Carol Duncan, *Civilizing Rituals: Inside Public Art Museums*, London and New York: Routledge, 1995, p. 20。

④ 参见曹兵武《博物馆是什么？——物人关系视野中的博物馆生成与演变》，《中国博物馆》2017年第1期。

⑤ 参见 Silke Arnold-de Simine, *Mediating Memory in the Museum: Trauma, Empathy, Nostalgia*, Hampshire: Palgrave Macmillan, 2013, p. 17。

⑥ 参见周黄正蜜《论康德的审美共通感》，《云南大学学报》2014年第4期。

公民素质的培养创造了审美的契机。因此，民俗博物馆也是感性启蒙或审美启蒙的公共领域，而不仅仅是文化猎奇和民俗展示的场所。欧洲的博物馆一直是推行实践的启蒙（praktische Aufklärung）的公共领域①，民俗博物馆当然是实现民俗学的学科抱负的绝佳途径：即通过各种实物形象（Bild）进行人文教化（Bildung）和审美（感性）启蒙，博物馆中产生的美育作用“都曾作为一种民主意识的代表，被当做实现公民自身权益的渠道”②。当然，这种启蒙不是自上而下的单向宣传和独白，而是博物馆工作人员与观众之间、观众与观众之间平等的相互启蒙和公共对话③，因为博物馆具有重要的启蒙和民主化的价值④。

关于审美共通感及其公共启蒙作用的原理，康德曾写道：

> 但是，人们必须把 *sensus communis* 理解为一种共同感的理念（die Idee eines *gemeinschaftlichen* Sinnes），即一种评判能力的理念，这种评判能力在对表象方式的反思中（先天地）考虑到任何他人在思想中的｛表象方式｝，由此使自己的判断仿佛接近了全部人类理性，由此避开了从主观的私人条件出发可能对判断产生不利影响的幻觉，这些私人条件可能被轻易看作客观的。那么，发生这种事情的途径就是，人们使自己的判断接近别人的那些虽然并非现实的、却毋宁仅仅是可能的判断，摆脱以偶然的方式附着在我们自己的评判上的种种局限，并以此置身于每个他人的位置上；而这又是由这样的方式造成的，即人们把在表象状态中是质料即感觉的东西尽可能除去，仅仅注意自己的表象或表象状态的形式上的特性。⑤
>
> 在我们借以宣布某物为美的一切判断中，我们不允许任何人有别

① 参见 Wolfgang Kaschuba，*Einführung in die Europäische Ethnologie*，München：Verlag C. H. Beck，2006，S. 25 – 26；周飞强《公共性与博物馆的转型及实践》，《新美术》2008 年第 1 期。

② 周冬梅：《论美育在博物馆公共教育中的重要性》，《艺术教育》2017 年第 Z3 期。

③ 曹兵武指出：“从用品、葬品、祭品、礼品，到缪斯神庙，到博学园，到皇室贵胄的私密的神奇橱柜以及文人雅玩，物之于人，不断延伸出新的功能和情感系连。而公共性则是博物馆发展史上最重要的一次基因突变或者催生婆。”（参见《博物馆是什么？——物人关系视野中的博物馆生成与演变》，《中国博物馆》2017 年第 1 期）

④ 参见施旭升、苑笑颜《仪式·政治·诗学：当代博物馆艺术品展示的叙述策略》，《现代传播》2017 年第 4 期。

⑤ Immanuel Kant，*Kritik der Urteilskraft*，Leipzig：Verlag von Felix Meiner，1922，S. 144 – 145.

的意见；但我们仍然不把我们的判断建立在概念之上，而是仅仅建立在我们的情感之上，因此，我们不是把这种情感作为私人情感，而是作为一种共同［体］情感（ein gemeinschaftliches）奠定为基础的。那么，为此目的，这种共同感（Gemeinsinn）就不能被建立在经验之上；因为它要授权人们做出包含着一个应当的判断：它说的不是每个人都将与我们的判断一致，而是每个人都应当与它一致。因此，我在这里把我的鉴赏判断说成是共通感的判断的一个实例，因而我赋予它示范的有效性，｛并且把它当作｝一个单纯的理想范式，在它的前提之下，人们就能够有理由使一个与它一致的判断以及在该判断中表达出来的对一个客体的愉悦对每个人都成为规则：因为虽然原则仅仅是主观的，却仍然被假定为主观上普遍的（一个对每个人都必然的理念），在涉及不同的判断者的一致性时，只要人们肯定已经正确地将之归摄于这个原则之下了，就能够像一个客观的｛原则｝那样要求普遍的赞同。①

阿伦特主张把 gemeinschaftlicher Sinn 译为“共同体感”。② 当然，康德意义上的共同体首先指人类的共同体，只不过康德也把这种共同体描述为“公众”（das Publikum）和“观众”（die Zuschauer）。③ 如果说审美判断通过公共性进入公共性（in der Öffentlichkeit durch die Öffentlichkeit）④，那么，做出这种审美判断的观众也同样能够通过公共性进入公共性，由此获得一种被扩展的思维方式（eine erweiterte Denkungsart）。

显然，民俗博物馆也是一个交互主体的公共领域，这个公共领域恰恰是培育观众审美共通感的公开场域，因为无功利和超功利的审美有助于培养观众以不偏不倚的和客观中立的理性立场来看待和思考公共事物的思维方式，这也是康德所谓公共的思维方式（die Öffentliche Denkungsart），它体现为三个准则，即作为知性准则的自行思考（Selbstdenken）、作为判断

---

① Immanuel Kant, *Kritik der Urteilskraft*, Leipzig: Verlag von Felix Meiner, 1922, S. 81.

② 参见［美］汉娜·阿伦特《康德政治哲学讲稿》，曹明、苏婉儿译，上海人民出版社 2013 年版，第 109、115 页。

③ 参见 Johannes Keienburg, *Immanuel Kant und die Öffentlichkeit der Vernunft*, Berlin & New York: Walter de Gruyter GmbH & Co., KG, 2011, S. 149。

④ Johannes Keienburg, *Immanuel Kant und die Öffentlichkeit der Vernunft*, Berlin & New York: Walter de Gruyter GmbH & Co., KG, 2011, S. 149.

力准则的站在每一个他人的位置上思考（an der Stelle jedes anderen denken）和作为理性准则的任何时候都与自己一致的思考（jederzeit mit sich selbst einstimmig denken）。康德在此指出，真正的启蒙之所以非常艰难，恰恰因为要在思维方式中确立并保持对被动性、盲目性和仅仅考虑自己的目的等习惯的单纯否定是非常艰难的，而这种单纯的否定恰恰构成真正的启蒙。限于题旨，也为了便于理解，这里不对康德的细致区分和微言大义展开论述。①

从理想状态来说，中国民俗博物馆的启蒙先锋作用和意义主要在于，即使在民主匮乏的情况下，也让观众首先学会用理性来管理自己，这是我们在目前甚至未来需要学习和实践的自由能力。换言之，每个人都需要自我启蒙，都需要不断摆脱精神上的未成年状态，因为“启蒙就是人脱离自己造成的未成年状态的出路。未成年状态就是不经另一个人的引导就不能运用自己的知性［康德在这里指的是作为理性构成部分的知性，下同。——引注］。如果原因不在于缺乏知性，而在于不经另一个人的引导就缺乏勇气与决心去加以运用，这种未成年状态就是自己造成的”。因此，我们作为公众需要认识到自己“在一切事情上都有公开运用自己理性的自由”，因为“公众要启蒙自己，是更为可能的；只要允许公众自由，这几乎就是不可避免的”。② 每个人摆脱未成年状态的精神启蒙都是无止境的过程。这是一场自己与自己展开的攻坚战和持久战，“人的理性能力不是一种神

① 参见 Immanuel Kant, *Kritik der Urteilskraft*, Leipzig: Verlag von Felix Meiner, 1922, S. 145 – 146 以及注释。

② 参见 Immanuel Kant, “Beantwortung der Frage: Was ist Aufklärung?” in *Immanuel Kants Werke*, Band IV, Herausgegeben von Ernst Cassirer, Berlin: Verlegt bei Bruno Cassirer, 1922, S. 169 – 170；户晓辉《从民到公民：中国民俗学研究“对象”的结构转换》，《民俗研究》2013 年第 3 期和人大复印报刊资料《文化研究》2013 年第 8 期；蔡定剑写道：“我观摩了一些选举改革的地方，看到农民风雨无阻、扶老携幼奔向投票站，看到他们不顾寒冷的冬天要在操场或礼堂一等就是五六个小时，直到出选举结果才回家吃饭的情景时，我会感到农民对民主的高度热爱和热情；当我看到农民拿到选票就像当年拿到土地证一样由衷地喜悦和感激，听他们说共产党 1949 年给农民发土地证是给了他们经济上的翻身，今天发给选票是给他们政治上的真正当家作主时，我会感到农民对民主选举深刻的认识和内心的渴望。一些农民为了维护自己的选举权利，那样坚定、义无反顾地同阻挠他们的官僚们和村里既得利益者不屈地斗争，多少愤怒的农民联名要求罢免不合法选举产生的、腐败的村委会干部，不顾阻挠，不畏严寒，四处奔走，甚至进京上访。有的人冒着打击报复的危险，有的人被非法关押、甚至被判刑。他们追求民主的大无畏精神令人感动。当看到当前中国农村民主发展的这些生动而真实的景象，你会觉得那些指责中国人素质太差搞不了民主的知识分子和领导者对民主和农民是多么无知和可笑！”（《民主是一种现代生活》，社会科学文献出版社 2010 年版，第 39—40 页）

秘的本质，而是需要通过公共使用加以培育和维护的素质。在一个大家都纷纷放弃自己运用自己理性的勇气，转而追求不思考的安逸的时代，一个人单独保持自己的理性是困难的，但却又是必须的”[①]。

当然，民俗博物馆中展示的物品常常来自偶得，具有很大的偶然性，它们提供的信息和知识也具有碎片化、零散化的特点，因而博物馆的展示总要以特定的方式随物赋形，力求使这些碎片化、零散化的信息和知识趋于系统化和整体化。尽管民俗博物馆首先有物的叙事和物的语言，但这种叙事和语言必须依靠观众来完成，因而归根结底仍然是人通过物来叙事和对话。民俗博物馆以展出的物的形式重组社会现实和历史现实[②]，这就需要观众来理解、建构并参与这种社会现实和历史现实。因此，民俗博物馆是对话和实践的场域，而不是单纯的储物间和陈列室。对意义的理解本来就不是独白和独占，而是对话。传统也并非未经触碰地待在过去的博物馆里，而是被纳入活生生的当下。[③] 因此，民俗博物馆就是过去、现在与未来发生交织和碰撞的文化空间，也是不同理解视域发生融合的对话空间。

如今，民俗博物馆是文化空间和叙事空间，也是非物质文化遗产的存在场域。正因如此，联合国教科文组织的《非遗公约》第二条才把“非物质文化遗产”界定为“被个人、共同体或群体视为其文化遗产组成部分的各种社会实践、观念表述、表现形式、知识、技能以及相关的工具、实物、手工艺品和文化空间”。应该指出的是，《非遗公约》汉文本将英文的 cultural spaces 对应于“文化场所”，这是不准确的，因为这个术语使作为关系场域的“文化空间”显得过于实体化和物质化。2002 年，联合国教科文组织的网站上英、法文双语的《非遗词汇表》将“文化空间”解释为“人们一起实施、分享或交流社会实践或想法的一种物理的或象征的空间”[④]。这种文化空间当然需要有具体的场所或场地，但它的根本特征

① 陶东风：《文化研究与政治批评的重建》，中国社会科学出版社 2014 年版，第 319 页。

② 参见 Cristoph Asendorf, *Batteries of Life: On the History of Things and Their Perception in Modernity*, Translated by Don Reneau, University of Clifornia Press, 1993, p. 47。

③ 参见 Jürgen Becker, *Begegnung—Gadamer und Levinas: Der Hermeneutische Zirkel und die Alteritas, Ein ethisches Geschehen*, Frankfurt am Main: Peter D. Lang, 1981, S. 31。

④ 英语原文是“A physical or symbolic space in which people meet to enact, share or exchange social practices or ideas”，参见网址 http://www.unesco.org/culture/ich/doc/src/00265.pdf, 2016 年 10 月 16 日；另可参见巴莫曲布嫫《非物质文化遗产：从概念到实践》，《民族艺术》2008 年第 1 期；向云驹《论“文化空间”》，《中央民族大学学报》（哲学社会科学版）2008 年第 3 期；单霁翔《民俗博物馆建设与非物质遗产保护》，《民俗研究》2014 年第 2 期。

是关系场域。这就表明，民俗博物馆的公共空间应该是民主的，不仅可以包容不同的声音，而且可以将这些不同的声音凝聚为共识。[①]

第三节 对话式民俗博物馆

进而言之，民俗博物馆给观众带来的不能只是一种虚假体验[②]，而是需要把观众的体验纳入展示，让观众共同参与意义建构，实现从物到人以及从物质到故事、信仰和价值的转换。这样的要求与近年来的新博物馆学趋势（new museological trends）不谋而合，因为新博物馆实践恰恰试图使博物馆与观众之间的交流更加民主化，它的目标不是提供权威性的宏大叙事，而是关注日常生活、个人故事和传记，以便呈现多元的记忆。[③]

尽管民俗博物馆的条件有限，而且不同的民俗博物馆也会受到不同条件的种种限制，但在不同理念的指导下，民俗博物馆的陈设方式、布展形式会有大不一样的格局和面貌。在这方面，也许私人博物馆比公立博物馆更容易有新的突破，也具有更多的变通性、灵活性、先锋性和创造性，有可能率先成为民主实验室意义上的公共领域。即便这些实验和探索在许多公立博物馆中可能还难以实施，但私立博物馆则相对容易做到，或者可以先行一步。至少，私人博物馆比公立博物馆受意识形态影响要少一些，尽管可能受到资金、场地、人员等方面的限制，但在实践民主化的对话式博物馆方面可以捷足先登，而民俗博物馆尤其应该比其他类型的博物馆率先从独白式博物馆走向民主化的“对话式博物馆”[④]，逐步推进并实践博物馆思想的民主化（Demokratisierung des Museumsgedanken）[⑤]。常言道，不怕做不到，就怕想不到。只有首先在博物馆的理念上想到并且追求民主

① 参见严啸《博物馆的媒体化：一种公共话语的阐释》，硕士学位论文，上海大学，2014年，第33页。

② 参见安德明《生活着的古代城市博物馆——有关平遥古城文化展示的考察报告》，《民间文化论坛》2009年第6期。

③ 参见 Silke Arnold-de Simine，*Mediating Memory in the Museum*：*Trauma*，*Empathy*，*Nostalgia*，Hampshire：Palgrave Macmillan，2013，p. 2。

④ “对话式博物馆”（dialogic museums）这个术语来自 Annette B. Fromm，“Ethnographic museums and Intangible Cultural Heritage return to our roots”，*Journal of Marine and Island Cultures*（2016）5，p. 93。

⑤ Helmut P. Fielhauer，*Volkskunde als demokratische Kulturgeschichtsschreibung*：*Ausgewählte Aufsätze aus zwei Jahrzehnten*，Wien，1987，S. 267.

化，才可能在实践上逐步做到一点，即不仅鼓励观众之间的平等对话，而且在可能的情况下也促成观众、博物馆管理者与展品原初使用者之间的多元对话和互动实践。正如日本学者大冢和义指出的那样，一方面，博物馆的展示本身不是目的，参观者也不只是观看东西，还要提出批判的见解并且要有相互的交流，另一方面，还应尽可能使博物馆的信息公开化，让博物馆把自身的问题、苦恼与民众共享，一同构建解决的机制，由此才能使博物馆成为终身教育社会的核心设施。① 民主化的对话式博物馆至少需要考虑如下一些问题：

（一）在主体方面：谁进入博物馆？谁不去博物馆？谁的目光？谁的凝视？谁被博物馆的陈列排除在外？

（二）在对象方面：谁应该了解什么？博物馆在选择什么，排斥什么？

（三）在对象的性质方面：能否重新思考物质遗产与非物质遗产之间的关系以及博物馆与日常生活之间的关系？

（四）在主体与对象的关系方面，是否具有以下明确的实践目的：

1. 能否重建人（包括共同体和文化实践者）与物的实践关系，能否建立民俗文化转向公共文化的有效机制，并且为非遗的表演和动态展示创造空间？

2. 在文化记忆的政治上能否为普通观众不同的记忆和不同的“叙事”声音和访谈录音提供文化展示的空间与对话的空间，并且充分显示对他们的尊重？

3. 能否采用多媒体互动的手段把讲故事环节纳入博物馆展厅？能否让不同观众听到别人不同的回忆与讲述？能否为观众的讲述、回忆和评论提供多媒体交流的平台？多媒体的数字化博物馆在展示不同个人的记忆和叙事方面具有独特优势，能够使博物馆成为多声部回忆和多元记忆的时空联结点，让观众通过过去来理解现在，这些做法在奥地利等德语国家的民俗博物馆中已经有所尝试。② 韩国民俗村也以活态博物馆的形式促进观众的互动和参与体验（参见图 6－4）。2017 年 10 月 6 日，在德国慕尼黑的现代绘画陈列馆召开的一个博物馆主题会议，议题就是“数字空间中的博

---

① 参见［日］大冢和义《博物馆展示的理念与评价的方法》，陈文玲译，王晓葵、何彬编《现代日本民俗学的理论与方法》，学苑出版社 2010 年版，第 343、346 页。

② 参见网址：Was kann Kultur? | Cultural Broadcasting Archive. https://cba.fro.at/314300，2017 年 11 月 3 日。

物馆：机遇与挑战”（Museen im digitalen Raum. Chancen und Herausforderungen）。这次会议表明，社会的数字化转变也引起博物馆观众的角色转变以及对博物馆与观众互动的不同期待。[1]

图 6-4 观众在韩国民俗村的县衙前体验传统的刑具
（户晓辉拍摄于 2012 年 12 月 8 日）

4. 能否让不同观众在博物馆中找到自己的记忆和认同感？博物馆能否有助于普通观众个人参与自己的历史书写并且建构自己的文化身份？

5. 是否尊重普通观众的人权和文化权利？能否让他们形成个人的独立判断？如何增强活态非遗的能见度（visibility）？比如，利用虚拟现实（Virtual Reality，VR）、增强现实（Augmented Reality，AR）和 3D 建模等技术手段，增强观众对环境的感知性（参见图 6-5）以及观众与观众之间的交互性和自主性。互动性（interactivity）和对话过程恰恰是新媒体的基石。[2] 例如，清华大学研究生娜文为民俗博物馆设计的以达斡尔族纸偶哈尼卡实物空间模型为基础的互动故事体验和衍生品开发系统，就为观众在模型展台上的互动操作提供了主题故事的互动演绎契机（参见

---

① 参见网址：“Museen im digitalen Raum” -Tagung am 06. Oktober 2017 | DIE PINAKOTHEKEN. https://www.pinakothek.de/musmuc17，2017 年 11 月 3 日。

② 参见 Andrew Dewdney，David Dibosa and Victoria Walsh，*Post-critical Museology：Theory and Practice in the Art Museum*，London and New York：Routledge，2013，p. 193。

图 6 - 5　四川省什邡博物馆的李冰像投影，该博物馆还有船棺制作流程互动沙盘展示（户晓辉拍摄于 2017 年 10 月 27 日）

图 6 - 6)。[①] 国内也已经有人尝试在民俗博物馆展示设计中导入叙事理念，将展示空间转化为按时间顺序编排的叙事过程，使观众在参观的过程中获取连续的叙事线索，感受传统民俗产生、流传的历史背景。[②] 民俗博物馆的目标在于让普通观众不仅成为旁观者，而且成为参与者，也就是成为博物馆意义诠释与价值生产的主体，使参与数字民俗博物馆的创建、管理和发展的主体由政府转变为草根大众，使民俗博物馆和民众之间的双向传播转变为民众之间的多向传播，从而使民俗博物馆转变为“人人”民俗博物馆或网络上的数字民俗博物馆。[③]

6. 能否给普通观众带来独特的、前所未有的陌生化体验？能否有助

① 参见娜文《民俗博物馆实物模型互动展示系统 HanikaParadise》，硕士学位论文，清华大学，2015 年，第 42—43 页。

② 参见李女仙《民俗博物馆展示设计的叙事特征与空间建构——以新会陈皮文化体验馆为例》，《装饰》2017 年第 8 期。

③ 参见周蕊、戚桂杰《数字民俗博物馆的建设与推广》，《民俗研究》2013 年第 4 期。

于在他们之间形成新型的民主化社会关系？

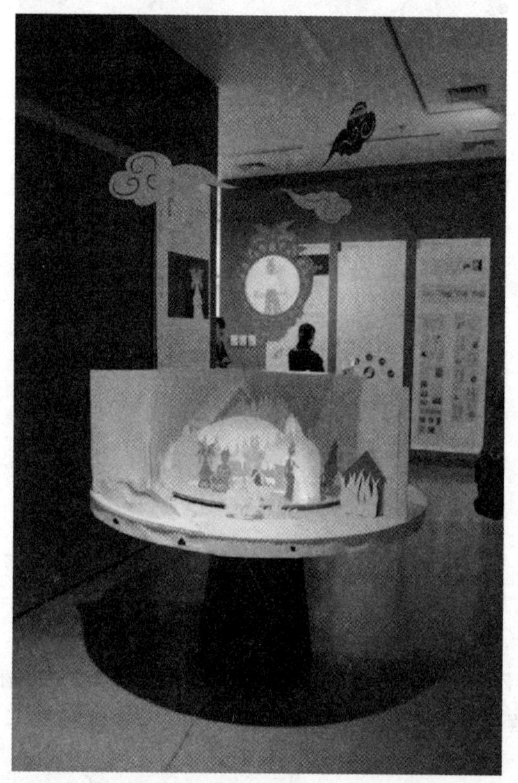

图6-6 清华大学研究生娜文为民俗博物馆设计的互动故事体验和衍生品开发系统，以达斡尔族纸偶哈尼卡实物空间模型为基础

如果说公共民俗学工作需要民俗学者脚踏实地、头顶云端[①]，那么，民俗博物馆的实践同样需要民俗学者以心中的道德为头顶的星空和实践法则，并把它贯彻到脚踏实地的日常实践中。民俗博物馆的这种实践可以成为而且应该成为实践民俗学的重要组成部分，因为实践民俗学恰恰是要用自由意志的实践法则改变现实，开辟并创造崭新的现实[②]。奥地利民俗学者赫尔穆特·保罗·菲尔豪尔在《家乡博物馆——历史的废物间？》（He-

---

① 民俗学家史蒂夫·斯波林（Steve Siporin）的原话是"Public folklore work requires folklorists to have their feet on the ground and their heads in the clouds"，参见 Robert Baron and Nick Spitzer (ed.), *Public Folklore*, Jackson: University Press of Mississipi, 2007, p. 242。

② 户晓辉：《非遗时代民俗学的实践回归》，《民俗研究》2015 年第1期。

imatmuseen -Rumpelkammern der Geschichte?）一文中说得好：我们现在需要真正民主化的博物馆，让民众在其中也能找到他们的历史认同，让他们能够为现在和将来的文化遗产做出衡量并达至成年。① 可喜的是，国外民俗学者已经在认识和实践领域做出有益的尝试与探索。② 更重要的是，民俗博物馆的日常实践可以实施那些推进社会民主化进程的活动③，民俗学者能够并且确实在创建更为民主的博物馆方面发挥重要作用④。如果说民俗学是一种“民主的文化史书写”⑤，那么，民俗博物馆恰恰应该成为这种书写不可或缺的有机组成部分，它不仅要尽可能地容纳许多不同的声音，而且有责任为这种多样性提供共同的基础，民俗博物馆的展示方式所激励的不仅是观众的观看，而且是他们的参与。这也就意味着从为了观众记忆转向由观众来记忆，从为了观众讲述转向由观众自己来讲述。⑥ 实践民俗学期望建设民主化的对话式博物馆，其中不仅有人与物的单向“对话”，更有人与人通过物的多向对话，这才是真正的对话。对话的目的在于为普通观众自己的不同叙事、讲述和记忆提供平等表达与公开展示的平台，让不同于正统和官方的叙事形式与记忆方式能够获得公共表达的机会，由此使普通观众相互进行审美启蒙，共同培养公民习性，进而推动整个社会的民主化进程。也许正是在这个意义上，我们才可以说，在今天，尤其是以博物馆的形式拥有遗产是现代化的工具，也是现代性的标志，没有博物馆就等于承认低于现代国家所要求的最低文明水平。⑦

---

① 参见 Helmut P. Fielhauer，*Von der Heimatkunde zur Alltagsforschung. Beiträge zur Währinger Kulturgeschichte*，Eingeleitet und Herausgegeben von Herbert Nikitsch，Wien，1988，S. 34。

② 参见吴秀杰《多元化博物馆视野中的物质文化与非物质文化保护——德国民族学、民俗学博物馆的历史与现状概述》，《河南社会科学》2008 年第 6 期。

③ 参见［德］沃尔夫冈·卡舒巴（Wolfgang Kaschuba）、安德明《从“民俗学”到“欧洲民族学”：研究对象与理论视角的转换——德国民俗学家沃尔夫冈·卡舒巴教授访谈》，《民间文化论坛》2015 年第 4 期；安德明《家乡民俗学》，河北教育出版社 2021 年版，第 288—289 页。

④ 参见［美］C. Kurt Dewhurst《民间生活与博物馆：一种建立新的文化生态的力量》，陈熙译，《文化遗产》2011 年第 1 期。

⑤ 参见 Helmut P. Fielhauer，*Volkskunde als demokratische Kulturgeschichtsschreibung：Ausgewählte Aufsätze aus zwei Jahrzehnten*，Wien，1987，S. 360 – 377。

⑥ 参见 Ekaterina Haskins，“Between Archive and Participation：Public Memory in a Digital Age”，*Rhetoric Society Quarterly*，2007，Vol. 37，p. 408，p. 403。

⑦ 参见 Barbara Kirshenblatt-Gimblett，“Intangible Heritage as Metacultural Production”，*Museum International*，Vol. 56，No. 1 – 2，2004，p. 53。

结　语

羌笛何须怨杨柳，春风定度玉门关

至此，本书已经从联合国教科文组织三个文化公约，经由民间文艺表达私法保护的中介，转到中国民俗学的理论愿景和民俗博物馆的实践愿景，而贯穿这些章节的逻辑线索则是遗产保护新理念及其在不同领域的理论推演与实践推进。这既是时间意义上的贯穿，也是理论意义上的推演和实践意义上的推进。

既然遗产保护的新理念就是以维护每个人的自由与权利为主旨的现代文明理念，那么，它就构成现代文明社会的普遍标准和全球化的共同价值尺度。无论曾经有过的历史是长是短，世界上的所有文化都需要接受现代文明理念的洗礼和凤凰涅槃式的转换，才能真正进入现代社会，才能真正成为现代文明。因而，我们可以把现代文明理念比作春风来重新理解唐代诗人王之涣的著名诗句，并且把它改写为“羌笛何须怨杨柳，春风定度玉门关”：我们不必怨天尤人，只能期待我们自己对现代文明新理念的自主追求。与此同时，我们要相信：只要我们自己锲而不舍，现代文明新理念的春风就一定能够翻过各种有形与无形的“玉门关”而吹进中国大地。

现代文明新理念并非现代社会可有可无、可多可少的点缀和装饰，而是人之为人的先决条件，是我们脱离无法无天的自然状态而进入法权状态的必由之路。正因如此，要想真正地成人和做人而不是停留在野蛮的自然状态，我们就必须把现代文明新理念当作整个社会的终极目的和整个人文科学与社会科学共同的底线伦理。只有奉行和实践现代文明新理念，我们才能从自然状态进入法权状态，而从自然状态进入法权状态则是源于实践理性的一条绝对命令[①]。换言之，这是一种必然要求和客观选择，而不是

① 参见吕超《根本恶与自由意志的限度：一种基于文本的康德式诠释》，江苏人民出版社2022年版，第206页。

哪一个人的偶然要求或者哪一个民族的主观选择。这也就意味着，不仅中国的遗产保护和非遗保护需要以现代文明新理念为根本旨归，而且中国社会也需要以现代文明新理念为各项行动的基本准则和终极目的，中国的人文科学与社会科学需要并且应该以现代文明新理念为共同的底线伦理。

通过本书的研究，笔者期望表明一个基本的客观判断：对中国社会和中国的人文科学与社会科学而言，如何让现代文明新理念在中国落地生根、开花结果具有头等的重要性和现实的紧迫性。中国社会能够以怎样的速度进入现代社会，并不取决于我们有多少先进技术；中国的人文科学与社会科学能够在多大程度上变成现代学科，既不取决于我们在经验知识上有多少积累和拓展，也不取决于我们能够玩多少时髦的新术语，而是从根本上取决于我们能够在多大程度上认识到这个最重要的实践任务并且肩负起这个最紧迫的现实使命。对本书的论题而言，这个实践任务和现实使命就是：通过遗产保护和非遗保护以及民俗学的实践研究，促进现代文明新理念在中国的落地生根和开花结果。

参考文献*

（按作者姓名或文献名称的拼音首字母顺序排列）

一 汉语部分

［英］阿克顿：《自由与权力——阿克顿勋爵论说文集》，侯健、范亚峰译，商务印书馆 2001 年版。

［印度］阿玛蒂亚·森：《贫困与饥荒——论权利与剥夺》，王宇、王文玉译，商务印书馆 2001 年版。

［印度］阿玛蒂亚·森：《正义的理念》，王磊、李航译，中国人民大学出版社 2012 年版。

［印度］Ananya Bhattacharya：《将非物质文化遗产与旅游业相连以赋权社区》，沈燕译，彭牧校，《西北民族研究》2016 年第 4 期。

［日］爱川纪子（Aikawa-Faure Notiko）：《联合国教科文组织非物质文化遗产保护条约——从通过到第一次政府间委员会召开》，白羲译，《民间文化论坛》2011 年第 6 期。

［日］爱川纪子：《政策视角下的非物质文化遗产保护与地方发展》，唐璐璐译，《民俗研究》2020 年第 1 期。

［法］艾蒂安·德·拉·波埃西：《论自愿为奴》，潘培庆译，上海译文出版社 2014 年版。

［美］艾里希·弗洛姆：《逃避自由》，刘林海译，上海译文出版社 2015 年版。

---

* 这里的参考文献不限于本书直接引用的资料，也包括作者在构思和写作过程中选读或部分参考过的文献。

［澳］艾玛·沃特彤、［英］史蒂夫·沃森：《框架理论：朝向遗产研究中的思辨性想象》，唐璐璐译，南方科技大学社会科学高等研究院主编《遗产》第三辑，社会科学文献出版社 2020 年版。

安德明：《家乡民俗学》，河北教育出版社 2021 年版。

安德明：《非物质文化遗产保护：民俗学的两难选择》，《河南社会科学》2008 年第 1 期。

安德明：《非物质文化遗产保护中的社区：涵义、多样性及其与政府力量的关系》，《西北民族研究》2016 年第 4 期。

安德明：《非物质文化遗产保护的中国实践与经验》，《民间文化论坛》2017 年第 4 期。

安德明：《以社区参与为基础构建人类命运共同体——社区在非物质文化遗产保护中的重要地位》，《西北民族研究》2018 年第 2 期。

安学斌：《21 世纪前 20 年非物质文化遗产保护的中国理念、实践与经验》，《民俗研究》2020 年第 1 期。

巴莫曲布嫫：《非物质文化遗产：从概念到实践》，《民族艺术》2008 年第 1 期。

巴莫曲布嫫：《从语词层面理解非物质文化遗产——基于〈公约〉"两个中文本"的分析》，《民族艺术》2015 年第 6 期。

巴莫曲布嫫：《保护非物质文化遗产与环境可持续性——以"藏医药浴法"申遗实践为主线》，《民间文化论坛》2020 年第 6 期。

巴莫曲布嫫：《全球可持续发展议程与国际文化政策之演进：事件史循证研究》，《民族文学研究》2021 年第 6 期。

［德］白瑞斯：《作为世界非物质文化遗产和学术研究对象的格林童话》，何少波译，王霄冰校，《文化遗产》2010 年第 4 期。

［德］白瑞斯：《从民族和民族性到文化认同——欧洲民族学核心概念的转变》，《江西社会科学》2013 年第 11 期。

白瑞斯、王霄冰：《德国文化遗产保护的政策、理念与法规》，《文化遗产》2013 年第 3 期。

《保护文学和艺术作品伯尔尼公约（1971 年巴黎文本）指南》，刘波林译，中国人民大学出版社 2002 年版。

蔡定剑：《民主是一种现代生活》，社会科学文献出版社 2010 年版。

蔡建芳、刘雪斌：《论非物质文化遗产法律保护的哲学基础》，《中共山西省委党校学报》2008 年第 6 期。

［日］才津裕美子：《民俗“文化遗产化”的理念及其实践——2003 年至 2005 年日本民俗学界关于非物质文化遗产研究的综述》，西村真志叶译，《河南社会科学》2008 年第 2 期。

曹兵武：《博物馆是什么？——物人关系视野中的博物馆生成与演变》，《中国博物馆》2017 年第 1 期。

曹新明：《非物质文化遗产保护模式研究》，《法商研究》2009 年第 2 期。

朝戈金：《站在民众的立场上——朝戈金非物质文化遗产研究文选》，文化艺术出版社 2019 年版。

朝戈金：《非物质文化遗产的特性与〈非遗法〉》，《西北民族研究》2011 年第 2 期。

朝戈金：《非物质文化遗产保护的人文学术维度》，《东吴学术》2013 年第 2 期。

朝戈金：《非物质文化遗产：从学理到实践》，《西北民族大学学报》（哲学社会科学版）2015 年第 2 期。

朝戈金：《联合国教科文组织〈保护非物质文化遗产伦理原则〉：绎读与评骘》，《内蒙古社会科学》2016 年第 5 期。

陈晨：《世界文化遗产价值评价标准的演变研究》，《当代建筑》2021 年第 11 期。

陈竟：《谈谈非遗教育中的有关问题——对高校非遗人群培训研习班的探讨》，《文化遗产》2016 年第 5 期。

陈志强：《民间文学艺术“特别权利”的构建——以民间音乐为例》，《广州大学学报》（社会科学版）2011 年第 10 期。

程翠英：《民有　民治　民享——非物质文化遗产保护与开发中的主体研究》，《武汉文博》2010 年第 1 期。

程慧钊：《在知识产权法体系内建立民间文学艺术法律保护的合理性分析》，《兰州学刊》2004 年第 8 期。

程小林、景峰：《〈世界遗产公约〉的制订与实施》，《城市发展研究》1996 年第 1 期。

程兴国、高华丽：《基于文件梳理的国际文化遗产保护流变分析》，《城市建筑》2019 年第 11 期。

丛日云、王志泉、李筠：《传统政治文化与现代政治文明——一项跨文化研究》，社会科学文献出版社 2014 年版。

崔国斌：《否弃集体作者观——民间文艺版权难题的终结》，《法制与社会发展》2005 年第 5 期。

［日］大冢和义：《博物馆展示的理念与评价的方法》，陈文玲译，王晓葵、何彬编《现代日本民俗学的理论与方法》，学苑出版社 2010 年版。

［日］大贯美佐子：《保护非物质文化遗产与构建社区能力》，白羲译，《民间文化论坛》2012 年第 2 期。

［英］德瑞克·吉尔曼：《文化遗产的观念》，唐璐璐、向勇译，东北财经大学出版社 2018 年版。

邓如辛、周宿峰：《论公民基本文化权利的内涵及保障》，《文化交流》2013 年第 6 期。

［日］荻野昌弘：《文化政治与世界遗产》，王永健译，唐璐璐校，《民族艺术》2020 年第 6 期。

丁丽瑛：《传统知识保护的权利设计与制度构建——以知识产权为中心》，法律出版社 2009 年版。

董新中：《非物质文化遗产私权保护理论与实务研究》，知识产权出版社 2016 年版。

段宝林：《民间文艺知识产权保护的立法难点》，《中国艺术报》2010 年 4 月 27 日。

范帆、杨颖：《〈保护和促进文化表现形式多样性公约〉谈判通过始末》，《中国出版》2006 年第 2 期。

范俊军编译：《联合国教科文组织关于保护语言与文化多样性文件汇编》，民族出版社 2006 年版。

方立新、夏立安编著：《人权法导论》，浙江大学出版社 2007 年版。

费安玲：《非物质文化遗产法律保护的基本思考》，《江西社会科学》2006 年第 5 期。

付荣：《民间文学表达形式法律保护的经济分析与制度选择——以〈关于保护民间文学表达形式以防止非法利用和其他有害行为的国家法律示范法条〉为例》，《湖北民族学院学报》（哲学社会科学版）2004 年第 2 期。

［日］福泽谕吉：《文明论概略》，北京编译社译，商务印书馆 1982 年版。

高丙中：《民俗文化与民俗生活》，中国社会科学出版社 1994 年版。

高丙中：《民间文化与公民社会：中国现代历程的文化研究》，北京大学出版社 2008 年版。

高丙中：《中国人的生活世界：民俗学的路径》，北京大学出版社 2010 年版。

高丙中：《日常生活的文化与政治——见证公民性的成长》，社会科学文献出版社 2012 年版。

高丙中：《社会领域的公民互信与组织构成——提升合法性和应责力的过程》，社会科学文献出版社 2016 年版。

高丙中：《非物质文化遗产：作为整合性的学术概念的成型》，《河南社会科学》2007 年第 2 期。

高丙中：《作为非物质文化遗产研究课题的民间信仰》，《江西社会科学》2007 年第 3 期。

高丙中：《“公民社会”概念与中国现实》，《思想战线》2012 年第 1 期。

高丙中：《中国的非物质文化遗产保护与文化革命的终结》，《开放时代》2013 年第 5 期。

高丙中：《民间文学的当代传承与非物质文化遗产保护》，《民间文化论坛》2014 年第 1 期。

高丙中：《日常生活的未来民俗学论纲》，《民俗研究》2017 年第 1 期。

高丙中：《〈保护非物质文化遗产公约〉的精神构成与中国实践》，《中南民族大学学报》（人文社会科学版）2017 年第 4 期。

高丙中：《从文化的代表性意涵理解世界文化遗产》，《清华大学学报》（哲学社会科学版）2017 年第 5 期。

高丙中：《非物质文化遗产保护实践的中国属性》，《中国非物质文化遗产》2020 年第 1 期。

高丙中：《从“一国民俗学”到“世界民俗学”》，《华东师范大学学报》（哲学社会科学版）2021 年第 1 期。

高丙中：《从封建迷信到文化遗产——中国文化领域一个大是大非问题的疏解》，《长江大学学报》（社会科学版）2021 年第 5 期。

高寿福：《韩国非物质文化遗产保护工作经验之我鉴》，《延边党校学报》2008 年第 2 期。

高小康：《非物质文化遗产保护是否只能临终关怀》，《探索与争鸣》2007 年第 7 期。

高小康：《“红线”：非遗保护观念的确定性》，《文化遗产》2013 年第 3 期。

高轩：《非物质文化遗产保护立法的宪政考量》，《法商研究》2009 年第 1 期。

高以成、周利民：《论民间文学艺术法律保护对象的选择》，《中南林业科技大学学报》（社会科学版）2009 年第 5 期。

关昕：《民俗展品与观众体验》，《博物馆研究》2017 年第 3 期。

管育鹰：《传统知识及传统文化表达的法律保护问题》，《贵州师范大学学报》（社会科学版）2005 年第 2 期。

管育鹰：《民间文艺的知识产权保护问题》，郑成思主编《知识产权文丛》第 13 卷，中国方正出版社 2006 年版。

管育鹰：《〈著作权法〉在调整民间文艺相关利益关系方面的缺漏》，《北方法学》2010 年第 4 期。

郭翠潇：《〈保护非物质文化遗产公约〉名录项目评审机制与非政府组织认证制度：合作、博弈与对话》，《民间文化论坛》2020 年第 5 期。

郭道晖：《人权理论的困惑与质疑——关于人权、主权、生存权诸问题的探讨》，《岳麓法学评论》2001 年第 2 卷。

郭海霞：《论我国非物质文化遗产法律保护的困境与对策》，《特区经济》2010 年第 6 期。

郭禾：《对非物质文化遗产私权保护模式的质疑》，《中国人民大学学报》2011 年第 2 期。

郭婷：《无形文化遗产保护与维护少数人权利问题的若干思考》，《民间文化论坛》2006 年第 3 期。

郭于华：《倾听无声者的声音》，《读书》2008 年第 6 期。

郭于华：《“被”不能成为我们社会的特色》，《中国社会科学报》2010 年 1 月 28 日。

郭于华：《我们究竟有多么特殊?》，《学习博览》2013 年第 3 期。

郭于华：《回到政治世界，融入公共生活——如何重新激发底层公众的政治参与热情》，《人民论坛·学术前沿》2013 年第 23 期。

郭玉军主编：《国际法与比较法视野下的文化遗产保护问题研究》，武汉大学出版社 2011 年版。

郭玉军、李洁：《论国际法中文化与贸易冲突的解决——以 2005 年 UNESCO〈保护和促进文化表现形式多样性公约〉为中心》，《河北法学》2008 年第 6 期。

郭玉军、唐海清：《非物质文化遗产的国际人权保护研究——以〈保护非物质文化遗产公约〉为视角》，《法律科学》（西北政法大学学报）2009年第6期。

郭语桥：《民间文学与版权纠纷》，《前沿》1994年第4期。

［德］哈贝马斯：《公共领域的结构转型》，曹卫东、王晓珏、刘北城、宋伟杰译，学林出版社1999年版。

韩成艳：《在“民间”看见“公民”——非物质文化遗产保护语境下的实践民俗学进路》，《民俗研究》2013年第4期。

韩成艳：《“非物质文化遗产”概念的理论建设尝试》，《广西民族大学学报》（哲学社会科学版）2020年第2期。

韩成艳、高丙中：《非遗社区保护的县域实践：关键概念的理论探讨》，《中央民族大学学报》（哲学社会科学版）2020年第3期。

韩小兵：《非物质文化遗产权——一种超越知识产权的新型民事权利》，《法学杂志》2011年第1期。

韩缨：《浅论集体权利的若干问题》，《长春工业大学学报》（社会科学版）2006年第3期。

韩缨：《经济全球化与文化多样性的冲突和共存——对联合国教科文组织2005年〈文化多样性公约〉的解读》，《中国青年政治学院学报》2009年第6期。

［美］汉娜·阿伦特：《反抗“平庸之恶”：〈责任与判断〉中文修订版》，陈联营译，上海人民出版社2014年版。

［德］汉斯·约纳斯：《奥斯威辛之后的上帝观念——一个犹太人的声音》，张荣译，华夏出版社2002年版。

［德］赫尔曼·鲍辛格：《技术世界中的民间文化》，户晓辉译，广西师范大学出版社2014年版。

［德］赫尔曼·鲍辛格等：《日常生活的启蒙者》，吴秀杰译，广西师范大学出版社2014年版。

贺桂华：《民间文学艺术法律保护的新思路》，《河南师范大学学报》（哲学社会科学版）2007年第2期。

［德］黑格尔：《黑格尔全集（第10卷）：纽伦堡高级中学教程和讲话（1808—1816）》，张东辉、户晓辉译，商务印书馆2012年版。

侯富儒：《〈保护世界文化与自然遗产公约〉与中国世界遗产的持续发展》，

《广西社会科学》2002 年第 5 期。

侯仁之：《北京旧城平面设计的改造》，《文物》1973 年第 5 期。

侯松、吴宗杰：《“古迹”与遗产政治的跨文化解读》，《文化艺术研究》2012 年第 1 期。

胡剑、张卿：《传统知识和民间文学的国际保护——TRIPS 协议下保护的构想》，《黑龙江省政法管理干部学院学报》2005 年第 5 期。

胡启明：《民间文学艺术知识产权保护的国际立法评介》，《南华大学学报》（社会科学版）2004 年第 2 期。

户晓辉：《现代性与民间文学》，社会科学文献出版社 2004 年版。

户晓辉：《返回爱与自由的生活世界——纯粹民间文学关键词的哲学阐释》，江苏人民出版社 2010 年版。

户晓辉：《民间文学的自由叙事》，社会科学文献出版社 2014 年版。

户晓辉：《日常生活的苦难与希望：实践民俗学田野笔记》，中国社会科学出版社 2017 年版。

户晓辉：《建构城市特性：瑞士民俗学理论新视角——以托马斯·亨格纳的研究为例》，《民俗研究》2012 年第 3 期；上海社会科学院文学研究所民俗非遗研究室主编《城市民俗：时空转向与文化记忆》，上海远东出版社 2021 年版。

户晓辉：《从民到公民：中国民俗学研究“对象”的结构转换》，《民俗研究》2013 年第 3 期。

户晓辉：《民间文学：最值得保护的是权力还是权利?》，《民间文化论坛》2014 年第 1 期。

户晓辉：《〈保护非物质文化遗产公约〉能给中国带来什么新东西——兼谈非物质文化遗产区域性整体保护的理念》，《文化遗产》2014 年第 1 期；人大复印资料《文化研究》2014 年第 6 期全文转载。

户晓辉：《非遗时代民俗学的实践回归》，《民俗研究》2015 年第 1 期。

户晓辉：《民间文艺法律保护问题的理性思考》，《文化遗产》2016 年第 3 期。

户晓辉：《民间文艺表达私法保护的目的论》，《民族文学研究》2016 年第 3 期。

户晓辉：《文化多样性的人权宗旨——兼谈俗文化的实践研究原则》，《中国俗文化研究》第十二辑，四川大学出版社 2016 年版。

户晓辉：《〈世界遗产公约〉的修订及其中国意义》，《中原文化研究》2016年第6期。
户晓辉：《现代化视野下的文化多样性问题——论 UNESCO 两个文化公约的目的论含义》，《文化遗产研究》第八辑，四川大学出版社 2016 年版。
户晓辉：《人是目的：实践民俗学的伦理原则》，《民族文学研究》2017 年第 3 期。
户晓辉：《〈保护非物质文化遗产公约〉的实践范式》，《民族艺术》2017 年第 4 期；人大复印资料《文化研究》2017 年第 12 期全文转载。
户晓辉：《文化多样性与现代化的人权文化——对联合国教科文组织三个文化公约的政治哲学解读》，南方科技大学社会科学高等研究院主编《遗产：多学科视角与方法》，南京大学出版社 2020 年版。
户晓辉：《发端于自由民主理念的中国现代民间文学研究——以胡适与康德、杜威的侨易关系为例》，《民间文化论坛》2022 年第 1 期。
户晓辉：《以权利为基础的遗产话语》，《阅江学刊》2022 年第 3 期；人大复印资料《文化研究》2022 年第 10 期全文转载。
户晓辉：《民俗学如何成为一门现代学科——赫尔曼·鲍辛格给实践民俗学带来的理论启迪》，《民俗研究》2022 年第 3 期。
华劼：《对民间文学艺术的保护需要特殊的版权保护机制》，《重庆工商学院学报》（社会科学版）2008 年第 12 期。
华燕：《“集体人权”的虚幻——对“集体人权”概念的检讨》，《齐齐哈尔大学学报》（哲学社会科学版）2012 年第 3 期。
黄灯：《回馈乡村，何以可能》，《十月》2016 年第 1 期。
黄涛：《近年来非物质文化遗产保护工作中政府角色的定位偏误与矫正》，《文化遗产》2013 年第 3 期。
黄涛：《论非物质文化遗产的保护主体》，《河南社会科学》2014 年第 1 期。
黄晓燕：《文化多样性国际法保护的困境及解决的新思路》，《法学评论》2013 年第 5 期。
黄瑶、王薇：《〈保护非物质文化遗产公约〉中的相互尊重原则及其适用探析》，《文化遗产》2020 年第 3 期。
黄瑶、王薇：《非物质文化遗产保护引入人权因素：缘由、功用与对话机制》，《深圳大学学报》（人文社会科学版）2021 年第 3 期。
黄裕生：《站在未来的立场上》，生活·读书·新知三联书店 2014 年版。

黄裕生:《权利的形而上学》,商务印书馆 2019 年版。

黄玉烨:《论国际人权法视野下的传统文化权》,吴汉东主编《知识产权年刊》(创刊号),北京大学出版社 2005 年版。

黄玉烨:《民间文学艺术的法律保护》,知识产权出版社 2008 年版。

黄玉烨:《论非物质文化遗产的私权保护》,《中国法学》2008 年第 5 期。

[日] 菅丰:《何谓非物质文化遗产的价值》,陈志勤译,《文化遗产》2009 年第 2 期。

[日] 菅丰:《日本现代民俗学的"第三条路"——文化保护政策、民俗学主义及公共民俗学》,陈志勤译,《民俗研究》2011 年第 2 期。

蒋万来:《传承与秩序——我国非物质文化遗产保护的法律机制》,知识产权出版社 2016 年版。

[美] 杰克·唐纳利:《普遍人权的理论与实践》,王浦劬等译,中国社会科学出版社 2001 年版。

[韩] 金镐杰:《韩国无形文化遗产保护经验及亟待解决的课题》,《文化遗产》2014 年第 1 期。

康丽编:《非物质文化遗产学术精粹·理论卷》,中国社会科学出版社 2022 年版。

[德] 克里斯托弗·布鲁曼:《文化遗产与"遗产化"的批判性观照》,吴秀杰译,《民族艺术》2017 年第 1 期。

[加] L. W. 萨姆纳:《权利的道德基础》,李茂森译,中国人民大学出版社 2011 年版。

[德] 莱万斯基编著:《原住民遗产与知识产权:遗传资源、传统知识和民间文学艺术》,廖冰冰、刘硕、卢璐译,中国民主法制出版社 2011 年版。

[澳大利亚] 劳拉简·史密斯:《遗产本质上都是非物质的:遗产批判研究和博物馆研究》,《文化遗产》2018 年第 3 期。

[芬兰] 劳里·杭柯:《民俗过程中的文化身份和研究伦理》,户晓辉译,《民间文化论坛》2005 年第 4 期。

李昂、李阳:《论我国少数民族文化权益的法律保护》,《法制博览》2014 年第 2 期。

李春霞:《公约》,《民族艺术》2013 年第 6 期。

李春霞、彭兆荣:《无形文化遗产遭遇的三种"政治"》,《民族艺术》2008

年第 3 期。

李芳芳：《论民间文学艺术的国际保护》，《哈尔滨职业技术学院学报》2012 年第 3 期。

李海星：《论普遍人权的主体开放性》，《长安大学学报》（社会科学版）2004 年第 3 期。

李建盛：《北京中轴线与国外重要城市中轴线文化空间和功能比较研究》，《北京联合大学学报》（人文社会科学版）2021 年第 1 期。

李景鹏：《中国公民社会成长中的若干问题》，《社会科学》2012 年第 1 期。

李静、王喆：《我国民间文学艺术版权保护制度的完善》，《天津商业大学学报》2013 年第 3 期。

李俊刚、尚淑敏、王荣华：《非物质文化遗产私权主体保护范围之界定》，《黑河学院学报》2013 年第 6 期。

李丽丹：《非物质文化遗产保护的分析框架和进路选择》，《文化学刊》2010 年第 5 期。

李珞珈：《浅论民间文学艺术作品的法律保护——以白秀娥诉国家邮政局邮票印制局侵犯著作权纠纷案为例》，《法制与社会》2014 年第 24 期。

李梦林：《“怨恨”与宪政论析——法律情感现象学的一个例证》，硕士学位论文，西南政法大学，2006 年。

李明德：《TRIPS 协议与〈生物多样性公约〉、传统知识和民间文学的关系》，《贵州师范大学学报》（社会科学版）2005 年第 1 期。

李女仙：《民俗博物馆展示设计的叙事特征与空间建构——以新会陈皮文化体验馆为例》，《装饰》2017 年第 8 期。

李琦、王天祥：《命名与质疑——“非物质文化遗产”概念的社会学解读》，《美术大观》2008 年第 8 期。

李世涛：《关于“非物质文化遗产”概念的理解与规范问题》，《学习与实践》2006 年第 6 期。

李世涛：《试析“非物质文化遗产”的基本特点与性质》，《广西民族研究》2007 年第 3 期。

李树文、信春鹰、袁曙宏、王文章主编：《非物质文化遗产法律指南》，文化艺术出版社 2011 年版。

李恬静、熊忻恺、宋峰：《世界遗产“突出普遍价值”的第六条评价标准之变迁》，《中国园林》2015 年第 5 期。

李昕：《公民社会参与非物质文化遗产保护的学理性分析》，《民族艺术》2008 年第 2 期。

李昕：《浅议非物质文化遗产传承人的认定制度》，《法制博览》2014 年第 2 期。

李晓秋、齐爱民：《商业开发和非物质文化遗产的“异化”与“反异化”——以韩国“人类活的珍宝制度”设计为视角》，《电子知识产权》2007 年第 7 期。

李艳：《浅析民间文学艺术的知识产权保护——以大理州为例》，《法制与社会》2010 年第 19 期。

李宗辉：《非物质文化遗产的法律保护——以知识产权法为中心的思考》，《百家言》2005 年第 6 期。

《联合国教科文组织〈保护非物质文化遗产公约〉基础文件汇编》，外文出版社 2012 年版。

《联合国教科文组织：保护非物质文化遗产伦理原则》，巴莫曲布嫫、张玲译，《民族文学研究》2016 年第 3 期。

梁治平：《什么是非物质文化遗产?》，《法律后面的故事》，广西师范大学出版社 2013 年版。

梁治平：《转型时期的法律与社会公正》，《法律何为：梁治平自选集》，广西师范大学出版社 2013 年版。

梁治平：《〈法治十年观察〉自序》，《法律何为：梁治平自选集》，广西师范大学出版社 2013 年版。

梁志文：《民间文学艺术立法的集体权利模式：一种新的探讨》，《华侨大学学报》（哲学社会科学版）2003 年第 4 期。

廖冰冰：《民间文学艺术表现形式概念及法例评析——以 1982 年〈示范条款〉为例》，《广西民族大学学报》（哲学社会科学版）2014 年第 4 期。

[澳大利亚] 林恩·梅斯克尔：《废墟上的未来：联合国教科文组织、世界遗产与和平之梦》，王丹阳、胡牧译，译林出版社 2021 年版。

林秀琴：《整体性保护：价值、理念、实践及挑战——关于文化遗产保护创新的若干思考》，《福建论坛》（人文社会科学版）2020 年第 12 期。

刘春田主编：《中国知识产权评论》第五卷，商务印书馆 2011 年版。

刘魁立：《非物质文化遗产及其保护的整体性原则》，《广西师范学院学报》（哲学社会科学版）2004 年第 4 期。

刘魁立：《论全球化背景下的中国非物质文化遗产保护》，《河南社会科学》2007 年第 1 期。

刘魁立：《非物质文化遗产的共享性本真性与人类文化多样性发展》，《山东社会科学》2010 年第 3 期。

刘魁立：《非物质文化遗产保护的回望与思考》，《中国非物质文化遗产》2020 年第 1 期。

刘国利、吴镝飞：《略论文化多样性与法律价值体系的完善》，《法学评论》2013 年第 6 期。

刘胜红：《论民间文学艺术著作权法保护的局限性》，《肇庆学院学报》2006 年第 1 期。

刘胜红：《再论民间文学艺术权》，《中央民族大学学报》（哲学社会科学版）2006 年第 1 期。

刘燕涛：《民间文学艺术权利归属问题研究》，硕士学位论文，中南大学，2010 年。

刘叶深：《权利内容路径下的集体权利概念及其类型》，《东方法学》2020 年第 3 期。

刘银良：《传统知识保护的法律问题研究》，郑成思主编《知识产权文丛》第 13 卷，中国方正出版社 2006 年版。

卢海君、洪毓吟：《著作权延伸性集体管理制度的质疑》，《知识产权》2013 年第 2 期。

［美］罗伯特·巴龙：《美国公众民俗学：历史、问题和挑战》，黄龙光译，《文化遗产》2010 年第 1 期。

［美］罗伯特·A. 达尔：《论民主》，李风华译，中国人民大学出版社 2012 年版。

罗健敏：《试评天安门广场的规划》，《建筑学报》1981 年第 5 期。

［美］罗斯科·庞德：《通过法律的社会控制》，沈宗灵译，商务印书馆 2009 年版。

罗宗奎：《非物质文化遗产的知识产权保护——以内蒙古自治区为例》，中国政法大学出版社 2015 年版。

骆旭旭：《非物质文化遗产权的法律属性研究》，《长春理工大学学报》（社会科学版）2012 年第 1 期。

吕超：《根本恶与自由意志的限度：一种基于文本的康德式诠释》，江苏人民出版社 2022 年版。

吕建昌、廖菲：《非物质文化遗产概念的国际认同》，《上海大学学报》（社会科学版）2007 年第 2 期。

吕微：《民俗学：一门伟大的学科——从学术反思到实践科学的历史与逻辑研究》，中国社会科学出版社 2015 年版。

吕微：《我们的学术观念是如何转变的？——刘锡诚：从一位民间文学—民俗学学者看学科的范式转换》，施爱东、巴莫曲布嫫主编《走向新范式的中国民俗学》，中国社会科学出版社 2015 年版。

吕微：《实践公设的模态（价值）判断形式——“非遗”保护公约的文体病理学研究》，《文化遗产》2017 年第 1 期。

吕微：《反对社区主义——也从语词层面理解非物质文化遗产》，《西北民族研究》2018 年第 2 期。

吕微：《两种自由意志的实践民俗学——民俗学的知识谱系与概念间逻辑》，《民俗研究》2018 年第 6 期。

吕微：《社区优先还是社会优先？——民俗学的逻辑出发点与“〈保护非物质文化遗产公约〉修正案”》，《民俗研究》2020 年第 3 期。

吕舟：《基于世界遗产价值体系的北京中轴线价值再认识》，《北京规划建设》2012 年第 6 期。

吕舟：《面对挑战的中国文化遗产保护》，《世界建筑》2014 年第 12 期。

吕舟：《北京中轴线申遗研究与遗产价值认识》，《北京联合大学学报》（人文社会科学版）2015 年第 2 期。

吕舟：《论遗产的价值取向与遗产保护》，《城市与区域规划研究》2017 年第 1 期。

吕舟：《世界遗产真实性标准的淡化与重建问题的讨论》，《世界遗产》2017 年第 1 期。

吕舟：《社会变革背景下的世界遗产发展》，《中国文化遗产》2018 年第 1 期。

吕舟：《北京中轴线：世界遗产的价值认知体系》，《北京规划建设》2019 年第 1 期。

［比利时］马克·雅各布：《不能孤立存在的社区——作为联合国教科文组织 2003 年〈保护非物质文化遗产公约〉防冻剂的“CGIs”与“遗产社区”》，唐璐璐译，《西北民族研究》2018 年第 2 期。

［比利时］马克·雅各布：《城市中的社区、群体、个人——保护非物质文化遗产、行动网与边界对象》，唐璐璐译，南方科技大学社会科学高等研究院主编《遗产》2019 年第一辑，南京大学出版社 2019 年版。

［比利时］马克·雅各布：《文化经纪与活态遗产培育：比利时豪特姆年市及〈保护非物质文化遗产公约〉中的相关问题》，唐璐璐译，《文化遗产》2019 年第 3 期。

马明飞：《〈保护世界文化和自然遗产公约〉适用的困境与出路——以自然遗产保护为视角》，《法学评论》2011 年第 3 期。

马千里：《非物质文化遗产清单编制中的社区参与问题》，《民族艺术》2017 年第 3 期。

马千里：《教科文组织非遗项目申报中的若干共性问题》，《民俗研究》2017 年第 6 期。

［美］玛尔塔·德拉托瑞：《遗产保护的价值问题》，张亮译，南方科技大学社会科学高等研究院主编《遗产》第二辑，南京大学出版社 2020 年版。

［美］米歇尔·艾伦·吉莱斯皮：《现代性的神学起源》，张卜天译，湖南科学技术出版社 2011 年版。

莫纪宏：《论文化权利的宪法保护》，《法学论坛》2012 年第 1 期。

牟延林、吴安新：《非物质文化遗产保护中的政府主导与政府责任》，《现代法学》2008 年第 1 期。

穆欣：《试论非物质文化遗产领域公益诉讼制度构建》，硕士学位论文，华中科技大学，2012 年。

［德］诺贝特·埃利亚斯：《文明的进程：文明的社会发生和心理发生的研究》，王佩莉、袁志英译，上海译文出版社 2013 年版。

［美］欧文·拉兹洛编著：《联合国教科文组织国际专家研究报告：多种文化的星球》，戴侃、辛未译，社会科学文献出版社 2004 年版。

潘天怡、谭琪瑶：《著作权中的“人格权、财产权”二元分立论》，《知识产权》2012 年第 8 期。

彭岚嘉：《物质文化遗产与非物质文化遗产的关系》，《西北师范大学学报》（社会科学版）2006 年第 6 期。

彭兆荣：《我国非物质文化遗产理论体系探索》，《贵州社会科学》2013 年第 4 期。

[法] 皮埃尔·布尔迪厄：《世界的苦难：布尔迪厄的社会调查》（上、下），张祖建译，中国人民大学出版社 2017 年版。

齐易：《非物质文化遗产："尊重、保护"与"提升、改造"孰是孰非?》，《文化遗产》2016 年第 5 期。

钱永平：《从保护世界遗产到保护非物质文化遗产》，《文化遗产》2013 年第 3 期。

瞿同祖：《中国法律与中国社会》，中华书局 1981 年版。

[法] 让·米歇尔·布律格耶尔：《人格权与民法典——人格权的概念和范围》，肖芳译，《法学杂志》2011 年第 1 期。

[韩] 任敦姬（Dawnhee Yim）：《联合国教科文组织的非物质文化遗产政策》，沈燕译，《民间文化论坛》2015 年第 3 期。

阮仪三：《世界及中国历史文化遗产保护的历程》，《同济大学学报》（人文·社会科学版）1998 年第 1 期。

萨孟武：《红楼梦与中国旧家庭》，岳麓书社 1988 年版。

萨孟武：《水浒传与中国社会》，北京出版社 2005 年版。

尚志红、王素娟：《论民间文学艺术私权保护的必要性及保护思路》，《前沿》2009 年第 9 期。

尚志红、赵颖：《民间文学艺术的权利弱化与利益共享机制构建》，《人民论坛》2012 年第 5 期。

邵明艳：《让"乌苏里船歌"的歌声更悠扬——民间文学艺术作品法律保护的探讨》，《电子知识产权》2005 年第 9 期。

施爱东：《民俗学在非物质文化遗产保护运动中的尴尬处境》，《民间文化论坛》2014 年第 2 期。

施爱东：《"非物质文化遗产保护"与"民间文艺作品著作权保护"的内在矛盾》，《中国人民大学学报》2018 年第 1 期。

《实施世界遗产公约的操作指南》，杨爱英、王毅、刘霖雨译，文物出版社 2014 年版。

世界知识产权组织编：《著作权与邻接权法律术语汇编》（中英法对照），刘波林译，北京大学出版社 2007 年版。

史晨暄：《世界遗产四十年：文化遗产"突出普遍价值"评价标准的演变》，科学出版社 2015 年版。

史晨暄：《世界遗产保护新趋势》，《世界建筑》2004 年第 6 期。

史晨暄：《广义的世界遗产保护——从历史城镇、文化景观到非物质遗产》，《装饰》2004 年第 9 期。

史青：《为了什么而保护？——对构建非物质文化遗产特别权利制度的反思》，《云南大学学报》（法学版）2014 年第 1 期。

宋峰、祝佳杰、李雁飞：《世界遗产“完整性”原则的再思考——基于〈实施世界遗产公约的操作指南〉中 4 个概念的辨析》，《中国园林》2009 年第 5 期。

宋俊华：《非遗保护的契约精神与可持续发展》，《文化遗产》2018 年第 3 期。

宋玉梅：《民间文学艺术的知识产权保护——一起著作权侵权案的思考》，《商品与质量》2012 年第 S5 期。

［日］松浦晃一郎：《经济全球化能创造新文明的价值观吗?》，《世界教育信息》2002 年第 3 期。

苏如飞：《国际法视野下的民间文学艺术保护——兼论主体制度的构建》，《西南交通大学学报》（社会科学版）2009 年第 6 期。

孙彩虹：《我国民间文学艺术知识产权保护对策探析》，《河南社会科学》2009 年第 2 期。

孙彩虹：《国外民间文学艺术法律保护实践及其启示》，《河南大学学报》（社会科学版）2011 年第 2 期。

孙昊亮：《非物质文化遗产的公共属性》，《法学研究》2010 年第 5 期。

唐海清：《非物质文化遗产的国际法保护问题研究》，博士学位论文，武汉大学，2010 年。

唐海清：《略论非物质文化遗产国际人权法保护中的权利冲突——以文化权利与其他基本人权的冲突为视角》，《法学评论》2013 年第 1 期。

唐璐璐：《由社区联盟主导的集体表演——布鲁日圣血大游行的保护与传承》，《西北民族研究》2016 年第 4 期。

唐璐璐：《机遇、困局与出路：2003 年〈公约〉框架下的非遗传承》，《文化遗产》2020 年第 5 期。

唐璐璐：《社区与权威遗产话语的角力：对列入联合国教科文组织非物质文化遗产名录的批判性思考》，《民族艺术》2020 年第 5 期。

唐瑜：《基于“公民社会”视角的文化遗产管理机制改革探析》，《湖南涉外经济学院学报》2009 年第 4 期。

[美] 桃乐茜·诺伊斯:《传统进程中的束缚与自由》,钟琴译,《民间文化论坛》2012 年第 2 期。

田艳:《传统文化产权制度研究》,中央民族大学出版社 2011 年版。

田艳:《〈乌苏里船歌〉案与少数民族文化权利保障研究》,《广西民族研究》2007 年第 4 期。

田妍妍:《我国民间文学艺术作品的法律保护》,《传播与版权》2014 年第 12 期。

[瑞士] 托马斯·弗莱纳:《人权是什么?》,谢鹏程译,中国社会科学出版社 2000 年版。

[德] 托马斯·海贝勒、诺拉·绍斯米卡特:《西方公民社会观适合中国吗?》,卿志琼、吴志成编译,《南开学报》(哲学社会科学版) 2005 年第 2 期。

万斌、吴坚:《论自由、民主、法治的内在关系》,《浙江大学学报》(人文社会科学版) 2011 年第 5 期。

王吉林、陈晋璋:《非物质文化遗产的权利主体研究》,《天津大学学报》(社会科学版) 2011 年第 4 期。

王杰文编著:《北欧民间文化研究 (1972—2010)》,学苑出版社 2012 年版。

王杰文主编:《实践民俗学的理论与批评》,学苑出版社 2020 年版。

王杰文:《超越"日常生活的启蒙"——关于"经验文化研究"的理解与批评》,《文化遗产》2014 年第 6 期。

王杰文:《"遗产化"与后现代生活世界——基于民俗学立场的批判与反思》,《民俗研究》2016 年第 4 期。

王杰文:《论民俗传统的"遗产化"过程——以土家族"毛古斯"为个案》,《北京师范大学学报》(社会科学版) 2016 年第 4 期。

王巨山:《非物质文化遗产保护原则辨析——对原真性原则和整体性原则的再认识》,《社会科学辑刊》2008 年第 3 期。

王黎黎:《"非遗"知识产权保护的误区与矫正——基于四川省立法与实践的对比》,《中央民族大学学报》(哲学社会科学版) 2015 年第 4 期。

王利明:《人格权与民法典》,《求索》2002 年第 5 期。

王淑君:《论贵州民族民间文学艺术的法律保护——以著作权法保护为视角》,《贵州民族研究》2014 年第 11 期。

汪习根:《中国梦与人权——当今中国人权的法政治学解读》,《人权》2014

年第 3 期。

王霄冰:《德国巴伐利亚州家乡文化保护协会负责人访谈录》,《文化遗产》2012 年第 2 期。

王晓葵:《日本非物质文化遗产保护法规的演变及相关问题》,《文化遗产》2008 年第 2 期。

王亚南:《中国官僚政治研究》,商务印书馆 2010 年版。

王毅:《中国皇权制度研究——以 16 世纪前后中国制度形态及其法理为焦点》,北京大学出版社 2007 年版。

王毓铨:《莱芜集》,中华书局 1983 年版。

王毓铨:《王毓铨史论集》,中华书局 2005 年版。

王圆编译:《世界遗产:定义突出的普遍价值》,《杭州文博》2011 年第 1 期。

王志强:《欧洲对文化概念的界定及文化理论发展》,《德国研究》2005 年第 1 期。

韦之:《著作权法原理》,北京大学出版社 1998 年版。

魏爱棠、彭兆荣:《遗产运动中的政治与认同》,《厦门大学学报》(哲学社会科学版)2011 年第 5 期。

乌丙安:《论当代中国民俗文化的剧变》,《民俗研究》1996 年第 2 期。

乌丙安:《"人类口头和非物质遗产保护"的由来和发展》,《广西师范学院学报》(哲学社会科学版)2004 年第 3 期。

乌丙安:《非物质文化遗产保护中文化圈理论的应用》,《江西社会科学》2005 年第 1 期。

乌丙安:《非物质文化遗产的界定和认定的若干理论与实践问题》,《河南教育学院学报》(哲学社会科学版)2007 年第 1 期。

乌丙安:《民俗文化空间:中国非物质文化遗产保护的重中之重》,《民间文化论坛》2007 年第 1 期。

乌丙安:《机遇还是挑战:非物质文化遗产保护与中国民俗学发展》,《河南社会科学》2009 年第 3 期。

吴汉东:《论传统文化的法律保护——以非物质文化遗产和传统文化表现形式为对象》,《中国法学》2010 年第 1 期。

吴秀杰:《多元化博物馆视野中的物质文化与非物质文化保护——德国民族学、民俗学博物馆的历史与现状概述》,《河南社会科学》2008 年第 6 期。

［日］西村幸夫：《“世界”遗产——超越文化民族主义》，张松译，《同济大学学报》（社会科学版）2003 年第 3 期。

夏勇：《中国民权哲学》，生活·读书·新知三联书店 2004 年版。

夏勇：《人权概念起源——权利的历史哲学》，中国社会科学出版社 2007 年版。

夏勇主编：《走向权利的时代：中国公民权利发展研究》，社会科学文献出版社 2007 年版。

夏勇主编：《法理讲义——关于法律的道理与学问》，北京大学出版社 2010 年版。

夏勇：《文明的治理——法治与中国政治文化变迁》，社会科学文献出版社 2012 年版。

向云驹：《非物质文化遗产的若干哲学问题及其他》，文化艺术出版社 2017 年版。

向云驹：《从自在走向自觉——论保护非物质文化遗产在建设社会主义核心价值体系中的作用与地位》，《文化学刊》2008 年第 2 期。

向云驹：《论非物质文化遗产的非物质性——关于非物质文化遗产的若干哲学问题之一》，《文化遗产》2009 年第 3 期。

萧放：《关于非物质文化遗产传承人的认定与保护方式的思考》，《文化遗产》2008 年第 1 期。

解彩霞：《遗产何以可能？——一种现代性的反思》，《文化遗产》2013 年第 1 期。

熊英：《非物质文化遗产的界定》，《中国地质大学学报》（社会科学版）2008 年第 5 期。

许超：《民间文学艺术在中国的法律保护》，《中国专利与商标》1997 年第 1 期。

徐辉鸿：《非物质文化遗产传承人的公法与私法保护研究》，《政治与法律》2008 年第 2 期。

许辉猛：《民间文学艺术知识产权登录制度研究》，《中国发明与专利》2013 年第 11 期。

徐知兰：《UNESCO 文化多样性理念对世界遗产体系的影响》，博士学位论文，清华大学建筑学院，2012 年。

雅努兹·西摩尼迪斯：《文化权利——一种被忽视的人权》，黄觉译，《国际社会科学杂志》（中文版）1999 年第 4 期。

［日］岩本通弥：《围绕民间信仰的文化遗产化的悖论——以日本的事例为中心》，吕珍珍译，王晓葵校，《文化遗产》2010 年第 2 期。

［日］岩本通弥：《世界遗产时代与日韩的民俗学——以对世界遗产二条约的接受兼容为中心》，宗晓莲译，《文化遗产》2014 年第 5 期。

严永和：《论传统知识的知识产权保护》，法律出版社 2006 年版。

严永和：《论〈联合国原住民权利宣言〉第 31 条的保护对象及其制度设想》，《中央民族大学学报》（哲学社会科学版）2013 年第 6 期。

阎云翔：《“为自己而活”抑或“自己的活法”——中国个体化命题本土化再思考》，《探索与争鸣》2021 年第 10 期。

杨长海：《反思与革新：非物质文化遗产的法律保护——以西藏传统文化表现形式为例》，九州出版社 2021 年版。

杨春福等：《经济、社会和文化权利的法理学研究》，法律出版社 2014 年版。

杨凡、董妍：《文化遗产保护的宪法基础》，《沈阳工业大学学报》（社会科学版）2014 年第 1 期。

杨鸿：《民间文艺的特别知识产权保护：国际立法例及其启示》，法律出版社 2011 年版。

杨利慧：《以社区为中心——联合国教科文组织非遗保护政策中社区的地位及其界定》，《西北民族研究》2016 年第 4 期。

杨巧：《汇编作品，抑或民间文学艺术作品？——“仿古迎宾入城式”著作权纠纷一案的评析》，《知识产权》2005 年第 5 期。

杨巧：《民间文学艺术法律保护的若干基础问题研究》，《贵州师范大学学报》（社会科学版）2009 年第 4 期。

杨夔蛟：《从人权保障视角看民间文学艺术保护》，《人权》2014 年第 6 期。

杨信、司马俊莲：《对民间文学艺术〈著作权法〉保护的反思》，《湖北民族学院学报》（哲学社会科学版）2010 年第 2 期。

杨阳：《论非物质文化遗产的私权保护》，《求索》2013 年第 11 期。

杨勇胜：《民间文学艺术的法律保护》，吉林大学出版社 2009 年版。

［荷兰］伊冯娜·唐德斯：《文化多样性和人权能完美结合吗》，黄觉译，《国际社会科学杂志》（中文版）2011 年第 1 期。

［德］伊娃—玛利亚·森：《真实性与文化遗产：〈世界遗产公约〉真实性

部分的起源和采用》，赵成清、杨扬译，《装饰》2020年第7期。

俞信吉、俞欣妙：《论民间文学艺术的法律保护——以宁海平调为例分析》，《法制与社会》2008年第24期。

袁晓波、崔艳峰：《论非物质文化遗产获取和惠益分享原则》，《湖南社会科学》2013年第4期。

袁伟时：《中国现代思想散论》，广东教育出版社1998年版。

袁伟时：《迟到的文明》，线装书局2014年版。

岳洁：《民间文学艺术表达的法律保护初探》，《贵州工业大学学报》（社会科学版）2005年第6期。

臧小丽：《从〈乌苏里船歌〉案看中国民间文学著作权保护制度的完善》，《湖北民族学院学报》（哲学社会科学版）2004年第2期。

张邦铺：《我国非物质文化遗产公益诉讼保护制度的构建》，《社会科学家》2013年第10期。

张勃：《北京中轴线的中和之美》，《前线》2020年第7期。

张成渝：《〈世界遗产公约〉中两个重要概念的解析与引申——论世界遗产的"真实性"和"完整性"》，《北京大学学报》（自然科学版）2004年第1期。

张成渝、谢凝高：《"真实性和完整性"原则与世界遗产保护》，《北京大学学报》（哲学社会科学版）2003年第2期。

张春丽、李星明：《非物质文化遗产概念研究述论》，《中华文化论坛》2007年第2期。

张革新：《也谈民间文学艺术作品的法律保护》，《兰州学刊》2004年第2期。

张耕：《民间文学艺术的知识产权保护研究》，法律出版社2007年版。

张今：《民间文学艺术保护的法律思考：兼评乌苏里船歌案》，《法律适用》2003年第11期。

张霖源：《北京中轴线的"变形"——视觉表征与空间政治的历史转换》，《天府新论》2018年第2期。

张柔然：《"文化—自然之旅"——世界遗产保护与管理的新思潮》，《中国文化遗产》2020年第4期。

张文显：《人权·权利·集体人权——答陆德山同志》，《中国法学》1992年第3期。

张薇：《从一则案例谈著作权集体管理组织的权利滥用》，《河南司法警官职业学院学报》2006 年第 2 期。

张毅：《非遗保护与传承的历史使命是推动其可持续发展》，《文化遗产》2016 年第 5 期。

张莹：《法国在联合国教科文组织中的软实力建构——以〈保护和促进文化表现形式多样性公约〉的通过为例》，《法国研究》2014 年第 2 期。

张玉敏：《民间文学艺术法律保护模式的选择》，《法商研究》2004 年第 4 期。

詹娜：《非遗语境下的民间文学现状及保护困境》，《辽宁师范大学学报》（社会科学版）2012 年第 1 期。

张兆林、齐如林、束华娜：《非物质文化遗产保护领域社会力量研究》，中国社会科学出版社 2017 年版。

赵海怡、钱锦宇：《非物质文化遗产保护的制度选择——对知识产权模式的反思》，《西北大学学报》（哲学社会科学版）2013 年第 2 期。

赵蓉、刘晓霞：《民间文学艺术作品的法律保护》，《法学》2003 年第 10 期。

［英］珍妮特·布莱克：《国际文化遗产法》，程乐、袁誉畅、谢菲、梁雪译，中国民主法制出版社 2021 年版。

郑成思：《知识产权论》，社会科学文献出版社 2007 年版。

郑安文：《〈保护非物质文化遗产公约〉中译本非遗定义中的误译：基于概念逻辑关系的解读》，《中国翻译》2016 年第 2 期。

郑成思：《有关作者精神权利的几个理论问题》，《中国法学》1990 年第 3 期。

郑成思：《谈民间文学作品的版权保护与中国的立法》，《中国专利与商标》1996 年第 3 期。

郑成思：《国际知识产权保护和我国面临的挑战》，《法制与社会发展》2006 年第 6 期。

郑成思：《知识产权视野中的民间文艺保护》，《人民法院报》2006 年 12 月 18 日。

郑军：《世界遗产语境下的北京中轴线》，《北京文博文丛》2019 年第 3 期。

郑智武：《论民间表演艺术法律保护的国际实践》，《浙江艺术职业学院学报》2014 年第 3 期。

中国民间文艺家协会编：《中国民间文艺权益保护》，中国文史出版社 2012

年版。

周安平、陈云：《民间文学艺术的知识产权保护模式研究》，《文艺研究》2009 年第 6 期。

周安平、龙冠中：《公法与私法间的抉择——论我国民间文学艺术的知识产权保护》，《知识产权》2012 年第 2 期。

周超：《社区参与：非物质文化遗产国际法保护的基本理念》，《河南社会科学》2011 年第 2 期。

周方：《英国非物质文化遗产创意开发的政策法律环境研究》，《文化遗产》2013 年第 6 期。

周飞强：《公共性与博物馆的转型及实践》，《新美术》2008 年第 1 期。

周婧：《质疑民间文学艺术著作权保护的合理性》，《知识产权》2010 年第 1 期。

周蕊、戚桂杰：《数字民俗博物馆的建设与推广》，《民俗研究》2013 年第 4 期。

周星：《非物质文化遗产保护运动和中国民俗学——"公共民俗学"在中国的可能性与危险性》，《思想战线》2012 年第 6 期。

邹昀：《国际法视野下的民间文艺保护研究》，硕士学位论文，湖南师范大学，2009 年。

朱刚：《联合国教科文组织保护非物质文化遗产的事件史考述——基于〈建议案〉和〈"代表作"计划〉的双线回溯》，《青海社会科学》2019 年第 6 期。

朱刚：《联合国教科文组织保护非物质文化遗产的学术史考释——基于从马拉喀什会议到〈"代表作"计划〉的演进线索》，《民俗研究》2020 年第 5 期。

二　德语部分

Artur Bogner, *Zivilisation und Rationalisierung. Die Zivilisationstheorien Max Webers, Norbert Elias' und der Frankfurter Schule im Vergleich*, Opladen: Westdeutscher Verlag, 1989.

Caroline Sommerfeld-Lethen, *Wie moralisch werden? Kants moralistische Ethik*, Freiburg/München: Verlag Karl Alber, 2005.

Cornelia Burkhardt, Gerald Frankenhäuser, "Warum lebt der Mensch moralisch",

Deutsche Zeitschrift für Philosophie, 2/1991.

Ernst Bloch, *Naturrecht und menschliche Würde*, Frankfurt am Main: Suhrkamp Verlag, 1961.

Ferdinand Tönnies, *Die Sitte*, Frankfurt am Main: Literarische Anstalt: Rütten & Loening, 1909.

Ferdinand Tönnies, *Gemeinschaft und Gesellschaft. Grundbegriffe der reinen Soziologie*, Darmstadt: Wissenschaftliche Buchgesellschaft, 1991.

Georg Wilhelm Friedrich Hegel, *System der Sittlichkeit* [*Critik des Fichteschen Naturrechts*], Hamburg: Felix Meiner Verlag, 2002.

Gerold Prauss, "Der Mensch als 'Zweck an sich selbst'", in Elisabeth Ströker (Hg.), *Ethik der Wissenschaften? Philosophische Fragen*, München: Wilhelm Fink Verlag/Verlag Ferdinand Schöningh, 1984.

Günther Küchenhoff, *Rechtsbesinnung. Eine Rechtsphilosophie*, Göttingen: Verlag Otto Schwartz & Co., 1973.

Hannah Arendt, *Vita active oder Vom tätigen Leben*, München: Piper Verlag GmbH, 2013.

Harm-Peer Zimmermann, *Ästhetische Aufklärung. Zur Revision der Romantik in volkskundlicher Absicht*, Würzburg: Verlag Königshausen & Neumann GmbH, 2001.

Hermann Bausinger, "Kritik der Tradition. Anmerkungen zur Situation der Volkskunde", *Zeitschrift für Volkskunde*, 65. Jahrgang 1969, II.

Hermann Bausinger, "Tradition und Modernisierung", *Schweizerisches für Volkskunde*, 87. Jahrgang 1991, Heft 1 – 2.

Hermann Strobach, "Folklore-Folklorepflege-Folklorismus", *Jahrbuch für Volkskunde und Kulturgeschicht*, Band 25, Jahrgang 1982.

Jan Assmann, *Das Kultuelle Gedächtnis. Schrift, Erinnerung und politische Identität in frühen Hochkulturen*, München: Verlag C. H. Beck, 2000.

Jens Hinkmann, *Ethik der Menschenrechte. Eine Studie zur philosophischen Begründung von Menschenrechten als universalen Normen*, Marburg: Tectum Verlag, 2002.

Johannes Keienburg, *Immanuel Kant und die Öffentlichkeit der Vernunft*, Berlin & New York: Walter de Gruyter GmbH & Co., 2011.

Raúl Fornet-Betancourt (Hrsg.), *Menschenrechte im Streit zwischen Kulturplu-*

ralismus und Universalität. Dokumentation des VII. Internationalen Seminars des philosophischen Dialogprogramms Nord-Süd, Frankfurt/M: Verlag für Interkulturelle Kommunikation, 2000.

Rudolf von Jhering, *Der Kampf ums Recht*, Herausgegeben und mit einem Anhang versehen von Hermann Klenner, Freiburg-Berlin: Rudolf Haufe Verlag, 1992.

Thea Bauriedl, "Demokratie beginnt beim einzelnen", in Heidi Bohnet und Klaus Piper (Hrsg.), *Lust am Denken. Eine Lesebuch aus Philosophie, Natur-und Humanwissenschaften* 1981—1991, München: R. Piper & Co. KG, 1992.

三 英语部分

Ahmed Skounti, "The authentic illusion: Humanity's intangible cultural heritage, the Moroccan experience", in Laurajane Smith and Natsuko Akagawa (ed.), *Intangible Heritage*, London and New York: Routledge, 2009.

Alexandra Kowalski, "When Cultural Capitalization Became Global Practice: The 1972 World Heritage Convention", in Nina Bandelj and Frederick F. Wherry (eds.), *The Cultural Wealth of Nations*, Stanford, CA: Stanford University Press, 2011.

Alexandre Lefebvre, *Human Rights as a Way of Life: On Bergson's Political Philosophy*, Stanford, CA: Stanford University Press, 2013.

Amanda Kearney, "Intangible Cultural Heritage: Global awareness and local interest", in Laurajane Smith and Natsuko Akagawa (eds.), *Intangible Heritage*, London and New York: Routledge, 2009.

Amy Shuman, "Dismantling Local Culture", *Western Folklore*, Vol. 52, 1993.

Andrew Dewdney, David Dibosa and Victoria Walsh, *Post-critical Museology: Theory and Practice in the Art Museum*, London and New York: Routledge, 2013.

Angela Ehling, Friedrich Häfner and Heiner Siedel (eds.), *Natural Stone and World Heritage: UNESCO Sites in Germany*, London: Taylor & Francis Group, 2022.

Annette B. Fromm, "Ethnographic museums and Intangible Cultural Heritage return to our roots", *Journal of Marine and Island Cultures*, (2016) 5.

Barbara Kirshenblatt-Gimblett, "Theorizing Heritage", *Ethnomusicology*, Vol. 39, No. 3 (Autumn, 1995).

Barbara Kirshenblatt-Gimblett, *Destination Culture: Tourism, Museums, and Heritage*, Berkeley: University of California Press, 1998.

Barbara Kirshenblatt-Gimblett, "Folklorists in Public: Reflections on Cultural Brokerage in the United States and Germany", *Journal of Folklore Research*, Vol. 37, No. 1, 2000.

Barbara Kirshenblatt-Gimblett, "Intangible Heritage as Metacultural Production", *Museum International*, Vol. 56, No. 1 - 2, 2004.

Bradley Murray, *The Possibility of Culture: Pleasure and Moral Development in Kant's Aesthetics*, West Sussex: John Wiley & Sons, Inc., 2015.

Britta Rudolff and Susanne Raymond, "A Community Convention? An analysis of Free, Prior and Informed Consent given under the 2003 Convention", *International Journal of Intangible Heritage*, Vol. 8, 2013.

Bryan S. Turner, "The Two Faces of Sociology: Global or National?" in Mike Featherstone (ed.), *Global Culture: Nationalism, Globalization and Modernity*, London: SAGE Publications, 1990.

Carol Duncan, *Civilizing Rituals: Inside Public Art Museums*, London and New York: Routledge, 1995.

Charles Briggs, "Metadiscursive Practices and Scholarly Authority in Folkloristics", *Journal of American Folklore*, Vol. 106, No. 422, 1993.

Charles R. Beitz, "Human Dignity in the Theory of Human Rights: Nothing But a Phrase?" *Philosophy & Public Affairs*, Summer 2013, Vol. 41, No. 3.

Chip Colwell and Charlotte Joy, "Communities and Ethics in the Heritage Debates", in Lynn Meskell (ed.), *Global Heritage: A Reader*, West Sussex: John Wiley & Sons, Inc., 2015.

Christel Köhle-Hezinger, "Cultural Brokerage and the Public Sector: Response to Roger Abrahams", *Journal of Folklore Research*, Vol. 36, Nos. 2/3, 1999.

Christoph Antons (ed.), *Traditional Knowledge, Traditional Cultural Expressions and Intellectual Property Law in the Asia-Pacific Region*, Hague

London | New York: Kluwer Law International BV, 2009.

Christoph Asendorf, *Batteries of Life: On the History of Things and Their Perception in Modernity*, translated by Don Reneau, Berkeley: University of California Press, 1993.

Claire Cave and Elene Negussie, *World Heritage Conservation: The World Heritage Convention, linking Culture and nature for sustainable development*, London and New York: Routledge, 2017.

Diane Barthel-Bouchier, *Cultural Heritage and the Challenge of Sustainability*, Oakland: Left Coast Press, Inc., 2013.

Eduardo J. Ruiz-Vieytez, *United in Diversity? On Cultural Diversity, Democracy and Human Rights*, Belgium: P. I. E. Peter Lang, 2014.

Ekaterina Haskins, "Between Archive and Participation: Public Memory in a Digital Age", *Rhetoric Society Quarterly*, 2007, Vol. 37.

Ellott Oring, "The Arts, Artifacts, and Artifices of Identity", *Journal of American Folklore*, Vol. 107, No. 424, 1994.

Erich Hatala Matthes, "Impersonal Value, Universal Value, and the Scope of Cultural Heritage", *Ethics*, Vol. 125, July 2015.

Gaetano M. Golinelli (ed.), *Cultural Heritage and Value Creation: Towards New Pathways*, Switzerland: Springer, 2015.

Hazel Tucker, Elizabeth Carnegie, "World heritage and the contradictions of 'universal value'", *Annals of Tourism Research*, Vol. 47, 2014.

Helaine Silverman and D. Fairchild Ruggles (ed.), *Cultural Heritage and Human Rights*, Switzerland: Springer, 2007.

Henry Cleere, "The concept of 'outstanding universal value' in the *World Heritage Convention*", *Conservation and Management of Archaeological Sites*, Vol. 1, Issue 4, 1996.

Jack Donnelly, *Universal Human Rights in Theory and Practice*, Third Edition, Ithaca and London: Cornell University Press, 2013.

James W. Nickel, *Making Sense of Human Rights: Philosophical Reflections on the Universal Declaration of Human Rights*, Berkeley: University of California Press, 1987.

Janet Blake, "On Defining the Cultural Heritage", *International and Compara-*

tive Law Quarterly, Vol. 49, Issue 1, January 2000.

Janet Blake, "The International Legal Framework for the Safeguarding and Promotion of Languages", *Museum International*, Vol. 60, Issue 3, 2008.

Janet Blake, "UNESCO's 2003 Convention on Intangible Cultural Heritage: The implications of community involvement in 'safeguarding'", in Laurajane Smith and Natsuko Akagawa (eds.), *Intangible Heritage*, London and New York: Routledge, 2009.

Janet Blake, "Taking a Human Rights Approach to Cultural Heritage Protection", *Heritage & Society*, Vol. 4, Issue 2, Fall 2011.

Janet Blake, "Seven Years of Implementing UNESCO's 2003 Intangible Heritage Convention-Honeymoon Period or the 'Seven-Year Itch'?" *International Journal of Cultural Property*, Vol. 21, Issue 3, August 2014.

Janet Blake, *International Cultural Heritage Law*, New York: Oxford University Press, 2015.

Janet Blake, "From Global to Local Heritage Intangible Cultural Heritage and the Role of the Museum", *Anthropology of the Middle East*, Vol. 10, No. 1, Spring 2015.

Janet Blake, "Engaging 'Communities, Groups and Individuals' in the International Mechanisms of the 2003 Intangible Heritage Convention", *International Journal of Cultural Property*, Vol. 26, Issue 2, 2019.

Jeremy C. Wells and Lucas Lixinski, "Heritage values and legal rules: Identification and treatment of the historic environment via an adaptive regulatory framework (part 1)", *Journal of Cultural Heritage Management and Sustainable Development*, Vol. 6, No. 3, 2016.

Jeremy C. Wells and Lucas Lixinski, "Heritage values and legal rules: Identification and treatment of the historic environment via an adaptive regulatory framework (part 2)", *Journal of Cultural Heritage Management and Sustainable Development*, Vol. 7, No. 3, 2017.

John Dewey, "Creative Democracy-The Task Before Us", in Max H. Fisch (ed.), *Classic American Philosophers*, New York: Prentice-Hall, Inc., 1951.

Jürgen Habermas, "On Legitimation through Human Rights", in Palo De Greiff and Ciaran Cronin (eds.), *Global Justice and Transnational Politics: Es-*

says on the Moral and Political Challenges of Globalization, Cambridge: The MIT Press, 2002.

Kate Nash, *The Cultural Politics of Human Rights: Comparing the US and UK*, New York: Cambridge University Press, 2009.

Kelly Feltault, "Development Folklife: Human Security and Cultural Conservation", *Journal of American Folklore*, Vol. 119, No. 470, 2006.

Kristin Kuutma, "From Folklore to Intangible Heritage", in William Logan, Máiréad Nic Craith, and Ullrich Kockel (eds.), *A Companion to Heritage Studies*, West Sussex: John Wiley & Sons, Inc., 2016.

Laurajane Smith and Natsuko Akagawa (eds.), *Intangible Heritage*, London and New York: Routledge, 2009.

Lourdes Arizpe and Cristina Amescua (eds.), *Anthropological Perspectives on Intangible Cultural Heritage*, Switzerland: Springer, 2013.

Lucas Lixinski, "Selecting Heritage: The Interplay of Art, Politics and Identity", *The European Journal of International Law*, Vol. 22, No. 1, 2011.

Lucas Lixinski, "International Cultural Heritage Regimes, International Law, and the Politics of Expertise", *International Journal of Cultural Property*, Vol. 20, Issue 4, November 2013.

Lucas Lixinski, "Cultural Heritage Law and Transitional Justice: Lessons from South Africa", *International Journal of Transitional Justice*, Vol. 9, Issue 2, 2015.

Lucas Lixinski, "Between orthodoxy and heterodoxy: The troubled relationships between heritage studies and heritage law", *International Journal of Heritage Studies*, Vol. 21, No. 3, 2015.

Lucas Lixinski, "Heritage Listing as a Tool for Advocacy: The Possibilities for Dissent, Contestation, and Emancipation in International Law Through International Cultural Heritage Law", *Asian Journal of International Law*, 5 (2015).

Lynn Meskell (ed.), *Global Heritage: A Reader*, West Sussex: John Wiley & Sons, Inc., 2015.

Lynn Meskell, *A Future in Ruins: UNESCO, World Heritage, and the Dream of Peace*, New York: Oxford University Press, 2018.

Marie-Theres Albert, Birgitta Ringbeck, 40 *Years World Heritage Convention: Popularizing the Protection of Cultural and Natural Heritage*, Berlin & New York: Walter De Gruyter GmbH, 2015.

Marilena Alivizatou, "The Paradoxes of Intangible Heritage", in Michelle L. Stefano, Peter Davis and Gerard Corsane (eds.), *Safeguarding Cultural Heritage*, Woodbridge: The Boydell Press, 2012.

Marie-Theres Albert, Roland Bernecker, Britta Rudolff (eds.), *Understanding Heritage: Perspectives in Heritage Studies*, Berlin & New York: Walter de Gruyter GmbH, 2013.

M. D. Muthukumaraswamy and Molly Kaushal (eds.), *Folklore, Public Sphere, and Civil Society*, New Delhi: Indira Gandhi National Centre for the Arts, 2004.

Michael Dylan Foster and Lisa Gilman (eds.), *UNESCO on the Ground: Local Perspectives on Intangible Cultural Heritage*, Bloomington: Indiana University Press, 2015.

Michele Langfield, William Logan and Máiréad Nic Craith (eds.), *Cultural Diversity, Heritage and Human Rights: Intersections in theory and practice*, London and New York: Routledge, 2010.

Michelle L. Stefano, Peter Davis and Gerard Corsane (eds.), *Safeguarding Intangible Cultural Heritage*, Woodbridge: The Boydell Press, 2012.

Miodrag A. Jovanovic', *Collective rights: A legal theory*, New York: Cambridge University Press, 2012.

Miranda Forsyth, "Lifting the Lid on 'The Community': Who Has the Right to Control Access to Traditional Knowledge and Expressions of Culture?" *International Journal of Cultural Property*, Vol. 19, Issue 1, 2012.

Natsuko Akagawa and Laurajane Smith (eds.), *Safeguarding Intangible Heritage: Practices and Politcs*, London and New York: Routledge, 2019.

Pablo De Greiff and Ciaran Cronin (eds.), *Global Justice and Transnational Politics: Essays on the Moral and Political Challenges of Globalization*, Cambridge: The MIT Press, 2002.

Peter Bille Larsen (ed.), *World Heritage and Human Rights: Lessons from the Asia-Pacific and Global Arena*, London and New York: Routledge, 2018.

Peter Bille Larsen and William Logan (eds.), *World Heritage and Sustainable Development: New Directions in World Heritage Management*, London and New York: Routledge, 2018.

Pier Luigi Petrillo (ed.), *The Legal Protection of the Intangible Cultural Heritage: A Comparative Perspective*, Switzerland: Springer, 2019.

Richard Handler and Jocelyn Linnekin, "Tradition, Genuine or Spurious", *Journal of American Folklore*, Vol. 97, No. 385, 1984.

Regina F. Bendix, *Culture and Value: Tourism, Heritage and Property*, Bloomington: Indiana Univeraity Press, 2018.

Rodney Harrison, *Heritage: Critical Approaches*, London and New York: Routledge, 2013.

Silke Arnold-de Simine, *Mediating Memory in the Museum: Trauma, Empathy, Nostalgia*, Hampshire: Palgrave Macmillan, 2013.

Silke von Lewinski (ed.), *Indigenous Heritage and Intellectual Property: Genetic Resources, Traditional Knowledge and Folklore*, Second Edition, The Hague | London | New York: Kluwer Law International BV, 2008.

Silvia Borelli, Federico Lenzerini (eds.), *Cultural Heritage, Cultural Rights, Cultural Diversity: New Development in International Law*, Leiden · Boston: Martinus Nijhoff Publishers, 2012.

Sophia Labadi, *UNESCO, Cultural Heritage, and Outstanding Universal Value: Value-based Analysis of the World Heritage and Intangible Cultural Heritage Conventions*, Plymouth: AltaMira Press, 2013.

Susan Ritchie, "Ventriloquist Folklore: Who Speaks for Representation?" *Western Folklore*, Vol. 52, April 1993.

Tracy Ireland and John Schofield (eds.), *The Ethics of Cultural Heritage*, Switzerland: Springer, 2015.

Teri F. Brewer, "Redefining 'The Resource': Interpretation and Public Folklore", *Journal of American Folklore*, Vol. 119, Number 471, Winter 2006.

Tullio Scovazzi, "The Definition of Intangible Cultural Heritage", in Silvia Borelli, Federico Lenzerini (eds.), *Cultural Heritage, Cultural Rights, Cultural Diversity: New Development in International Law*, Leiden · Boston: Martinus Nijhoff Publishers, 2012.

Valdimar Tr. Hafstein, *Making Intangible Heritage: El Condor Pasa and Other Stories from UNESCO*, Bloomington: Indiana University Press, 2018.

Valdimar Tr. Hafstein, "Politics of Origins: Collective Creation Revisited", *Journal of American Folklore*, Vol. 117, No. 465, 2004.

Vassilis P. Tzevelekos and Lucas Lixinski, "Towards a Humanized International 'Constitution'?" *Leiden Journal of International Law*, Vol. 29, Issue 2, 2016.

William A. Wilson, "The Deeper Necessity: Folklore and the Humanities", *Journal of American Folklore*, Vol. 101, No. 400, 1988.

后 记

本书的研究试图在三个方面做一点努力：一是强化遗产研究与非遗研究之间的联系；二是进一步增进国内遗产研究对国外相关研究的了解和对话；三是在一定程度上打破民俗学与法学在遗产保护问题上的隔膜状态。对中国遗产保护的现实状况而言，本书试图在一定程度上开启社会治理的理性实践立场，初步展示实践民俗学在遗产保护领域的理论视野和实践价值。

本书部分章节的写作得益于如下几次讲课和会议：

2013 年 7 月 9 日，笔者应联合国教科文组织非遗保护亚太地区国际培训中心的邀请，为山西省人力资源和社会保障厅主办的“全国文化生态保护区建设中非物质文化遗产的保护与利用高级研修班”讲课；

2015 年 3—4 月，承蒙高丙中教授的推荐，笔者在中国艺术研究院研究生院为研究生做了 4 次题为“非遗理念与中国实践”的讲座。

2016 年 10 月 19 日和 24 日，受时任文化和旅游部副部长并主管非遗保护工作的项兆伦先生邀请，笔者两次给文化部非遗司、文化部外联局和中央文化管理干部学院主办的《保护非物质文化遗产公约》培训班讲课。项兆伦先生与笔者并不相识，只是看过笔者的几篇相关文章。

吕微研究员几次热情地督促笔者把讲稿整理成文，并对拙文做出批注或者提出修改意见。

拙文《〈世界遗产公约〉的修订及其中国意义》发表后，巴莫曲布嫫研究员来信敏锐地指出拙文题目的不准确之处，因为经过多次修订的并非《世界遗产公约》，而是其《操作指南》。尽管笔者在写作时出于把《世界遗产公约》与其《操作指南》视为一体的考虑，但拙文题目的确有不准确、不严谨之处。

安德明研究员、萧放教授和王杰文教授在本书申请出版资助时给予了默默的支持与鼓励。

中国社会科学出版社文学艺术与新闻传播出版中心主任郭晓鸿编审已经是第二次向笔者热情约稿，并对本书做了耐心细致的编辑。

在此，谨向所有关心、帮助和促成本书写作、出版的同人与朋友致谢！

户晓辉

2022 年 2 月 22 日记于北京